시대를 움직인 선지자 학개

구약성경 학개서 12강

Twelve Expositions on the Book of Haggai
- The Prophet Haggai Who Inspired His Generation

Twelve Expositions on the Book of Haggai
- The Prophet Haggai Who Inspired His Generation
 by Rev. Young Tark Yune, D.D.

Copyright ⓒ 2014 Hapdong Theology Seminary Press
Published by Hapdong Theological Seminary Press
Kwangkyojungang-ro 50, Yeongtong-gu, Suwon, Korea
All rights reserved

시대를 움직인 선지자 학개
구약성경 학개서 12강

초판 1쇄 | 1995년 10월 10일
재판 1쇄 | 2006년 4월 14일
삼판 1쇄 | 2014년 3월 17일

지은이 | 윤영탁
발행인 | 조병수
펴낸곳 | 합신대학원출판부
주 소 | 443-791 수원시 영통구 광교중앙로 50 (원천동)
전 화 | (031)217-0629
팩 스 | (031)212-6204
홈페이지 | www.hapdong.ac.kr
출판등록번호 | 제22-1-1호
인쇄처 | 예원프린팅 (031)957-6551
총 판 | (주)기독교출판유통(031)906-9191

값 10,000원

ISBN 89-97244-17-1
*잘못된 책은 교환해드립니다

「이 도서의 국립중앙도서관 출판시도서목록(CIP)은 서지정보유통지원시스템 홈페이지
(http://seoji.nl.go.kr)와 국가자료공동목록시스템 (http://www.nl.go.kr/kolisnet)에서
이용하실 수 있습니다.(CIP제어번호: CIP2014005020)」

시대를 움직인 선지자 학개

구약성경 학개서 12강

윤영탁 저

합신대학원출판부

구약성경을 오랫동안 연구하며 가르치는 가운데 많은 것을 깨닫게 되었다. 특히 구약에 나타나는 신앙의 선조들인 족장들의 기록을 읽을 때마다 그들은 우리보다 여러모로 열악한 환경 속에서 살면서 사명을 감당한 분들이기에 너무도 귀하고 존경스럽게 여겨졌다. 족장들에 대한 이러한 이해는 야곱에 대해 내가 지녔던 부정적 관점을 고치게 해주었다. 또한 창세기에 수록된 야곱 이야기는 나에게 지적으로 뿐만 아니라 영적으로도 큰 교훈과 유익을 주었다. 그분은 나의 위대한 믿음의 조상이요, 나는 도저히 그분과 비교할 가치도 없는 부족한 존재임을 깨닫게 되었다. 족장들 가운데에서도 그분의 이름을 따서 신정국가와 선민의 이름이 '이스라엘'이라고 불리지 않았는가! 이 사실을 깨달은 이후로 나는 설교나 강의를 할 기회가 있을 때마다 믿음의 조상 야곱에 대하여 결례되는 언사를 삼갈 것을 권하곤 한다.

나의 관점에서 또 하나의 변화는, 구약의 선지자들을 구약 교회의 목회자들로 보게 되었다는 것이다. 그들이 단지 하나님의 대언자들이 아닌 구약 교회의 성도들을 목양한 목회자들이라는 측면에서 그들의 메시지와 사역을 음미하며 연구하는 것은 내게 큰 유익이 되었다. 선지자 에스겔을 목회자의 측면에서 이해하는 스멘트(Smend),[1] 테일러(Taylor),[2] 크래그한(Craghan)[3], 부라운리(Brownlee),[4] 로얼스(Roehrs)[5] 그리고 모든 선지자들을 그렇게 이해한 스미스(Smith)[6] 등과 같이 학개도 목회자의 심정으로 사역한 선지자로 내게 다가온 것이다.

학개서에 관심을 갖게 되면서 선지자 학개와 그의 동역자 스가랴는 바벨론 포로에서 귀환한 선민의 교회의 목회자들이고, 유다 백성들은 당시의 교회의 성도들이라고 생각하게 되었다. 이런 관점에서 학개서를 읽으며 연구하니 전에 많이 읽었음에도 불구하고 깨닫지 못했던 사실들을 깨닫는 동시에 전에 받지 못했던 큰 감동도 받게 되었다.

학개서를 읽고 묵상하면 할수록 학개는 과연 하나님께서 기뻐하실 모범적 목회자요 사역자라는 사실을 깨닫고 그를 몹시 존경하는 동시에 부러워하게 되었다. 무엇보다도 이 짧은 학개서는 성경이 제시하는 목회자상과 사역자상의 지침서라는 확신을 갖게 되었다. 학개서를 연구하면서 감출 수 없는 기쁨이 마음속에 생겼는데, 그것은 다름이 아닌 내가 천국에 이를 때에 먼저 주님을 뵈올 것이지만 선지자 학개도 나를 반길 것이 틀림없다는 확신 때문이었다. 팩커(Packer)도 크리스천이 소망하는 바는 다름이 아닌 "만남"이라고 하지 않았던가![7] 이런 의미에서 기독교를 만남의 종교라고 해도 과언이 아닐 것이다.

그 동안 신학교를 비롯하여 여러 곳에서 학개서에 대한 강의와 설교도 하고 번역도 하며, 졸고들이지만 몇 편의 글을 쓰기도 했다.[8] 사실, 학개서에 관한 연구 서적이나 논문들이 그리 많지 못한 것이 현실이고 교회에서도 선지자 학개는 다른 선지자들만큼 널리 알려진 것 같지 않다. 그래서 학개서의 내용을 가지고 설교를 할 때마다 성도들이 본문을 찾느라 애쓰는 모습을 종종 보게 된다. 미국의 저명한 구약학자 존 브라이트(Bright)가 염려하면서 한 말이 기억난다. 그는 사람들이 당돌하게도 '과연 학개도 선지자들 중에 있는가?', '그를 이사야, 예레미야, 호세아, 아모스 등과 같은 거장들과 동등시할 수 있는가?'라는 질문을 하거나, 더욱이 '내가 어떻게 학개서를 가지고 설교할 수 있는가?'라고 질문하는가 하면, 심지어 '내가 과연 양심적으로 학개서에서 설교할 수 있는가?'라는 잘못된 질문을 하지나 않을까 하는 우려를 표명한 바가 있다.[9]

학개서를 통하여 깨달은 바를 독자와 함께 나누며 선지자 학개가 보여준 귀감을 조금이라도 본받고자 하는 마음에서 이 강해서를 펴내게 되었다. 본서가 『시대를 움직인 선지자 학개』(학개서 강해) 재판 2쇄를 개정 보완한 것인데도 불구하고 마음에 그리 흡족하지 못하다. 학개서에 관한 더 깊은 연구를 원하는 분들은 주석서들이나 제한적이나마 본서의 각주들을 참조하기 바란다. 본서에서는 무엇보다 하나님의 말씀 자체에서 교훈을 얻게 되기를 바라는 마음에서 중요한 성경 구절들을 절수만 소개하기보다는 본문을 함께 소개하려고 노력했다. 일반 성도들에게도 어휘, 문법 그리고 구문분석 등은 성경을 깊이 연구하는 데에 도움이 되리라 생각한다. 영(Young) 박사는 성경의 메시지가 무엇인지를 이해하기 위해서는 반드시 문법의 연구가 필요한데, 이 사실은 신학자에게 뿐만 아니라 성경을 공부하고자 하는 모든 사람에게 적용된다고 강조한다.[10] 선지자 학개 당시의 성도들의 심령을 감동케 하신 하나님께서 이 졸저를 통하여 목회자와 신학생 그리고 하나님의 말씀을 깊이 묵상하고 연구하는 일반 성도 제현에게 유익이 되게 해주시기를 기원한다.

본서는 많은 분들의 협력에 의해 출판하게 되었다. 싸이몬 젱킨스 (Simon Jenkins, *Bible Mapbook*, 1985, p. 81.)의 제2성전의 복원도를 사용하도록 허락해 준 라이온 출판사(Lion Publishing Company)에 감사한다. 본서를 출판하도록 허락해준 합동신학대학원대학교의 조병수 총장과 재정적 지원을 해 준 온누리 교회의 이재훈 목사 그리고 여러모로 도움을 준 성주진 교수와 김영철 목사에게 감사한다. 필요한 자료들을 사용하는 데 도움을 준 웨스트민스터 신학교(Westminster Theological Seminary) 도서관의 그레이스 뮬런(Grace Mullen)과 대한성서공회 박진희 도서관장, 고(故) 니시 미쯔루(西滿)교수와 동경기독교대학의 고바야시 다까노리(小林高德) 교수 그리고 고베(神戶) 루터란 신학교의 나베다니 기요자끼(鍋谷堯爾) 교수와 하시모도 아끼오(橋本昭夫) 교수에게 감사한다. 그리고 광동어를 사용하는 홍콩 소재 신학교에서 교수한 丘恩處 박사와 唐佑之 박사의 이름은 중국의 표준어인 만다린의 발음을 따라 츄은추와 탕유즈로 하였다. 우리말 성경은 성경전서 개역개정판을 사용했다. 신성사문자(神聖四文字)는 '여호와'로 표시했고 히브리어 음역은 *TWOT*를 따랐다.

가르친 영역은 다르나 교수직에 종사한 아내 이귀자가 은퇴한 후에 남편의 암 투병을 수발들기 위해 쉬지 못하고 수고해 준 데에 대해 이 자리를 빌려 감사한다. 그리고 암 수술을 받은 후 카나다 밴프(Banff)에서 휴양할 수 있도록 물심양면으로 도움을 준 동역자 여러 분에게 심심한 감사를 표한다.

> 하나님의 말씀을 너희에게 일러 주고 너희를 인도하던 자들을 생각하며 그들의 행실의 결말을 주의하여 보고 그들의 믿음을 본받으라.(히 13:7)

> 형제들아 너희는 함께 나를 본받으라. 그리고 너희가 우리를 본받은 것처럼 그와 같이 행하는 자들을 눈여겨보라.(빌 3:17)

2014년 3월
저자 윤 영 탁

■ 약어표

AB : Anchor Bible.

ABR : Australian Biblical Review.

AER : American Ecclesiastical Review.

ANET : *Ancient Near Eastern Texts Relating to the Old Testament.* 3rd ed. Ed. by J. B. Pritchard, Princeton: Princeton University, 1974.

ANF : Ante-Nicene Fathers.

ATD : Das Alte Testament Deutsch.

ATR : *Anglican Theological Review.*

BDB : F. Brown, S. R. Driver, and C. Briggs, *A Hebrew and English Lexicon of the Old Testament.* Oxford: Clarendon, 1907, repr. 1959.

BETS : *Bulletin of the Evangelical Theological Society.*

BHS : *Biblia Hebraica Stuttgartensia.* 1967-77.

BKAT : Biblische Kommentar: Altes Testament.

BNES : G. A. Tuttle ed. *Biblical and Near Eastern Studies. Essays in Honor of W. S. LaSor.* Grand Rapids: Eerdmans, 1978.

BSac : *Bibliotheca Sacra.*

BSOAS : *Bulletin of the School of Oriental and African Studies.*

BWANT : Beiträge zur Wissenschaft von Alten und Neuen Testament.

CIBPI : W. G. MacDonald, "Christology and 'The Angel of the Lord'," *Current Issues in Biblical and Patristic Interpretation: Studies in Honor of M. C. Tenny,* Presented by His Former Students. Ed. by G. F. Hauthrone. Grand Rapids:

Eerdmans, 1975, pp. 324-35.

CJ : *Concordia Journal.*

COOT : E. W. Hengstenberg, *Christology of the Old Testament.* Unabridged Edition, 2 vols. Virginia: MacDonald, 1847, repr. 1970

CTJ : *Calvin Theological Journal.*

EBC : *The Expositor's Bible Commentary.* General Editor, F. E. Gaebelein. Grand Rapids: Zondervan, 1979-86.

ESV : The English Standard Version.

ETL : *Ephemerides Théologicae Lovanienses.*

ETR : *Études theologiques et religieuses.*

GKC : W. Gesenius, E. Kautzsch, and A. E. Cowley. *Hebrew Grammar.* Oxford: Clarendon, 1910, 1946, repr. 1949,

GSC : A Geneva Series Commentary. Edinburgh: The Banner of Truth Trust.

GTJ : *Grace Theological Journal.*

HALOT : L. Koehler and W. Baumgartner. *The Hebrew and Aramaic Lexicon of the Old Testament.* Study Edition, vol. One. Trans. by M. E. J. Richardson. Leiden. Boston. Köln: Brill, 2001.

HUCA : *Hebrew Union College Annual.*

IB : *The Interpreter's Bible.* 12 vols. Ed. by G Buttrick. Nashville: Abingdon, 1952-57.

ICC : The International Critical Commentary. Edinburgh: T. & T. Clark.

ISBE : J. Orr, et al., eds., *International Standard Bible Encyclopaedia.* 2nd ed., 5 vols. Grand Rapids: Eerdmans, 1939.

.... G. W. Bromiley, et al., eds., 4 vols. Rev. ed. Grand Rapids: Eerdmans, 1979-88.

ITC : International Theological Commentary.

JB : Jerusalem Bible.

JBL : *Journal of Biblical Literature.*

JETS : *Journal of Evangelical Theological Society.*

JHS : *Journal of Hebrew Scriptures.*

JJS : *Journal of Jewish Studies.*

JOTT : *Journal of Translation & Text-linguistics.*

JPS : Jewish Publication Society of America Version.

JSOTSup : Journal for the Study of the Old Testament-Supplement Series.

JTS : *Journal of Theological Studies.*

Joüon : P. Joüon, *Grammaire de l'hébreu biblique.* Rome: Institute Pontifical, 1965. 주옹(P. Joüon) - 무라오까(T. Muraoka), 『성서 히브리어 문법』, 김정우 역. 서울: 도서출판 기혼, 2012.

KAT : Kommentar zum Alten Testament.

KEH : Kommentar Exegetisches Handbuch zum Alten Testament

KJV : King James Version.

LCHS : Lange's Commentary on the Holy Scriptures in 12 double volumes. Grand Rapids: Zondervan, 1960.

LPOTS : J. H. Skilton et al., eds., *The Law and the Prophets, Old Testament Studies Prepared in Honor of Oswald T. Allis.* Presbyterian and Reformed, 1974.

Luther : Martin Luther Übersetzung.

LutherR : Martin Luther Übersetzung revidierten Text.

LXX : Septuagint.

Moffatt : James Moffatt, *A New Translation of the Bible.*

NASB : The New American Standard Bible.

NBC : *New Bible Commentary.* Ed. by D. Guthrie et al., 3rd ed. London: Inter-Varsity, Grand Rapids: Eerdmans, 1970.

NCB : New Century Bible.

NEB : New English Bible.

NETB : New English Translation Bible.

NICOT : New International Commentary on the Old Testament.

NIV : New International Version.

NIVAC : NIV Application Commentary: From biblical text … to the contemporary life.

NJB : New Jerusalem Bible.

NJPS : Jewish Publication of America Tanakh Version.

NKJV : New King James Version.

NRSV : New Revised Standard Version.

OTCF : Claus Westermann, "The Way of Promise Through the Old Testament." *The Old Testament and Christian Faith.* Ed. by B. W. Anderson. New York: Harper & Row, 1963, 1969.

OTL : Old Testament Library.

OTT : G. von Rad, *Old Testament Theology.* 2 vols. Trans. by D. M. G. Stalker. New York & Evanston: Harper & Row, 1965.

OTWSA : *Ou-Testamentiese Werkgemeenskap van Suid-Afrika.*

POT : De Prediking van het Oude Testament.

PTMS : Pittsburgh Theological Monograph Series.

PTR : *Princeton Theological Review.*

RB : *Revue Biblique.*

REB : Revised English Bible.

REV : Revised English Bible.

RGG : *Religion in Geschichte und Gegenwart.* 6 vols. Ed. by K. Galling, 3rd ed. Tübingen: Mohr/Siebeck, 1957-62.

RHPR : *Revue D'histoire et de Philosophie Religieuse.*

RSV : Revised Standard Version.

S : Syriac.

SBB : Soncino Book of the Bible.

SBT : Studies in Biblical Theology

Segond : Louis Segond Version.

SVT : Supplements to VT.

T : Aramaic Targum.

TC : Thornapple Commentaries.

TDOT : G. Botterweck and H. Ringgren, eds., *Theological Dictionary of the Old Testament.* 10 vols. Trans. by G. W. Bromiley. Grand Rapids: Eerdmans, 1964-76.

TEV : Today's English Version.

TLOT : *Theological Lexicon of the Old Testament.* Eds. E. Jennie, C. Westermann. Trans. by M. E. Biddle. Peabody, MA: Hendrickson, 1997.

TOB : Traduction Œcuménique de la Bible.

TOT : W. Eichrodt, *Theology of the Old Testament.* 2 vols. OTL. Trans. by J. A. Baker. Phila.: Westminster, 1961, 1967.

TOTC : Tyndale Old Testament Commentaries.

TSF : *Theological Student's Fellowship.*

TWOT : R. L. Harris, et al., eds., *Theological Wordbook of the Old Testament.* 2 vols. Chicago: Moody, 1980.

TynBul : *Tyndale Bulletin.*

V : Vulgate.

VT : *Vetus Testamentum.*

VTSup : Vetus Testamentum, Supplements

WBC : D. A. Hubbard. et al., eds., Word Biblical Commentary. Waco, Texas: Word Books, 1982-.

WBE : C. F. Pfeiffer et al., eds., *Wycliffe Bible Encyclopedia.* 2 vols. Chicago: Moody, 1975.

WTJ : *Westminster Theological Journal.*

ZAW : *Zeitschrift für die alttestamentliche Wissenschaft.*

ZB : Die Zürcher Bibel.

ZTK : *Zeitschrift für Theologie und Kirche.*

■ 차례

서론

학개서는 성경구절의 수가 소선지서에서 오바댜서(총 21절) 다음으로 적은, 약 650자밖에 안 되는 총 38절의 소책자이다. 학개 자신도 소선지서 중에서 10번째 책의 저자인 소선지자이며 '학개'라는 이름도 학개서에서만 유일하게 나타난다. 그의 사역 기간 역시 4개월도 채 못 되어 동역자인 선지자 스가랴가 사역한 2년 1개월(슥 1~8장)과 비교하면 매우 짧다.[11] 내용 면에서도 학개서는 일견 옛 유대인들의 무너진 성전을 재건하는 문제를 다루고 있을 뿐이므로 영적 교훈을 주는 면에 있어서 구약의 다른 책들보다 가치가 열등한 책으로, 또 현대의 성도들에게는 관련이 없는 내용을 다루고 있는 것으로 오해받기 쉽다. 게다가 난해 구절도 적지 않아서 독자들이 어려움을 겪기도 한다. 학개서에 대한 부정적 입장을 취하는 학자들 중 한 사람인 로빈슨(T. H. Robinson)은 이 책에서 진정한 영적 메시지를 더 이상 찾아볼 수 없다고 다음과 같이 평가 절하했다.

본서에는 포로 전기 선지자들의 특징지었던 죄와 부패성에 대한 책망이 결핍되어 있고, 선지자 학개는 본인의 영적 · 종교적 이상(理想)의 필수 요소들에 돌과 목재를 포함시키는 것 같이 보인다. 여호와의 요구사항은 확실히 달라졌고 이는 대부분 포로 후기 예언의 특징으로서 나타난다. 따라서 포로 전기와 포로 시기의 위대한 선지자적 발언 이래 실제적 감퇴가 있었다는 느낌을 지워버릴 수 없고, 외형적인 면이 강조됨에 따라 영

적인 면은 점차 후퇴하게 되었다고 그는 단언했다.12)

안타깝게도 오늘날 구약 학계에서는 학개서 전반에 걸친 깊은 연구가 그리 많지 못할 뿐만 아니라 교회 강단과 성도들도 학개서를 도외시한다는 인상을 떨쳐버리기가 쉽지 않다. 이런 현상은 비단 어느 한 나라에 국한된 것이 아니다. 미국의 저명한 학자인 동시에 목회자요 설교가이었던 토마스 브이 무어(Moore)도 그의 『학개서 주석』 서론에서 다음과 같이 개탄했다. 고대 교회에 주시는 엄숙한 영감의 말씀을 마감하고 구약의 묵시록을 대신하는 역할을 학개, 스가랴, 말라기가 담당하게 되었다. 따라서 성육신 이후 역사의 흐름 속에 등장하는 각 시대의 교회들은 성육신 이전의 교회에게 주신 하나님의 마지막 말씀에 특별한 관심을 기울어야 마땅했다. 그럼에도 불구하고 몇 가지 이유 때문에 우리가 참으로 그 말씀에 합당한, 기대할만한 정도의 연구와 관심을 기울이지 못하였다.13)

그러나 다행히도, 구약학계 일각에서 학개서를 긍정적으로 평가하려는 견해들이 있다(Baldwin, Verhoef, Motyer, John Kessler, Boda14)등). 뿐만 아니라 학개의 사역을 다양한 측면에서 긍정적으로 평가하는 경향은 보수주의학자들 이외에서도 발견된다. 예컨대, 벤젠(Bentzen)은 선지자 학개가 활동하던 시대가 유다 종교의 위기였다고 보고, 학개 당시의 운동을 정치적 · 혁명적으로 보는 견해를 반박한 바 있다. 그에 의하면 당시의 운동은 본질적으로 종교적이었고 학개가 선포한 내용도 여호와의 영광과 주권적 역사에 관한 것이었다.15) 미첼(Mitchell)은 학개가 아모스나 이사야가 아니었다고 하며 다음과 같이 진술했다. 아모스나 이사야도 학개와 같은 처지에 있었다면 그가 착수한 일을 하려고 하지 않았겠는가? 그리고 그들 중 어느 한 사람이라도 학개보다 더 성공할 수 있었을 것인지 의심스럽다.16) 쿠엘(Quell)도 부름을 받은 구약의 사역자들은, 그들이 대선지자이든 소선지자이든 간에 각자가 처한 그 시대와 세대에 적합한 인물들이었고 또한 자신들의 사역에 진력하였다고 주장한다.[17] 샤리(Chary) 역시 학개가 맡은 역할의 중요성을 인정하여, 짧은 저서임에도 불구하고 학개서의 저자가 에스겔의 후계자 자리를 차지할 만한 자료를 우리에게 제시하여 주었다고 말한다. 샤리는 학개가 성전을 열렬하게 사랑하였고, 민족적 · 제의적 순수성에 관심을 기울였으며, 신정국가의 제의를 앙양한 인물이었다고 주장한다. 이러한 특징에 기초하여 샤리는 학개가 확실히 포로기의 선지자로서 영적 지도자의 일원이라고 부르기에 합당하다고 평가한다.[18] 웨드비(Whedbee)는 학개서에 대한 평가절하의 이유가 학개서의 부피가 작다는 점과 포로 후 이스라엘의 종교적 발전을 부정적으로 보는 데에 있었다고 이해한다. 웨드비는 학개의 중추적 논점이 이사야나 에스겔과 마찬가지로 여호와의 영광임을 깨달았는데 이것이야말로 이스라엘 선지자들의 공통적 테마이었다고 논한다.[19] 엘리거(Elliger)는 학개는 모든 세대에게 무엇인가를 말해줄 수 있는 인물로서 선지자들의 반열에 당당하게 섰다고 평가한다.[20] 또한 한스 볼프(H. W. Wolff)도 성전건축에 대한 그의 진력은 열정적 미래대망(2:6~9, 21f.,23)에서 기인하며 이로 인해 학개는 포로후기 공동체에게 비범한 영향력을 소유한 선지자라는 인상을 남겼다고 강조한다.[21] 따라서 우리는 올바른 자세를 가지고 하나님께서 선지자 학개를 통해 우리에게 주신 학개서의 귀한 메시지를 깨닫도록 시간과 정력을 투자해야 할 것이다.

기독교인은 유대인과는 다른 성경관을 가져야 한다. 주지의 사실과 같이 유대인의 성경에는 구약성경만 있을 뿐 신약성경은 없다. 그런가 하면 서기 2세기에 이단으로 정죄된 마르시온(Marcion)은 구약이 유대인의 책이요 기독교의 책이 아니라고 하며, 구약의 하나님이 신약에 계시된 하나님과 속성이 다르므로 구약이 신약과 전혀 관련이 없다고 강조했다. 그는 부분적으로도 구약의 윤리적 전제들이 기독교의 기준에 한참 미치지 못한 것으로 여겼으며 또한 선지자들의 메시아 예언도 유대인의 메시아에 대한 것이어서 예수 그리스도와는 동일시될 수 없다고 이해했다. 이렇게 그는 구약성경의 정경성을 부인하며 그 무용설을 주장했다.[22] 슐라이어마허(F. D. E. Schleiermacher)는 구약성경을 신약의 부록 정도로 여겼고, 키에르케고르(S. A. Kierkegaard)와 불트만(Bultmann)은 구약을 단순히 교육적 차원에서만 유용하다고 함으로써 신약보다 열등한 위치로 전락시켰다.[23] 더욱이 불트만은 기독교 신앙에서 구약은 진정한 의미로 하나님의 말씀이 아니라고 주장하였다.[24] 그리고 화이브레이(Whybray)에 의하면 구약에는 중심사상이나 신학적 통일성이 결여되어 있으므로 구약신학이란 존재하지 않고, 구약은 신약과 별도로 독립적으로 연구될 때에만 바르게 해석될 수 있다고 주장한다. 그는 우리가 전통적인 기독론적 해석의 원칙으로 구약을 해석하는 것에서 벗어날 필요가 있으며, 구약을 이렇게 해석하는 것은 적절하지 못하다고 함으로써 구약을 비기독교인 책으로 이해하도록 종용한다.[25] 그러나 만일 우리가 기독교인이라고 하면서 신약성경만을 선호하여 구약을 등한히 하거나 그 일부에만 치중한다면 그것은 옳은 일이라고 말할 수 없다. 엘리슨(Ellison)은 구약성경을 기피하는 이유를 다음의 네 가지로 제시한다. (1) 구약성경의 세계와 사고패턴이 신약성경에 비해 우리의 경험과 거리가 멀다. (2) 구약성경의 뛰어난 어떤 구절들은 KJV의 번역에서는 이해하기 어렵다. (3) 구약성경은 분량이 신약성경의 3배나 된다. (4) 가장 심각한 이유는 구약성경에 선명한 통일원리가 없다는 것.[26] 그러나 그 이유가 어떠하든 하나님의 말씀을 편식하면 신앙의 성장에 지장이 있다는 사실은 더 말할 나위가 없다. 다행히도 오늘날에는 성경의 내용을 이해하기 쉽게 번역한 역본들과 주해서들이 있어서 우리가 얼마든지 도움을 받을 수 있다.

빌(Böhl)은 이렇게 말한다. "선지자 학개가 말한 분량은 적다. 그러나 거기에는 무궁한 보화가 담겨 있다."[27) 그러므로 우리는 구약성경의 다른 책들과 함께 학개서를 깊이 연구하며 묵상하여 이 책 안에 보장(寶藏)되어 있는 풍성한 영적 보화를 캐내도록 힘써야 할 것이다. 그렇게 할 때에 학개서의 메시지뿐만 아니라 선지자 학개의 고귀한 신앙 인격과 모범적 사역을 통하여 받는 교훈 또한 적지 않을 것이다. 학개서를 애독하는 이마다 하나님께서 기뻐하시고 또 영광을 받으실 일이 무엇이며, 하나님의 마음에 드는 사역자는 어떻게 일을 해야 하는가를 깨달아 '학개'라는 이름이 내포하고 있는 "희열"이 넘치게 될 것을 의심하지 않는다.

제1강
선지자 학개의 이름

구약의 저술 선지자들 중에서도 특히 학개의 이름은 많은 구약학자들의 관심을 끌었다. 그의 이름이 희귀하고 독특하기 때문이다. 그의 동역자인 스가랴의 경우 동일한 이름을 가진 사람은 구약에 종종 나타난다.[28] 그러나 구약에서 '학개'라는 이름을 가진 동명이인은 찾아 볼 수 없고 다만 그와 유사한 이름만 약간 있을 뿐이다.[29]

'학기'(갓의 둘째 아들, 창 46:16; 민 26:15)
'학기야'(레위의 후손 중의 한 사람, 대상 6:30 - 히브리어 원문은 6:15)
'학깃'(다윗의 다섯째 아내, 삼하 3:4)

그가 어느 지파, 어느 가문에 속했는지 또는 그의 출생지가 어디였는지에 관하여 학개서는 일체 언급하지 않는다. 이렇게 우리는 학개라는 인물뿐만 아니라 그의 이름이 어떻게 지어졌는지 또는 그것이 어떤 의미를 지니고 있는지에 관하여서도 정확하게 알 길이 없다. 다만 구약학자들은 '학개'라는 이름이 히브리어의 명사 '하그'(ḥag, "경절, 명절, 축제")나 동사 '하가그'(ḥāgag, "경절을 지키다")와 관련이 있다는 사실에 근거하여 몇 가지 제안을 할 뿐이다.

구약시대에 사역한 선지자들의 이름은 그 이름이 담고 있는 뜻 못지않게 그 구조도 다양하다. 어떤 이름은 한 문장으로 되어 있는데 반하여 한

단어에 불과한 것도 있다.[30]

한 문장으로 된 이름:

이사야 (여호와께서 구원하신다.)

예레미야 (여호와께서 높이신다, 기초를 세우신다, 내던지신다.)

에스겔 (하나님께서 강하게 하여 주신다.)

다니엘 (하나님은 나의 재판장이시다.)

요엘 (여호와께서 하나님이시다.)

미가 (미가야의 단축형. 누가 여호와와 같으리요.)

스바냐 (여호와께서 숨기신다, 간수해 두신다.)

스가랴 (여호와께서 기억하신다.)

한 단어로 된 이름:

호세아 (구원, 구원자)

아모스 (짐)

오바댜 (여호와의 종 -원어로는 한 단어)

요나 (비둘기)

나훔 (위로)

하박국 (포옹하다)

말라기 (나의 사자 -원어로는 한 단어)

이 이름들은 나름대로 분명한 뜻을 지니고 있어서 이해하는 데에는 대체적으로 별 어려움이 없다. 그런데 '학개'라는 이름은 히브리어의 한 단어로 되어 있기는 하나 그 뜻이 특이하여 이해하기가 쉽지 않다.

'하가이'(ḥaggay)라는 히브리어 이름을 어떤 학자들은 형용사로 간주하여 "경절적, 축제적"이라는 뜻으로 이해한다(Jerome, Keil, Verheof 등). 그러나 어미를 1인칭의 소유격으로 보아 "나의 축제," "나의 축제일 희열," 또는 "여호와의 축제"라는 뜻으로 이해하는 이들도 있다(Bach, Wolff, Ackroyd, Harrison 등).

'학개'라는 이름의 의미에 대한 견해들은 크게 두 가지로 나뉜다. 일부 학자들은 '학개'라는 이름이 경절일과 관계가 있으므로 그가 어느 경절일이나 경절 기간에 태어났을 것이라고 이해한다. 이와 달리 다른 일부 학자들은 '학개'라는 이름이 그의 사역과 관련이 있다고 이해한다.

첫째 견해를 지지하는 학자들은 '학개'가 "경절일에 태어난 자"(der am Festtag Geborene)라는 뜻을 지니고 있다고 이해한다.[31] 그런데 '하그'라는 단어는 협의적으로는 구약의 3대 절기(무교절, 맥추절, 초막절)를 가리키나, 광의적으로는 "명절일"(호 9:5), "성회"(암 5:21)와도 대구적으로 사용되어 다른 명절일들을 가리키기도 한다(레 23:2,24,27; 대하 8:13; 겔 45:17 참조). 이 견해에 의하면 학개가 어느 경절일이나 경절기간에 태어났는지를 정확하게 알 수 없다. 따라서 어떤 학자들은 학개가 유월절 혹은 삼대 절기 중의 어느 한 절기에 태어났을 것이라고 막연하게 추측할 뿐이다.

둘째 견해를 지지하는 학자들 가운데에는 학개 선지자의 메시지가 모두 경절일에 전해졌다고 무리하게 주장하는 이들도 있다. 학개 1:1은 "여섯째 달 곧 그 달 초하루"에 첫째 메시지가 전해졌다고 했으니 그 날이 "월삭"이었음이 틀림없다. 둘째 메시지도 "일곱째 달 곧 그 달 이십일일"(2:1)에 전해졌다고 했으니 그 날도 장막절의 마지막 날이다(레 23:33

~36; 겔 45:25). 그러나 이 견해는 셋째와 넷째 메시지가 전해진 "아홉째 달 이십사일"(2:10,20)에서 해결할 수 없는 난관에 부딪히게 된다. 이 날에 대해서는 학개서 이외의 언급이 전혀 없고 또한 경절일로 지켜진 바도 없기 때문이다.32)

학개가 전한 메시지가 모두 경절일에 전해졌다고 하는 무리한 주장보다는 헹스텐베르크(Hengstenberg)의 견해가 일리가 있다. 그는 '학개'라는 이름이 "축제적인 자"(the festal one)를 뜻한다고 보고, 경절들은 종교적 의식(意識)의 고취에 그 특징이 있는 만큼 "축제적인 자"는 항상 정신적 고취 상태를 유지하는 사람이라고 이해한다. 따라서 학개 1:1에서 학개가 첫째 메시지를 "초하루"에 선포한 것은 그가 경절일에 청중의 관심을 끌려는 의도가 있었다고 헹스텐베르크는 풀이한다.33)

한편 박윤선(朴允善)은 이렇게 말한다. 이런 성전재건을 통하여 멀리 영적 성전인 그리스도가 오실 일을 상징하는 것은 경절의 희열이었다. 그렇기 때문에 학개(경절의 기쁨)라는 이름도 그의 성역과 관련이 있다고 보인다.34) 이 견해가 바람직하다고 생각된다. 학개서의 특징 중의 하나는 구약성경의 다른 선지서들과는 달리 학개의 메시지뿐만 아니라 그의 메시지가 청중에게 미친 영향을 다룬다는 점이고, 이 사실을 고려할 때에 박윤선의 견해가 더욱 호소력이 강해진다.

카일(Keil)은 '아벨'이라는 이름이 그의 때 아닌 죽음에 대한 예언적 예감에 의해 지어졌을 가능성이 있다고 말한바 있다.35) 성경에 나타난 대다수의 다른 선지자들의 이름이 그들의 사역과 연관이 있듯이 학개라는 이름도 그의 사역에 대한 예감에 의해 지어졌다고 이해하고 싶다. 여하간 슬렘밍(Slemming)이 학개의 이름에 관한 여러 견해들을 열거한 후에 "메신저(messenger)보다는 메시지(message)가 연구되어야 한다.

그것이 바로 주님께서 늘 원하시는 바이다"라고 한 주장에 귀를 기울일 필요가 있다.[36]

백성들에게 경절의 희열을 제공한 학개의 이름 못지않게 그의 동역자 '스가랴'(zᵉkaryâ)의 이름이 "여호와께서 기억하신다"라는 뜻이라는 사실이 당시의 교회에게 큰 축복이 아닐 수 없었다. 실제로 이스라엘 장로들 자신이 여호와를 배척하고도 "여호와께서 우리를 보지 아니하시며 여호와께서 이 땅을 버리셨다"('āzab YHWH, 여호와께서 버리셨다. 겔 8:2b; 9:9b)라는 망언을 발설한 일이 있었다. 그리고 예레미야는 예레미야애가 2:6에서 여호와의 진노로 말미암아 여호와께서 시온에서 절기와 안식일을 잊어버리게 하셨다"(shikkaḥ YHWH)라고 고백하기도 했다. 그러므로 학개의 동역자의 이름이 '아자브야'('ᵃzabyâ, 여호와께서 버리신다)나 '쉬카흐야' (shikkaḥyâ, 여호와께서 잊어버리게 하신다)가 아닌 것이 천만다행이다. 아니, 감격스럽게도 당시의 사역자의 이름이 '스가랴'이니 이는 이사야 44:28에 고레스를 통하여 성전의 기초가 놓일 것이라고 약속하시고 또 그에게 성전을 건축하라고 명령하신 바(스 1:2)를 여호와께서 이루어주시겠다는 말씀을 학개와 스가랴에게 확증해 주시는 것이 아니겠는가! 이 이름이야말로 백성들에게 용기를 북돋아주고 소망을 안겨주는 이름이 아닐 수 없다. 따라서 '스가랴'는 참으로 시의적절한 이름이었다.

여호와가 주어로 사용되는 경우 동사 "기억하다"(zākar)는 선민과의 언약관계를 기억하시고 여호와께서 실제로 역사하시는 내용이 뒤따른다. 여호와는 노아와 맺은 언약을 기억하고(창 9:15f.), 아브라함과 이삭과 야곱에게 세운 언약을 기억하여 이스라엘을 애굽의 노예생활에서 구출하고(출 2:24; 6:5), 이스라엘의 조상들과 맺은 언약(레 26:45. bᵉrît ri'shōnîm, "첫 세대와 맺은 언약"–공동번역성서)을 기억하시는 분이시다. 여호와께서 라헬(창 31:22)과 한나(삼상 1:11,19)에게 아들을 주시고, 그의 백성을 구원(출 2:20) 또는 보존(레 26:44)하신 경우가 그러하다. 눈물의 선지자 예레미야 역시 멸망의 위기에 처한 조국을 위해 하나님의 긍휼을 간구하는 기도의 초두(원문)에서 "기억하소서, 여호와여"(z'kōr YHWH -애 5:1)라고 울부짖었다. 특히 선지자 에스겔을 통해 바벨론에서 포로 생활을 하는 이스라엘 백성들에게 주신 말씀(겔 16:60)은 학개가 귀환한 당시의 백성들의 뇌리에 아직까지 생생하게 남아 있었을 것이다.[37] 따라서 '스가랴'라는 이름을 지닌 선지자가 출현한 것은 학개 당시의 교회에게 시사하는 바가 적지 않았을 것이다. 또 하나의 예를 들면, 하나님께서는 "여호와께서 구원하신다"라는 뜻을 가진 선지자 이사야와 "남은 자가 돌아오리라"라는 강력한 뜻을 내포한 그의 아들 스알야숩에게 외침(外侵)에 떨고 있는 아하스 왕을 가서 만나라고 지시하셨다. 그때에 아하스 왕은 영안이 어두워서 자신 앞에 나타난 두 인물의 이름이 상징하는 바를 깨닫지 못했다.[38] 여호와보다는 앗수르 왕 디글랏빌레셀이 자신을 원수의 손에서 구원하여 줄 것이라고 믿었기 때문이다(왕하 16:7~9). 그러나 역대기가 전하는 결과는 그의 기대와 전혀 달랐다.

> [20]앗수르 왕 디글랏빌레셀이 그에게 이르렀으나 돕지 아니하고 도리어 그를 공격하였더라.
> [21]아하스가 여호와의 전과 왕궁과 방백들의 집에서 재물을 가져다가 앗수르 왕에게 주었으나 그에게 유익이 없었더라.(대하 28:20~21)

구약성경에서 '학개'라는 이름이 아래의 표현들과 관련이 있다는 사실을 염두에 둔다면 우리의 이해에 도움이 될 것이다.

동사 '하가그'
"기쁨과 찬송의 소리를 발하다."(시 42:4 - 히브리 원문은 5절)

명사 '하그'
"즐거워하다"(신 16:14,15)
"노래하다," "피리를 불다," "마음에 즐거워하다."(사 30:29)
"크게 즐거워하며…… 칭송하며…… 큰 소리 나는 악기를 울려"
  (대하 30:21. 역시 스 6:22 참조)

따라서 '학개' 즉 "축제적 희열과 기쁨"이라는 뜻을 지닌 이름이 지어
진 것이, 알 수 없는 어느 경절일이나 경절 기간에 태어난 것과 관련이
있는 것이 아니라 그가 전한 메시지 및 사역과 연관이 있는 것으로 이해
한다면 그의 동역자의 이름이 지닌 뜻과 함께 시사하는 바가 적지 않을
것으로 생각된다. 학개 1:8에서는 여호와께서 기뻐하시고 영광을 얻으실
일이 무엇인지를 분명하게 알려 주셨다. 그것은 다름이 아닌 여호와께
제2성전을 완공하여 드리는 일이었다. 드디어 학개가 사역한 지 4년 후
인 기원전 516년 곧 제1성전이 무너진 지 70년이 되던 해에 제2성전이
완공되었다(스 6:15). 이렇게 학개가 전한 메시지와 그의 사역은 하나님
께 기쁨과 영광을 돌리고 교회와 성도들에게 축제의 희열을 안겨 주었다.
이런 관점에서도 선지자 학개의 이름은 그의 사역과 연관이 있다고 보는
것이 무방할 것이다.

또 내가 들으니 하늘에서 음성이 나서 이르되 기록하라. 지금 이후로 주 안에
서 죽는 자들은 복이 있도다 하시매 성령이 이르시되 그러하다. 그들이 수고
를 그치고 쉬리니 이는 그들의 행한 일이 따름이라 하시더라.(계 14:13)

제2강
선지자 학개에 대한 호칭

학개가 언급될 때에는 단순히 "학개"(학 2:13,14,20) 혹은 "선지자 학개"(학 1:1,3,12; 2:1,10)로 여러 번 나타난다. 그런데 다른 선지자들과는 달리 학개 1:13에서는 그에게 "여호와의 사자 학개"라는 특이한 호칭이 붙은 사실에 대하여 우리는 주목하지 않을 수 없다. 소선지자에게 이러한 호칭이 주어졌으니 이 얼마나 놀라운 일인가! 구약성경 전체에서 보더라도 선지자가 이러한 호칭으로 불린 예는 본문밖에 없다. 유사한 표현들로서 선지자들을 "사자"라고 부른 예들은 역대기하 35:15과 이사야 44:26("그의 사자들". 일본신개역과 일본구어역은 "내 사자들") 그리고 대하 36:16("하나님의 사신들") 등에서 찾아 볼 수 있다(히브리어 원문 참조). 말라기 2:7에서는 제사장을 "만군의 여호와의 사자"라고 부르나 특정 인물을 지목한 것은 아니다.

구약성경에 나타나는 "여호와의 사자"는 삼위일체 하나님의 제2위이신 성육신 이전의 성자 하나님을 가리킨다는 것이 전통적인 이해이다. 학개의 동역자인 스가랴도 이러한 뜻에서 "여호와의 사자"라는 표현을 스가랴 1:11,12; 3:1,5,6에서 사용하고 있다. 역시 스가랴 3:2의 초두에 나타난 "여호와께서 사탄에게 이르시되"의 "여호와"도 제2위이신 "여호와의 사자"를 가리킨다고 이해하는 편이 좋을 것으로 생각된다. 신학적 입장은 다르나 수리아역, 벨하우젠(Wellhausen)[39] 그리고 일본 신(新)

개역과 일본 신(新)공동역이 그러한 번역을 지지한다.

> [1]대제사장 여호수아는 여호와의 천사 앞에 섰고 사탄은 그의 오른 쪽에 서서 그를 대적하는 것을 여호와께서[40] 내게 보이시니라.
> [2]여호와께서 사탄에게 이르시되 사탄아 여호와께서 너를 책망하노라……
> (슥 3:1,2)

　몇몇 번역 성경들은 본문의 "책망하다"라는 동사(gāʼar)를 간접 명령형 곧 3인칭 명령형인 단축형(jussive의 yigʼar)으로 보아 마소라 텍스트의 '여호와'를 "여호와의 천사"로 수정하여 여호와께서 사탄을 책망하시기를 '여호와의 천사'가 바라는 것으로 이해하는 경향이 있다.[41] 어떤 학자는 이것을 신의(神意)의 시행(action)을 나타내는 형식으로 이해한다.[42] 그러나 루폴드(Leupold)는 본문의 "여호와"와 "여호와의 천사"는 삼위일체에 있어서 동위이시면서 사역에서만 다를 뿐이기 때문에 2절에서 텍스트를 수정할 필요가 없다고 생각한다. 그는 평이한 독법이 우선적이라는 본문 비평의 원리에 근거하여 히브리어 원문 그대로를 받아들일 것을 주장한다. 루폴드는 '이그아르'(yigʼar)가 일반적으로 미래형(미완료형, "그가 책망하실 것이다")이지만 본문에 일정한 때가 명시되지 않았으므로 "책망하신다"("he rebukes")라는 현재형으로 이해하는 것이 더 낫다고 말한다.[43]

　"여호와의 사자(천사)"라는 용례는 우선 창세기 16:7 이하의 기록에 나타나는데, 특히 13절을 살펴보면 그것이 누구를 가리키는지가 잘 드러난다. "여호와의 사자"가 하갈에게 나타나 여주인 되는 사래에게로 돌아가서 그의 수하에 복종하라(9절)고 말하면서 "내가 네 자손으로 크게 번성하여 그 수가 많아 셀 수 없게 하리라"(10절)라고 약속하여 주었다.

성경은 이 "사자"가 평범한 천사들 중의 하나가 아니라는 사실을 13절에
서 분명하게 보여준다("하갈이 자기에게 이르신 여호와의 이름을 감찰하
시는 하나님이라고 했으니 이는 내가 어떻게 여기서 나를 감찰하시는
하나님을 뵈었는고 함이라"). 역시 아브라함이 세 천사와 대화하는 창세
기 18장에서도 그들 중 한 천사는 다른 두 천사들과는 구별된 존재라는
사실이 드러난다. 두 천사는 그곳을 떠나 소돔으로 갔으나 아브라함은
여호와 곧 다른 한 천사 앞에 그대로 서 있었다고 기록되었다.44) 이 밖의
구절들에서도 "여호와의 사자"를 "여호와"라고 부르고 있는데, 아브라
함이 모리아 산에서 칼로 이삭을 잡으려 할 때에도 "여호와의 사자"가
나타났고 아브라함은 그를 "여호와"라고 불렀다(창 22:11f.). 이 구절들
에서처럼 "여호와의 사자"를 "여호와"라고 부르는 기록은 모세오경에 많
이 나타난다.45) 카이저(Kaiser)에 의하면 그분은 곧 애굽 땅에서 이스라
엘을 구해내셨고(출 3:6), 홍해를 건널 때에 그 무리 앞에서 행하셨고(출
23:20), 성전을 자신의 영광으로 가득하게 하신 바로 그 '사자'이셨다.
그는 한 분이시며 여호와 자신과 동일하시다. 이 사자는 하나님의 자기
계시이시며, 구약에 빈번한 그리스도의 현현(顯現) 즉 성육신하시기 이
전에 나타나신 그리스도이시다. 따라서 이 분은 출애굽기 23:20~23("내
가 사자를 네 앞서 보내어…… 내 이름이 그에게 있음이니라……."), 출
애굽기 33:14("내가 친히[My Presence or face] 가리라."], 그리고 이사
야 63:9("자기 앞의 사자"[The Angel of his Presence or face])에 언급
되신 분과 동일하시다.46)

　그러면 학개서에서는 왜 학개를 "여호와의 사자 학개"라고 부르는가?
그 해답은 학개서를 정성들여 연구한다면 얻게 될 것이다. 칼빈(Calvin)
은 아래와 같은 적절한 이해를 제시한다. 학개는 개인의 자격으로서가

아니라 하늘로부터 내려오는 권위를 가진 자로서 그의 사명에 따라 말씀을 선포했다. 이러한 면에서 학개는 정치 지도자 스룹바벨과 종교 지도자 여호수아보다 월등한 권위를 지녔다. 그것은 그가 하나님께로부터 메시지를 의탁 받기 때문이다.[47] 매튜 헨리(M. Henry)는 유대인들이 바벨론에 있는 동안 불평했던 이유는 그들의 표적(signs)이 보이지 아니했다는 것과 선지자도 더 이상 없다는 것이었다고 말한다(시 74:9). 아직 구약 예언의 등불이 꺼지기 전에 영광 찬란한 업적이 이루어져야 했었는데, 학개는 하늘로부터 특별한 사자의 자격으로 나타난 그 첫 사람이었다고 헨리는 진술한다.[48] 베어회프(Verhoef)도 학개가 사역자로서 지닌 권위에 대해 언급하면서, 학개는 "여호와의 사자"(1:13)로서 본서에서 하나님의 말씀의 권위를 부여받은 도구로 묘사되었다고 말한다. 학개의 주된 임무는 지도자들과 백성들로 하여금 성전을 재건하도록 타이르는 것이었는데, 백성들이 그의 메시지(1:12~15a)에 호의적으로 반응한 그것이 또한 학개가 여호와의 참된 선지자로서 권위를 지녔음을 한층 더 시사해 주는 증거라고 그는 풀이한다."[49]

학개 1:13에는 "…… 여호와의 사자 학개가 여호와의 위임을 받아 백성에게 말하여……"라고 했는데, 본문의 "위임"이라는 용어는 구약에서 본문과 시편 73:28("행적")에만 나타난다. 퓨지(Pusey)에 의하면 이 용어는 학개 자신이 하나님의 사신이라는 사실을 나타내기 위해 만든 것이다(고후 5:20 "우리가 그리스도를 대신하여 사신이 되어" 참조).[50] 학개는 "여호와의 사자"로서 어떻게 사역했는가? 그의 사역의 결과는 어떠했고 당시의 교회 지도자들과 성도들이 그에게 보인 반응은 어떠했는가? 이러한 질문들에 대한 해답은 이 책 제7강 이하에서 얻게 될 것이다.

제3강
선지자 학개의 인격

학개서는 짧은 내용을 담은 책이지만 학개가 어떤 인물인지를 알기에 충분하다. 그의 고매한 인격에 관하여 우리는 학개서에서 다음과 같은 몇 가지 사실을 알 수 있다.

첫째로, 선지자 학개는 자신을 전혀 드러내지 않는 겸손한 인물이었다.

학개는 서두인 1:1에서 자신의 지파나 가문 또는 출생지에 관하여 일체 언급하지 않는다. 동시대의 유다 총독 스룹바벨의 부친과 대제사장 여호수아의 부친의 이름은 밝히지만 자신의 부친의 이름에 관해서는 침묵했다.[51] 그는 자신과 관련한 정보는 드러내기를 원하지 않았다. 다른 예언서들의 서두를 한번 살펴보자.

선지자의 계보나 출생지:
이사야서 – (1:1 "아모스의 아들 이사야")
예레미야서 – (1:1 "베냐민 땅 아나돗의 제사장 중 힐기야의 아들
            예레미야")
에스겔서 – (1:3 "부시[원문: 부지]의 아들 제사장 나 에스겔")
호세아서 – (1:1 "브에리의 아들 호세아")

요엘서   -   (1:1 "브두엘의 아들 요엘")

아모스서   -   (1:1 "드고아 목자 중 아모스")

요나서   -   (1:1 "아밋대의 아들 요나")

미가서   -   (1:1 "모레셋 사람 미가")

나훔서   -   (1:1 "엘고스 사람 나훔")

스바냐서   -   (1:1 "스바냐는 히스기야의 현손이요 아마랴의 증손이
                요 그다랴의 손자요 구시의 아들이었더라.")

스가랴서   -   (1:1 "잇도의 손자 베레갸의 아들 선지자 스가랴")

오바댜서, 하박국서 그리고 말라기서만 학개서처럼 이런 내용들을 언급하지 않는다. 학개는 한 가지 분명한 입장을 취하고 있는데, 그것은 자신은 다만 여호와께로부터 보내심을 받은 사신이요 그분의 말씀을 전하는 선지자에 불과하다는 점이다. 오직 여호와의 말씀의 권위를 드러내는 것이 그의 주된 관심사였다.

구약학자들이 많은 관심을 보이고 있기는 하지만, 학개가 원래부터 팔레스타인에 머물러 있었는지 아니면 기원전 538년에 바벨론으로부터 귀환했는지는 정확히 알지 못한다. 그가 예언 활동을 할 때의 연령에 대해서도 도무지 알 길이 없다. 이에 대한 견해들을 두 가지로 분류할 수 있는데, 그 근거는 에스라 2장과 느헤미야 7장에 나타난 귀환자들의 명단과 학개 2:3의 다음과 같은 말씀을 중심으로 이루어졌다고 볼 수 있다.

너희 가운데에 남아 있는 자 중에서 이 성전의 이전 영광을 본 자가 누구냐? 이제 이것이 너희에게 어떻게 보이느냐? 이것이 너희 눈에 보잘것없지 아니하냐?(학 2:3)

첫째 견해를 펴는 학자들은 학개가 본토에 남아 있었다고 주장한다. 이들은 학개의 이름(스가랴를 포함하여)이 에스라 2장과 느헤미야 7장에 없다는 사실을 중시한다. 이 견해에 의하면 학개 2:3의 말씀도 그의 귀환설을 지지할 만한 근거가 되지 못한다. 따라서 그들은 학개가 바벨론에서 귀환한 것이 아니라 본토에 남아 있었다고 주장한다(Wolff, Petersen 등).

이들과는 달리 학개가 바벨론에서 귀환했다는 둘째 견해를 지지하는 학자의 수는 적지 않다(Elliger, Baldwin, Herbert Wolf 등). 이들 중 어떤 학자들은 학개의 이름이 귀환자 명단(스 2장)에 기록되지 않은 이유를, 그가 귀환할 때 나이가 어려 부모님과 함께 왔기 때문일 것이라고 설명한다. 또 어떤 이들은 학개가 지도자로 일할 수 있었던 때는 그가 청장년 시기이었을 것으로 생각한다. 그러나 대부분의 학자들은 학개가 솔로몬의 제1성전을 목격(학 2:3에 근거)했고, 그가 예언활동을 할 때에는 나이가 많았는데 어쩌면 죽기 얼마 전(80세쯤)에 중책을 맡았을 것으로 생각하기도 한다. 사역자로서의 권위를 지녔을 뿐만 아니라 제2성전 완공 작업에 열정을 쏟아 그 일에 전념한 사실이 이를 뒷받침한다고 이해하는 학자도 있다.

유대인의 전통에 의하면 학개는 제1성전을 목격한 이후에 생애의 대부분을 바벨론에서 보냈고 귀환하여 제2성전 재건 사역을 할 때에는 나이가 많았다. 지요자끼 히데오(千代崎秀雄)도 학개 2:3에 근거하여 학개가 제1성전을 목격했다는 견해가 확실하다고는 생각하지 않으나, 만약 그것이 사실이라면 학개가 사역하였을 당시 80세가 되었을 것으로 추정한다. 지오자끼는 그의 활동이 스가랴에 비해 짧았던 것이 그가 연로하였기 때문일지도 모른다고 생각한다.[52] 에스라 5:1과

6:14에 학개의 이름이 스가랴보다 먼저 나오는데, 반 후낵커(Van Hoonacker)는 소선지서의 순서에서도 학개의 이름이 스가랴보다 먼저 나오는 것은 학개의 활동 시기가 이를 뿐만 아니라 연령도 스가랴보다 더 많았기 때문이라고 이해한다. 이렇게 해서 학개가 제1성전을 목격한 사람으로서 사역을 노년에 했다고 생각하게 되는 것이다.[53] 츄은추(丘恩處)에 의하면 학개와 스가랴가 같은 시기에 사역을 했음에도 불구하고 상대방의 이름이 언급되지 않은 데에는 여러 가지 이유가 있을 수 있는데 가장 가능성이 있는 것을 말하자면, 스가랴가 8월(슥 1:1)에 소명을 받은 이후 11월 24일(슥 1:7)에서 화석류나무 사이에 선 자에 관한 환상을 발표할 때에 학개는 이미 별세했다는 것이다.[54]

그러나 이 견해들에 대한 경계의 목소리에 귀를 기울일 필요가 있다. 토마스(Thomas)는 이들의 주장이 위험스럽다고 경고한다. 그는 무엇보다도 구약성경이나 외부 자료에 그들의 견해들을 뒷받침할 만한 증거가 없다고 지적한다.[55] 해리슨(Harrison)도 학개가 사역을 시작하기 직전에 귀환하여 늙은이로 선지자의 직책을 맡았다거나 그가 이미 솔로몬의 영광으로 찬란한 제1성전을 목격했다는 증거는 추호도 없다고 강조한다.[56] 소선지서의 순서에서 학개서가 스가랴서보다 먼저 언급된 것도 단순히 학개가 여호와의 말씀을 스가랴보다 먼저 받았기 때문일 수도 있다. 그러므로 우리는 학개의 개인적 배경에 대해서 아는 바가 없다고 고백하는 것이 옳을 것으로 생각한다. 학개가 개인적 배경을 드러내기를 원하지 않은 것과 에스라서와 느헤미야서에서도 그에 대하여 침묵한 사실을 보더라도 그렇다고 말해야 할 것이다.

둘째로, **선지자 학개는 동역자와 화목하며 협력한 귀한 성품의 소유자였다.**

학개는 동역자인 스가랴와 힘을 합하여 백성들로 하여금 제2성전의 건축 사역을 완수하게 했다. 이 두 선지자들은 일곱 번에 걸친 메시지를 여호와께로부터 받아 백성들에게 전했다. 학개와 스가랴가 전한 메시지들의 순서는 다음과 같다.

첫째 메시지 - 학개가 다리오 왕 2년 6월 1일에 전함(학 1:1, 학개의 첫째 메시지)

둘째 메시지 - 학개가 다리오 왕 2년 7월 21일에 전함(학 2:1, 학개의 둘째 메시지)

셋째 메시지 - 스가랴가 다리오 왕 2년 8월에 전함(슥 1:1, 스가랴의 첫째 메시지)

넷째와 다섯째 메시지 - 학개가 다리오 왕 2년 9월 24일에 두 개의 메시지를 전함(학 2:10,20, 학개의 셋째와 넷째 메시지)

여섯째 메시지 - 스가랴가 다리오 왕 2년 11월 24일에 전함(슥 1:7, 스가랴의 둘째 메시지)

일곱째 메시지 - 스가랴가 2년 후인 다리오 왕 4년 9월 4일에 전함(슥 7:1, 스가랴의 셋째 메시지)

이 두 선지자가 사역한 기간, 전한 메시지의 내용 그리고 메시지를 전한 시기는 서로 약간 다르나 그들은 같은 목적을 가지고 합심하여 교회를 섬겼다(고후 8:23; 12:18 참조). 이 두 선지자의 아름다운 협력 관계는

그 당시뿐만 아니라 그 후로 거의 1세기가 지난 에스라 시대에 이르러서
도 기억되었는데 이는 주님을 주인으로 모신 교회의 한 지체로서 각기
다른 은사를 받아 충성하는 오늘날의 성도들에게도 좋은 본보기가 된다.

> 선지자들 곧 선지자 학개와 잇도의 손자 스가랴가 이스라엘의 하나님의 이름
> 으로 유다와 예루살렘에 거주하는 유다 사람들에게 예언하였더니.(스 5:1.
> NJPS는 "이스라엘 하나님의 이름으로"를 "이스라엘의 하나님에게 영감되어"로 번
> 역했다.)

> 유다 사람의 장로들이 선지자 학개와 잇도의 손자 스가랴의 권면을 따랐으므
> 로 성전 건축하는 일이 형통한지라……(스 6:14)

우리는 여기에서 바울이 권면한 말을 연상하게 된다.

> [10]형제를 사랑하여 서로 우애하고 존경하기를 서로 먼저 하며
> [11]부지런하여 게으르지 말고 열심을 품고 주를 섬기라…….
> [16]서로 마음을 같이하며 높은 데 마음을 두지 말고 도리어 낮은 데 처하며
> 스스로 지혜 있는 체 하지 말라.
> [17]아무에게도 악을 악으로 갚지 말고 모든 사람 앞에서 선한 일을 도모하라.
> [18]할 수 있거든 너희로서는 모든 사람과 더불어 화목하라.
> (롬 12:10~11,16~18)

> [1]그러므로 그리스도 안에 무슨 권면이나 사랑에 무슨 위로나 성령의 무슨 교
> 제나 긍휼이나 자비가 있거든
> [2]마음을 같이하여 같은 사랑을 가지고 뜻을 합하며 한마음을 품어
> [3]아무 일에든지 다툼이나 허영으로 하지 말고 오직 겸손한 마음으로 각각

자기보다 남을 낫게 여기고

^{4}각각 자기 일을 돌볼뿐더러 또한 각각 다른 사람들의 일을 돌보아 나의 기쁨을
충만하게 하라.(빌 2:1~4.)

셋째로, 선지자 학개는 여호와만 높이는 인물이었다.

학개는 자신을 3인칭으로 표현할 뿐이며 문장의 주어로 나타내는 것을
삼가고 있다(1:1,3,12,13; 2:1,10,13,14,20). 이렇게 그는 자신의 선지자
직의 객관성을 돋보이게 했다.[57] 그러나 이러한 형식과는 대조적으로
여호와께서 말씀하실 때에는 항상 여호와를 1인칭 주어로 사용하여 그에
게만 영광을 돌렸다(괄호 안의 "내가"는 히브리어 원문을 따름).

"…… 내가 그것으로 말미암아 기뻐하고 (내가) 또 영광을 얻으리라……."(학
1:8)

"내가 …… 한재를 들게 하였느니라."(학 1:11)

"…… 내가 너희와 함께 하노라……."(학 1:13; 2:4)

"…… 내가 너희와 언약한 말과 나의 영이 계속하여 너희 가운데에 머물러
있나니……."(학 2:5)

"…… 내가 하늘과 땅과 바다와 육지를 진동시킬 것이요"(학 2:6)

"또한 모든 나라를 (내가) 진동시킬 것이며…… 내가 이 성전에 영광이 충만하
게 하리라.……"(학 2:7)

"…… 내가 이곳에 평강을 주리라……."(학 2:9)

"…… 내가 너희 손으로 지은 모든 일에 곡식을 마르게 하는 재앙과 깜부기
재앙과 우박으로 쳤나니……."(학 2:17)

"…… 그러나 오늘부터는 내가 너희에게 복을 주리라."(학 2:19)

"…… 내가 하늘과 땅을 진동시킬 것이요."(학 2:21)

"(내가) 여러 왕국들의 보좌를 엎을 것이요 (내가) 여러 나라의 세력을 멸할 것이요 (내가) 그 병거들과 그 탄 자를 엎드러뜨리리니……."(학 2:22)

"…… 내가 너를 세우고 (내가) 너를 인장으로 삼으리니 이는 내가 너를 택하였음이니라. ……."(학 2:23. 참조 2:8 "내 것," 2:23 "나의 종")

이러한 예들은 다른 예언서들에 나타난 형식들과는 차이가 있다. 에스겔서의 "내가 보니"(겔 1:1,4,15), "내게 임하여"(겔 6:1; 7:1 등), 호세아서의 "내게 이르시되"(호 3:1), 아모스서의 "내게 보이신 것"(암 7:1,4,7; 8:1,2), 특히 스가랴서에 빈번히 나타나는 "내가 이르되"(슥 1:9,21; 3:5), "내게 임하여 이르시되"(슥 6:9; 8:18), "내게 이르시되" (슥 11:15) 등에서는 선지자 자신이 1인칭을 사용한다. 물론 이러한 형식의 차이만으로 그들의 인격에 대한 평가가 가능한 것은 아니다. 학개서에 나타난 인칭의 표현이 특이하다는 사실을 언급할 수 있을 뿐이다.

학개가 자신에게 3인칭을 사용하면서 자신을 주어로 나타내는 듯한 세 구절(학 1:13; 2:13,14)이 있다. 그러나 그 구절들도 자세히 살펴보면 누가 주어로 나타나는지 분간하기 힘들다. 학개가 주어로 나타난 듯한 세 구절을 면밀히 살펴보자.

그 때에 여호와의 사자 학개가 여호와의 위임을 받아 백성에게 말하여 이르되 내가 너희와 함께 하노라 하니라. - 여호와의 말씀.(학 1:13 원문)

본 절의 상반부는 학개가 백성에게 말하는 것으로 시작한다. 그러나 하반부는 그의 말이 아니고 여호와께서 친히 하시는 말씀이다. 2:11~14의 내용도 이와 같다.

¹¹나 만군의 여호와가 말하노니 너는 제사장들에게 율법에 대하여 물어 이르기를
¹²사람이 옷자락에 거룩한 고기를 쌌는데 그 옷자락이 만일 떡에나 국에나 포도주에나 기름에나 다른 음식물에 닿았으면 그것이 성물이 되겠느냐? 하라 학개가 물으매 제사장들이 대답하여 이르되 아니라 하니라.
¹³학개가 이르되 시체를 만져서 부정하여진 자가 만일 그것들 가운데에 하나를 만지면 그것이 부정하겠느냐? 하니 제사장들이 대답하여 이르되 부정하리라 하더라.
¹⁴이에 학개가 대답하여 이르되 여호와의 말씀에 내 앞에서 이 백성이 그러하고 이 나라가 그러하고 그들의 손의 모든 일도 그러하고 그들이 거기에서 드리는 것도 부정하니라.(학 2:11~14)

2:11에서 학개는 제사장들에게 질문을 하라는 명령을 여호와께로부터 받았다. 번역이 되지 않았으나, 히브리어 원문에는 여호와께서 "부디"(nā')라는 불변화사를 사용하셔서 그들이 들은 말씀을 통해 깨우침이 있기를 간절히 원하고 계신다는 사실이 드러난다. 한스 볼프(Wolff)가 이를 "Bitte doch"로 잘 표현했다.⁵⁸⁾ 그리고 12절의 내용에는 여호와의 말씀만 소개되었다. 따라서 개역개정판과 새번역개역판이 원문에 없는 "학개가 물으매/물어 보니"를 첨가한 것은 상하절의 흐름을 매끄럽게 하기 위해서일 것이다. 13절의 초두는 "학개가 또 전했다" 혹은 "학개가 또 대언했다"로 번역하는 것이 좋을 듯하다. 그리고 학개가 말하는 14절 원문 초두의 '와야안 하가이 와요메르'(wayya'an ḥaggay wayyō'mer)는 질문이 없이도 흔히 사용되는 히브리어 어법이므로 "학개가 대답하여 이르되"⁵⁹⁾라고 직역하기보다는 "학개가 말했다"(일본구어역)나 "학개가 말하기 시작했다"(Wolff⁶⁰⁾)라고 옮기는

것이 바람직하다고 본다. 12~13절에 나타난 이러한 용례는 여호와의 말씀이 곧 그의 대언자의 말이요 그의 대언자의 말이 곧 여호와의 말씀이라는 선지서의 특징 중의 하나이다. 따라서 12절에서도 학개가 직접 질문을 했는지를 밝힐 필요가 없는 것이다. 14절에서도 학개가 여호와의 말씀을 소개하는 내용을 담고 있을 뿐이다. 결국 이 구절들에서도 여호와의 말씀의 권위를 드러내려는 학개의 노력이 엿보인다. 하나님이 대언자에게 말씀하시고 대언자가 백성에게 말하는 이러한 이중적 현상은 선명한 구분 없이 나타나기도 한다. 심(Sim)이 지적한 바와 같이 그것이 단순한 수사학적 고안인지 아니면 발언 그대로를 보여주는 것인지는 여전히 분명하지가 않다. 하지만 그는 11절과 12절에서 학개에게 먼저 말씀을 전하도록 지시하신 하나님께서 13절과 14절의 취지인 두 번째 질문도 동일하게 그에게 전달하셨다고 이해한다.61)

넷째로, 선지자 학개는 충성된 인물이었다.

학개는 자신이 맡은 사명을 완수하는 일에만 전념했다. 38절밖에 안되는 짧은 내용에 "여호와의 말씀" 혹은 "여호와가 말하노라/이르노니"가 26회나 나타난다.62) 그래서 학개서에는 여호와의 말씀만이 수록되었다고 해도 과언이 아니다. 네 번의 메시지가 전부인 이 책의 각 메시지는 여호와의 말씀으로 시작하고, 그 내용 역시 하나의 주제 곧 여호와께서 명령하신 제2성전의 완공이라는 주제에 초점을 맞추어 전개되며, 여호와의 말씀으로 끝을 맺는다. 학개서는 이렇게 서론과 본론 그리고 결론 전체가 오로지 여호와의 말씀으로 이루어진다.

■ 첫째 메시지(학 1:1~15)
1:1.   여호와의 말씀(스룹바벨과 여호수아에게 전해짐)
1:2~11.   여호와의 말씀(성전 방치를 책망, 성전 완공 독려)
1:12~15.   여호와의 말씀에 순종, 여호와의 감동을 받아 성전완공에
     재착수.

■ 둘째 메시지(학 2:1~9)
2:1~2.   여호와의 말씀(스룹바벨, 여호수아, 그리고 남은 백성에게 전
     해짐)
2:3~7aα.   여호와의 말씀(위로와 소망의 말씀, 모든 나라를 진동시키
     실 것)
2:7aβ~9.   여호와의 말씀(모든 나라의 보배/소망이 이르리라. 이 성
     전의 나중 영광이 이전 영광보다 크리라.)

■ 셋째 메시지(학 2:10~19)
2:10~11.   여호와의 말씀(제사장에게 전해짐)
2:12~14.   여호와의 말씀(불결한 이스라엘)
2:15~19.   여호와의 말씀(오늘부터는 너희에게 복을 주리라.)

■ 넷째 메시지(학 2:20~23)
2:20.   여호와의 말씀(스룹바벨에게 전해짐)
2:21~22.   여호와의 말씀(스룹바벨을 인장으로 삼으심)
2:23.   여호와의 말씀("…… 만군의 여호와의 말씀")

다른 예언서들을 보면 하나님의 말씀을 대언한 선지자들이 간혹 자

신들의 기도, 간구, 반응, 그리고 질문 등을 기록하거나 사정을 아뢰는 것을 볼 수 있다. 이러한 현상은 학개서를 비롯하여 오바댜서, 나훔서, 스바냐서 등을 제외한 책들에 나타난다. 이를 대략 살펴보면 다음과 같다.63)

이사야서 - 6:5,8; 8:3; 21:3~4.

예레미야서 - 1:116,11,13; 4:10,19 이하; 8:18f.; 11:18~20; 13:1~2,5~7; 15:10,15~18; 16:19~20; 17:12~18; 18:18~23; 20:7~18; 32:16~25.

에스겔서 - 3:3; 4:14; 12:7; 24:18; 37:3.

호세아서 - 3:2~3.

요엘서 - 1:19~20.

아모스서 - 7:2,5.

요나서 - 1:9,12; 2:3~9; 4:1~3,8~9.

미가서 - 3:8.

하박국서 - 1:2~4,12~17; 3:2,16~19.

스가랴서 - 1:19,21; 2:2; 3:5; 4:11,12; 5:10; 11:9,12.

이러한 예들을 볼 때에 선지자 학개에게는 오로지 하나님의 말씀만 전함으로써 맡겨진 사명을 완수하고자 하는 일념만 있을 뿐이었다고 말할 수 있겠다(왕상 3:9 참조). 그는 열심을 다했는데, 그의 열심은 인간적이 아닌 하나님의 열심이 그를 통해 표출된 것이었으며, 오직 성도들이 하나님께서 기뻐 받으실 만한 성결한 백성들이 되게 하기 위한 중재자적 열심이었다(고후 11:2 참조). 박윤선(朴允善)은 학개의 이러한 자세에 대하여 아래와 같이 언급한다. 그는 하나님 말씀 이외의 어떤 다른 말은 거기에 끼울 수 없도록 완벽을 기했다.64) 사도 바울은 주님의 나라 확장

을 위하여 수고하는 모든 성도들에게 다음과 같은 귀한 말씀으로 교훈을
주었다. 이 말씀은 학개의 아름다운 신앙을 본받기를 원하는 이들에게
큰 감동을 준다.

[1]사람이 마땅히 우리를 그리스도의 일꾼이요 하나님의 비밀을 맡은 자로 여길지
어다.
[2]그리고 맡은 자들에게 구할 것은 충성이니라.(고전 4:1~2)

그러므로 내 사랑하는 형제들아 견실하며 흔들리지 말며 항상 주의 일에 더
욱 힘쓰는 자들이 되라. 이는 너희 수고가 주 안에서 헛되지 않은 줄을 앎이
라.(고전 15:58)

제4강
학개서의 역사적 배경

여기에서는 이스라엘의 역사를 상세하게 논하지 못하고 학개서의 역사적 배경을 이해하는 데에 도움이 되는 부분만을 약술하고자 한다.

구약 학자들은 이스라엘의 역사가 어느 시점에서 시작되었는지에 대하여 견해를 달리하고 있다. 일부 학자들은 이스라엘의 역사가 출애굽 시대부터 시작한 것으로 보아야 한다고 주장한다. 사실 구약사에 있어서 출애굽의 역사가 하나님은 어떤 분이신가를 이스라엘 백성들로 하여금 알게 해 주는 가장 핵심적 역사라는 것은 부인할 수 없다.65) 그 때까지 여호와의 이름을 부르기는 했어도,66) 언약의 하나님이시요 구원의 하나님이신 여호와로서의 이름의 특성은 알지 못하고 있던 이스라엘 백성들이 출애굽의 구원 역사를 통해서 비로소 그것을 체험적으로 알게 된 것이다(출 6:2~3; 호 13:4).67) 따라서 후대의 이스라엘 백성들이 여호와의 구원을 생각할 때마다 구약성경에 있는 이 출애굽 역사를 연상하는 것을 찾아보게 된다.68) 하지만 이 출애굽의 구원 역사는 그 이전에 여호와께서 이스라엘의 족장들과 세우신 언약을 전제로 이해해야 하므로 이스라엘의 역사는 적어도 족장시대부터 시작했다고 볼 필요가 있다.

일부 학자들의 주장과 같이 만약 구약 역사가 출애굽으로부터 시작했다고 본다면 아래와 같은 오류에 빠지게 된다. 즉, 구약성경에 기록된 출애굽의 기록을 실제의 역사적 사실로 받아들이지 않는다면 이를 단지 하나의 '사건'(event)으로 보아 '신의 위대한 행동'(mighty acts of God)에 불과한 것으로 전락시킬 위험이 있다. 그렇게 되면 출애굽의 기록은 고대의 민족들 중의 하나인 히브리 민족이 애굽에 노예로 있을 때에 그들의 신이 그들을 구출하여 냈다는 괄목할 만한 '사건'이요 하나의 놀라운 '메시지'는 될 수 있을지 몰라도 성경이 제시하는 이스라엘의 하나님이신 여호와의 구원 계획 가운데에서 이루어진 족장들과 세운 언약의 성취로는 이해가 불가능하게 된다. 만일 성경에 기록된 대로 하나님께서 말씀하시고 계시하신 것을 친히 역사에 개입하시거나 이적을 통하여 성취하실 수 없으시다면 선민의 하나님과 이방의 신들 사이에는 무슨 차이가 있겠는가? 그들이 소위 말하는 '하나님의 위대한 행동'은 인류 역사상에 나타난 다른 위대한 행동들과 아무런 차이가 없게 될 것이다.[69]

구약성경에 의하면 여호와이신 하나님께서 주권적이고 단독적인 사역에 의해 아브라함을 먼저 부르시고(창 12:1~3) 그와 "영원한 언약"(창 17:7)을 세우셨다. 또한 자신의 구원 계획을 이루시려고 아브라함의 후손들을 통하여 천하 만민이 구원의 복을 얻을 것이라고 약속하셨다(창 12:2~3; 22:18). 그리고 이 약속이 이삭(창 26:4; 28:14),[70] 야곱(창 48: 21) 그리고 요셉(창 50:24~25)의 생애를 통해 점진적으로 구체화되었다. 우리는 추호라도 성경의 주장과는 동떨어지게 아브라함의 업적을 과장하는 유대주의적 견해[71]나 중세 유럽의 신학자들처럼 족장들의 부도덕성을 옹호하기 위해 변명들을 동원[72]하는 오류에 빠지는 일이 없도록 유의해야 할 것이다.

탈무드(Talmud)에 의하면 아브라함은 3세 때에 이미 율법을 지키기 시작했다(Nedarim 32a).[73] 아브라함은 14세 때에 우르에서 창조자이신 지존자를 알기를 갈망하던 중에 어느 날 그분을 알게 되었

고, 그 이후 임종시까지 그분의 길에서 행하였다(희년서 11:15~12:
8). 아브라함은 50세가 되었을 때에 아버지 데라에게 세상의 헛된
것들을 버리고 창조주 하나님을 섬길 것과 가나안으로 가서 살 것을
간청하였으나, 데라는 결국 하란에 머물고 말았다. 그 때에 여호와께
서 아브라함에게 나타나셔서 그 곳을 떠나 가나안으로 가라고 명령
하셨다고 한다(희년서 12:17~23).74) 이교사회에 있어서 그토록 고
상하고 심오한 신성의 유일성이라는 교리를 아브라함이 터득할 수
있었다는 사실에 놀라지 않을 수 없다. 그는 어떻게 그 지고한 진리
를 터득하게 되었는가? 세갈(Segal)은, 아브라함은 신적 영감의 인도
를 받아 자신의 숙고와 직관에 의해 그 진리를 도출해 냈다고 이해한
다. 세갈의 주장에 의하면, 아브라함은 인류 발전사에 나타나는 보다
높은 삶을 지향하는 유사한 많은 현상 가운데의 한 실례에 불과한
것이다.75)

성경은 결코 아브라함을 과찬하지 않으며 또한 중세 신학자들의
주장처럼 족장들의 부도덕성을 옹호하거나 묵인하지도 않는다. 톰슨
(Thompson)은 신학자들이 제시한 족장들의 부도덕으로 생각되는 행
위가 예외적 일이라고 하는 변명들을 아래와 같이 소개한다. 첫째로,
특별한 신적 허용에 근거한 변명들로서 (1) 풍유법에 근거한 변명들, (2)
예표론에 근거한 변명들, (3) 족장들의 특수 사명에 근거한 변명들, (4)
족장들의 특수 은사에 근거한 변명들 등이 있다. 둘째로, 자연적 고려
상황에 근거한 변명들로서 (1) 참작할 수 있는 정상들에 근거한 변명들,
(2) 좋은 의도에 근거한 변명들, (3) 본성, 풍습, 그리고 법률에 근거한
변명들, (4) 분별력, 필요성, 그리고 자연적 권리에 근거한 변명들, (5)
"영웅적" 지위에 근거한 변명 등이 있다. 그러나 톰슨은 그 어떤 논조나

변명도 하나님의 속성과 성품에 반대되는 행동은 정당화될 수 없다고 강조한다. 모든 상황에서 성경은 크리스천의 행위에 관한 최량(最良)의 기준이 되므로 족장들에게도 성경의 교훈인 회개와 용서의 패턴이 적용되지 않으면 안 된다는 칼빈(Calvin)의 입장을 그는 옹호한다.[76] 과연 아브람이 아브라함이 된 것과 사래가 사라가 된 것은 하나님의 전적인 은혜에 의한 것이라고 성경은 주장한다! 하나님께서는 아브라함의 후예인 선민 이스라엘에 대해 이렇게 말씀하셨다.

> [1]의를 따르며
> 여호와를 찾아 구하는
> 너희는 내게 들을지어다.
> 너희를 떠낸 반석과
> 너희를 파낸 우묵한 구덩이를 생각하여 보라.
> [2]너희의 조상 아브라함과
> 너희를 낳은 사라를 생각하여 보라.
> 아브라함이 혼자 있을 때에 내가 그를 부르고
> 그에게 복을 주어 창성하게 하였느니라.(사 51:1-2)

> 야곱아
> 너를 창조하신 여호와께서 지금 말씀하시느니라.
> 이스라엘아
> 너를 지으신 이가 말씀하시느니라.
> 너는 두려워하지 말라. 내가 너를 구속하였고
> 내가 너를 지명하여 불렀나니 너는 내 것이라.(사 43:1)

> 나는 여호와 너희의 거룩한 이요

이스라엘의 창조자요 너희의 왕이니라.(사 43:15)

이스라엘도 이 말씀에 근거하여 이렇게 고백한다.

주는 우리 아버지시라.
아브라함은 우리를 모르고
이스라엘은 우리를 인정하지 아니할지라도
여호와여, 주는 우리의 아버지시라.
옛날부터 주의 이름은
우리의 구속자라 하셨거늘(사 63:16)

따라서 출애굽의 역사는 아브라함의 하나님, 이삭의 하나님, 야곱의 하나님의 구원언약의 성취에 입각하여 이해해야 한다. 하나님께서는 모세를 사용하셔서 이스라엘 족속을 애굽의 노예에서 해방시키시고 그들에게 젖과 꿀이 흐르는 땅 곧 모든 땅 중의 아름다운 곳이며 허다한 나라들 중에 아름다운 기업인 귀한 가나안 땅을 허락하셨다(겔 20:6,15). 모세의 후계자 여호수아의 지휘 아래 이 약속의 땅 가나안으로 들어간 그들은 3세기가 넘도록 사사들의 통치하에 있었다. 그러나 그 기간은 백성의 범죄와 그 결과에서 오는 외적의 침략과 압제, 그들로부터 구원해달라는 절규로 점철되었다. 이 모든 과정에서 하나님께서는 그들의 부르짖음을 들으시고 구원자들을 보내시어 외적의 침략으로부터 계속해서 구출하여 주셨다. 그러나 정치적 지도자요 제사장인 동시에 선지자이었던 사무엘의 시대가 출범하자 이스라엘은 점차 질서와 안정을 되찾게 되었고, 백성들은 신정보다는 주변의 국가들을 모방한 왕정을 선호했다.

¹⁹백성이 사무엘의 말 듣기를 거절하여 이르되 아니로소이다. 우리도 우리 왕
이 있어야 하리니

²⁰우리도 다른 나라들 같이 되어 우리의 왕이 우리를 다스리며 우리 앞에 나
가서 우리의 싸움을 싸워야 할 것이니이다 하는지라.(삼상 8:19~20).

…… 너희의 하나님 여호와께서는 왕이 되심에도 불구하고 너희가 내게 이르
기를 아니라. 우리를 다스릴 왕이 있어야 하겠다 하였도다.(삼상 12:12b)

하나님을 배척한 그들의 완악함은 삼상 8:19b에서 "왕"이 동사 앞에
도치되고("No! but we are determined to have a king over us"
-NRSV), 20a에 1인칭 복수 대명사를 덧붙여서 사용한 "역시 우리"
(gam-ʾănaḥnû)라는 특이한 표현에서 너무나 명백하게 드러났다. 그들
은 끝까지 "우리의 왕"(malkênû)에 대한 요구를 굽히지 않았고, 여호와
께서는 사무엘에게 "…… 이는 그들이 너를 버림이 아니요 나를 버려 자
기들의 왕이 도지 못하게 함이니라"(삼상 8:7)라고 말씀하셨다(호 13:9~
11 참조). 이제 그들의 요청에 따라 사울이 왕으로 세워졌다. 하지만 사울
은 하나님의 명령을 거역하는가 하면 자신의 정권 유지에만 혈안이 되어
충신 다윗을 역적으로 몰아 살해하려는 데에 국력을 소모했다. 결국 그는
하나님의 버림을 받아 권좌에서 물러났으며 이로 인해 북방 에브라임과
남방 유다 간의 갈등의 골은 점점 더 깊어갔다. 그러나 하나님께서 선지
자 나단을 통해 다윗을 위하여 집(왕조)을 지어주시고 그의 "씨"를 세워
그의 왕국의 왕위를 영원히 견고하게 해 주시겠다는 약속의 말씀을 해
주셨다(삼하 7:11f.).

이 다윗이 이스라엘의 통일 왕국을 실현하게 된다. 다윗은 정치적으로
는 여부스 족이 거주하는 예루살렘을 점령하고 시온 산의 요새를 쟁취했

으며 종교적으로는 여호와의 언약궤를 시온 산으로 가져옴으로써 신정 국가로서의 이스라엘을 확립했다. 그 후 "내가 그의 생전에 평안과 안일함을 이스라엘에게 줄 것임이니라"(대상 22:9)라고 여호와께서 약속하신 대로 그의 아들 솔로몬 시대에 평화와 번영의 시기가 얼마 동안 유지되었다. 솔로몬은 예루살렘 성전을 건립하는 업적도 남겼다. 그러나 그의 말년에 발생한 잇단 실정과 범죄(왕상 11:1f. 참조) 때문에 그러한 시기는 오래 지속되지 못하고 이스라엘의 열 두 지파가 결국 기원전 931년에 남쪽 유다 왕국과 북쪽 이스라엘 왕국으로 분열하고 말았다. 그 후 이들은 다시 연합하지 못했는데 이렇게 된 근본 원인은 솔로몬의 범죄를 하나님께서 벌하신 데에 있었다(왕상 11장 참조).

북쪽 이스라엘은 밀로를 건설할 때에 감독으로 발탁된 솔로몬의 신복인 여로보암이 반란을 일으켜 건설한 왕국이다. 그는 예루살렘의 합법적 성전과 아론의 제사장직 그리고 모세의 율법을 무시한 채 단과 벧엘에 금송아지 우상을 세워 백성들을 미혹했다. 성 역사가는 북쪽 이스라엘이 멸망한 이유를 "여로보암의 모든 죄," "여로보암의 집의 죄," "여로보암의 모든 길로 행함" 때문이었다고 밝힌다. 결국 북 왕국 이스라엘은 기원전 722년 호세아 왕의 통치를 최후로 앗수르에 의해 역사에서 자취를 감추었다(왕상 13:33~34. 역시 호 8:4 참조).

앗수르 왕 디글랏빌레셀 3세는 기원전 734년에 이스라엘 백성들을 포로로 끌어갔다(왕하 15:29). 얼마 지난 후에 사르곤 2세도 이스라엘 백성 27,290명을 포로로 끌어갔다고 자랑했다(왕하 17:6,23). 그리고는 앗수르의 여러 지역에서 이질적인 민족들을 사마리아로 끌어들여 거주하게 하였다(왕하 17:24f.). 이것은 단순한 식민지 정책이 아닌 무서운 혼합 종교 정책의 일환이었다(왕하 17:29f, 특히 32~33, 호 9:5). 결과적으로 이러한 정책은 남쪽 유다 백성들이 바벨론 포로에서 귀환한 후 더욱 심각한 후유증으로 나타나게 되는데, 그들이 유다 백성들의 제2성전 재건과 성곽 재건을 방해한 사실을 우리는 에스라서와 느헤미야서를 통해 잘 알고 있다. 예수님 당시까지도 유다 사람들과 사마리아 사람들의 적대 관계는 개선된 흔적이 보이지 않았다. 북쪽 이스라엘의 죄가 초래한 치명상은 오직 예수께서 부활 승천하신 후 복음이 예루살렘과 유다와 사마리아까지 전파될 때에야 비로소 치유될 수 있었다.

남 왕국 유다 백성은 당연히 북쪽 이스라엘이 멸망한 사실에서 큰 교훈을 받아 경각심을 불러일으켜 우상 숭배를 버리고 하나님을 더욱 신뢰해야 마땅했다. 그럼에도 불구하고 그들은 오히려 이스라엘의 죄를 모방하여 하나님의 진노의 대상이 되어버렸다.

> [7]……그의 반역한 자매 유다는 그것을 보았느니라.
> [8]내게 배역한 이스라엘이 간음을 행하였으므로 내가 그를 내쫓고 그에게 이 혼서까지 주었으되 그의 반역한 자매 유다가 두려워하지 아니하고 자기도 가서 행음함을 내가 보았노라…….
> [10]이 모든 일이 있어도 그의 반역한 자매 유다가 진심으로 내게 돌아오지 아니하고 거짓으로 할 뿐이니라. 여호와의 말씀이니라.(렘 3:7~10. 역시 왕상 14:24 참조)
> [11]그 아우 오홀리바가 이것을 보고도 그의 형보다 음욕을 더하며 그의 형의 간음함보다 그 간음이 더 심하므로 그의 형보다 더 부패하여졌느니라…….
> [13]그 두 여인이 한 길로 행하므로 그도 더러워졌음을 내가 보았노라…….
> [31]네가 네 형의 길로 행하였은즉 내가 그의 잔을 네 손에 주리라.(겔 23:11~13, 31).

유다 왕국의 멸망의 원인은 무엇보다도 "므낫세의 지은 모든 죄" 때문에 "여호와께서 사하시기를 즐겨하지 아니하시니라"라고 하신 말씀에서 찾아 볼 수 있다(왕하 24:3~4). 그 결과 4차에 걸친 바벨론 왕 느부갓네살의 침공이 일어나게 되었다. 바벨론 유수는 다음과 같다.

1) 기원전 605년 여호야김 왕의 재위 시에 바벨론으로 끌려간 포로민 가운데 다니엘이 포함되었다(단 1:3f.).

2) 기원전 598/7년에 여호야긴 왕과 에스겔이 일만 명의 엘리트들과 함께 포로로 끌려갔다(왕하 24:10~16).

3) 기원전 587/6년에 예루살렘 성과 성전이 불타고 성곽이 파괴되었다. 이렇게 유다 왕국이 멸망한 동시에 마지막 왕인 시드기야가 성 중의 백성들과 함께 포로로 끌려가고 농민들만 남게 되었다(왕하 25:1~12).

4) 느부갓네살의 시위대 장관 느부사라단이 기원전 582/1년에 평민들까지 포로로 끌고 갔다(렘 52:30 참조).

정치적으로 바벨론의 압박을 받고 있던 유다 왕국 말기의 국내 정세는 매우 복잡했다. 그러나 유다 백성들은 하나님을 의지하기보다는 오히려 친 애굽파, 친 앗수르파, 친 바벨론파 그리고 이스라엘 독립파 등으로 나뉘어 있었다. 이때에 하나님께서는 예레미야를 통하여 바벨론의 멍에를 메라고 그들에게 말씀하셨다(렘 27:11~12). 하지만 여호야김 왕과 백성들은 그 말씀을 거역하고 바벨론 왕에게 대항했다. 그러자 느부갓네살 왕은 여호야긴을 포로로 끌어가고 그의 삼촌인 시드기야를 왕으로 세웠다. 백성들의 일부는 여호야긴을, 다른 일부는 시드기야를 정당한 왕이라고 주장하여 나라는 또 다시 심각한 혼란 상태에 빠졌다. 그들은 끝까지 유독 하나님을 의지하는 일은 배제했다. 결국 유다 왕국이 멸망한 후에야 그들은 비로소 다음과 같이 자백했다.

우리가 헛되이 도움을 바라므로
우리의 눈이 상함이여
우리를 구원하지 못할 나라를
바라보고 바라보았도다.(애 4:17)

선지자 스바냐는 예루살렘의 종말의 원인이 사중적 거역에 있었다고 밝힌다.

그가 명령을 듣지 아니하며
교훈을 받지 아니하며
여호와를 의뢰하지 아니하며
자기 하나님에게 가까이 나아가지 아니하였도다.(습 3:2)

본문에서는 "아니하였다"(lō')를 4회나 반복하며 그들의 죄악상을 드러냈고 여호와께서는 그로 말미암아 미래의 유다가 이 사중적 부정어(lō')에다 두 가지를 더한 육중적 벌을 받을 것이라고 선포하셨다.

보라 내가 한 목자를 이 땅에 일으키리니 그가 없어진 자를 마음에 두지 아니하며 흩어진 자를 찾지 아니하며 상한 자를 고치지 아니하며 강건한 자를 먹이지 아니하고 오히려 살진 자의 고기를 먹으며 또 그 굽을 찢으리라.(슥 11:16)

유다 백성의 정치 지도자들뿐만 아니라 종교 지도자들인 제사장과 선

제4강 학개서의 역사적 배경 · 57

지자 그리고 평민에 의한 만연한 우상숭배와 극에 달한 부도덕성은 회복 불능의 상태에 이르렀다. 여호와께서는 에스겔 22장에서 그들의 이러한 죄악상을 "그 가운데에"(bᵉtôkāh. 3절["자기 가운데에"], 21절["그 가운데에서"], 25절 2회); "네 가운데에"(bᵉkā, 5절 원문, 6절, 7절 2회["그 가운데에서"], 9절 원문 2회, 10절 2회, 11절, 12절); "네 가운데에"(bᵉtôkēk, 9절, 13절); "그 가운데에"(bᵉqirbāh, 27절)라고 낱낱이 드러내며 그들을 멸하시겠다고 말씀하셨다.

1차 바벨론 유수와 예루살렘의 포위, 유다 왕의 포로 됨 그리고 무엇보다도 성전의 파괴 등은 그들에게 많은 의문점을 야기했다. 과연 사무엘상 17:12~16에 약속된 다윗 왕의 왕통은 영구적인가? 여호야긴이 바벨론의 포로가 된 것은 그 왕통에 종지부가 찍힌 것을 뜻하는가? 성전의 파괴와 언약궤의 소실은 어떻게 이해해야 하는가? 이스라엘의 하나님은 과연 바벨론의 신보다 능력이 있으신가? 바벨론의 유수는 영구적인가 일시적인가? 이방 땅에서도 진정한 예배가 가능한 것인가? 하지만 이러한 혼란 가운데에서도 예레미야는 백성들을 선도하는 일을 게을리 하지 않았다. 그는 이 모든 것이 백성의 죗값이라고 옳게 진단했다(애 2:6~8). 그리고 예레미야는 백성들에게 소망의 메시지를 선포했으며(렘 3:19f.) 여호와의 자비와 긍휼에 호소했다. 그리고 이제 백성들이 살 수 있는 유일한 길은 회개뿐이라고 울부짖었다.

²²여호와의 인자와 긍휼이 무궁하시므로
우리가 진멸되지 아니함이니이다.
……
²⁴내 심령이 이르기를
여호와는 나의 기업이시니

그러므로 내가 그를 바라리라 하도다.
^{25}기다리는 자들에게나
구하는 영혼들에게 여호와는 선하시도다.
^{26}사람이 여호와의 구원을 바라고
잠잠히 기다림이 좋도다.
......
^{33}여호와께서 인생으로 고생하게 하시며
근심하게 하심은 본심이 아니시로다.
......
^{40}우리가 스스로 우리의 행위들을 조사하고
여호와께로 돌아가자.(애 3:22~26,33,40)

한편, 고대 근동 지역을 통치하던 강대국 바벨론이 페르시아에 의
하여 멸망(기원전 539년)하는 놀라운 일이 발생한다. 바벨론이 멸망
하리라는 사실을 이미 2세기 전에 예언한 이사야의 예언이 그대로 이
루어진 것이다(역시 렘 50~51장 참조). 이사야는 유다를 박해하며
교만하던 바벨론의 최후에 대하여 이사야 14:12~15에 다음과 같이
예언했다.

^{12}너 아침의 아들 계명성(난외주 "새벽 별")이여
어찌 그리 하늘에서 떨어졌으며
너 열국을 엎은 자여
어찌 그리 땅에 찍혔는고.
^{13}네가 네 마음에 이르기를
내가 하늘에 올라
하나님의 뭇 별 위에 내 자리를 높이리라.

내가 북극 집회의 산 위에 앉으리라.

[14]가장 높은 구름에 올라가

지극히 높은 이와 같아지리라 하는도다.

[15]그러나 이제 네가 스올

곧 구덩이 맨 밑에 떨어짐을 당하리로다.(사 14:12~15)

12절의 말씀은 종종 사탄의 타락에 관한 내용으로 이해되는 경우가 있다. 이 문제를 여기에서 간략하게나마 다루고자 한다. 우선 바벨론에 대한 예언이 이사야 13:1부터 14:23까지 계속되는 점으로 보아, 대다수의 주경신학자들의 견해를 따라, 본문이 분명하게 가리키는 것은 바벨론의 멸망에 관한 예언이라고 이해하는 것이 옳을 것이다. 그러나 12절에 나타난 히브리어 '헬렐'(ḥêlel)에 해당하는 라틴어 '루시퍼'(lucifer -V)에 대한 그릇된 이해로 인해 본문은 소위 사탄의 타락설과 연관이 되게 되었다. 원래 이 단어는 "빛나다"를 의미하지만 터툴리안(Tertullian)[77]과 오리겐(Origen)[78]이 '루시퍼'를 사탄으로 해석함에 따라 그런 주장이 등장한 것이다. 존 밀턴(J. Milton)의 불후의 명작 『실낙원』에 의해 이 주장은 더욱 널리 퍼지게 되었다.[79] 하지만 LXX은 이 단어를 '에오스포로스'(Ἑωσφόρος) 즉, "샛별, 새벽별"로 옳게 번역했으며 KJV을 제외한 대부분의 역본들이 이와 동일하게 번역했다. KJV은 텍스트에 '루시퍼'(Lucifer)로 번역했으나 각주에서는 "혹은 '샛별'"("day star")이라고 밝혔다. 일부에서는 이에 대한 신화론적 해석을 선호하는 경향이 있으나 구약학계 내에서 이러한 신화론 일변도의 해석을 거부하는 의견도 만만치 않다. 모티어(Motyer)가 말한 바와 같이, 비록 본문의 배경에 가나안의 신화적 장르가 엿보인다고 해도 이사야가 그것을 실제적 사실로 간주하지 않고 단지 언급한 것뿐이라고 이해하는 것이 타당하다.[80] 영 (Young)은 유다 사람들에게 잘 알려진 이방의 땅 가나안의 신화를 바벨론 왕의 입에 담도록 함으로써 그가 어느 정도로 거만을 떠는지를 나타냈다고 설명한다.[81] 조직신학적 관점에서는 이사야서의 이 부분을 사탄 타락의 근거 성구들로 보려는 유혹을 받을 수 있을 것이다. 혹 바벨론 왕의 모습에서 사탄의 속성과 방불한 점을 발견한다고 말할 수 있을지는 모르나 그것은 역시 2차적 적용일 뿐이다. 본문의 1차적 메시지는 어디까지나 바벨론 왕의 멸망이다. 알덴(Alden)이 옳게 지적한 바와 같이 사탄은 땅에 떨어진 것이 아니다. 그는 의연히 권세를 잡은 자이다. 그는 이 세상의 신(고후 4:4)이고 공중의 권세를 잡은 자(엡 2:2)이다. 바벨론 왕은 영원히 사라졌다. 그러나 사탄은 그렇지 않다. 사탄의 "떨어짐"은 악정의 시작을 고하는 것이지만 바벨론 왕의 떨어짐은 그의 악정의 종말을 고하는 것이다. '루시퍼'는 결코 사탄일 수 없다. 따라서 알덴은 이사야가 14:12에서 사탄에 대해 언급하는 것이 아니라고 단언한다.[82] 영불러드(Youngblood)에 의하면 마귀는 떨어졌고, 떨어지고 있고 그리고 다시 떨어질 것이다. 지극히 높으신 하나님의 권능은 지상이건 천상이건 간에 그 어떤 바벨론의 악마적 세력이라도 전복시키실 것이라고 항상 신뢰할 수 있다. 사탄과 그의 졸개들의 궁극적 파멸을 보장하시는 분은 과연 진정한 새벽 별(eosphoros, "light-bearer")이신 예수 그리스도 자신이시다(벧후 1:19. 계 22:16 참조).[83]

이사야도 48:14에서 바벨론이 장차 페르시아의 고레스 왕에게 멸망할 것을 예언했으며 다니엘서에도 이 사실은 예언되었다. 바벨론에 포로로 잡혀간 다니엘은 바벨론의 느부갓네살 왕이 꿈에 본 "큰 신상"에 대하여 설명하면서 그 우상의 금 머리가 곧 바벨론이라고 지적했다(단 2:37~38). 여기에서도 바벨론은 "금 머리"라고 표현되어 그 권세와 영화가 극에 달한 사실을 나타낸다. 그런데 다니엘은 바벨론이 영구히 그 세력을 유지하지 못하고 언젠가는 멸망할 것이라고 선언했다. 다니엘 2:39에서 "왕의 후에 왕만 못한 다른 나라가 일어날 것이요……"라고 한 이 둘째 나라는 전통적으로 메데 페르시아를 가리키는 것으로 이해한다. 다시 말하면 바벨론 제국은 메데 페르시아 왕국에 의하여 멸망당할 것이라는 뜻이다. 이것은 나중에 "메네 메네 데겔 우바르신"(단 5:25)이라고 벽에 쓰인 글자를 다니엘이 벨사살 왕에게 해석하여 줄 때 더욱 명백하게 드러난다(단 5:26~28).

바벨론 왕국을 멸망시킨 페르시아의 왕은 구약성경에도 등장하는 고레스(Cyrus the Great, 기원전 559~530년)이다. 그에 대해서는 주로 이사야서에 예언되었다(사 41:2f.,25; 44:28~45:7,13; 46:11; 48:14f.).

> [44:28]고레스에 대하여는 이르기를 내 목자라.
> 그가 나의 모든 기쁨을 성취하리라 하며
> 예루살렘에 대하여는 이르기를 중건되리라 하며
> 성전에 대하여는 네 기초가 놓여지리라 하는 자니라.
> [45:1]여호와께서 그의 기름 부음을 받은 고레스에게
> 이같이 말씀하시되
> 내가 그의 오른손을 붙들고
> 그 앞에 열국을 항복하게 하며
> 내가 왕들의 허리를 풀어
> 그 앞에 문들을 열고

성문들이 닫히지 못하게 하리라.(사 44:28~45:1. 역시 13절)

이사야의 이러한 예언은 에스라서에 기록된 고레스의 칙령 내용을 통해 그대로 성취된 것으로 나타난다.

> [1]바사 왕 고레스 원년에 여호와께서 예레미야의 입을 통하여 하신 말씀을 이루게 하시려고 바사 왕 고레스의 마음을 감동시키시매 그가 온 나라에 공포도 하고 조서도 내려 이르되
> [2]바사 왕 고레스는 말하노니 하늘의 하나님 여호와께서 세상 모든 나라를 내게 주셨고 나에게 명령하사 유다 예루살렘에 성전을 건축하라 하셨나니 [3]이스라엘의 하나님은 참 신이시라 너희 중에 그의 백성 된 자는 다 유다 예루살렘으로 올라가서 이스라엘의 하나님 여호와의 성전을 건축하라. 그는 예루살렘에 계신 하나님이시라.(스 1:1~3. 역시 대하 36:22~23)

본문에서 "여호와께서 예레미야의 입으로 하신 말씀"은 예레미야 25:12,13; 29:10의 내용을 가리킨다. 그리고 "그는 나의 목자라"(사 44:28), 또는 "나의 기름부음을 받은 고레스"(사 45:1)라는 표현들은 모두 여호와께서 자신의 뜻을 이루시기 위하여 이방의 왕까지도 주권적으로 사용하심을 나타내는 것이라고 보면 별로 문제가 되지 않는다.

그러나 에스라서의 기록에서는 몇 가지 생각해 볼 문제들이 있다. 과연 페르시아의 왕이 "하늘의 하나님 여호와께서 세상 모든 나라를 내게 주셨고", "이스라엘의 하나님은 참 신이시라 …… 이스라엘의 하나님 여호와의 성전을 건축하라"라고 고백한 것을 우리는 어떻게 이해해야 하는가? 한 걸음 더 나아가, 그가 유다 백성들에게 "예루살렘으로 올라가서 이스라엘 하나님 여호와의 성전을 건축하라"라고 말한 것은 또 어떻게

이해해야 할 것인가? 물론 비평적 견해를 취하는 몇몇 학자들은 첫째로 고레스가 태어나기 백 몇 십 년 전에 이사야가 예언한다는 그 자체가 불신의 요인이 된다고 본다. 둘째로는 고레스가 유다 백성들의 성전을 재건하도록 돕겠다는 것이 불가능한 일이라고 생각하여 에스라서의 이 기록은 신빙성이 없다고 주장한다. 그러나 시간이 흐름에 따라 그들의 주장은 잘못되었다는 사실이 드러났다. 고대 근동의 문헌들을 바탕으로 고레스에 대하여 언급한 성경의 말씀이 참되다는 사실이 입증된 것이다.

그 문헌들에 의하면 고레스 왕은 그의 통치 하에 있는 민족들의 종교나 종교적 관습을 존중하는 관대한 정책을 편 것으로 나타났다. 이 종교 정책을 통하여 자연적으로 고레스가 그들의 성소들에 대해서 지대한 관심을 지니고 있었다는 사실이 드러나는데, 이를 통해 고레스는 페르시아 제국에 예속된 민족들의 충성심을 고취시키고자 했다. 그 일례로서 라쌈(Rassam)이 바벨론에서 발견한, 현재 대영 박물관이 소장하고 있는 원통형 기둥(the Rassam cylinder)의 기록을 들 수 있다. 그 기록에 의하면, 티그리스 강 건너편에 있는 성소들은 오랫동안 폐허가 되어 있었는데, 고레스가 바벨론에 두었던 그들의 주상(彫像)들을 돌려주었다고 한다. 그는 그들의 주상들을 위하여 영원한 성소들을 세워 주었을 뿐만 아니라 그 모든 도시들에 살던 이전 주민들을 모아 그들의 고향으로 돌려보냈다. 더욱이 고레스는 위대한 주 마르둑(Marduk)의 명령에 따라, 나보니두스(Nabonidus)가 신들의 주를 노엽게 하며 바벨론에 들여왔던 수메르(Sumer)와 아카드(Akkad)의 신들을 전혀 손상시키지 않은 채로 그 신들이 이전에 있었던 성소들에 다시 정착시켰다. 또한 고레스는 성도들에게 돌려보내 정착시킨 모든 신들이 매일매일 벨(Bel) 신과 느보(Nebo) 신에게 자신의 장수를 빌어주기를 원했으며 고레스와 그의 아들 캄비세스(Cambyses)를 그들의 주 마르둑에게 잘 말해 주기를 기원했다고 기록되어있다.[84] 이 기록의 끝 부분은 성경에 기록된 다리오 왕과 아닥사스다 왕의 발언과 유사하다.

> 그들이 하늘의 하나님께 향기로운 제물을 드려 왕과 왕자들의 생명을 위하여 기도하게 하라.(스 6:10)

> 무릇 하늘의 하나님의 전을 위하여 하늘의 하나님이 명령하신 것은 삼가 행하라. 어찌하여 진노가 왕과 왕자의 나라에 임하게 하랴?(스 7:23)

고레스 왕을 위시한 페르시아 초기의 왕들이 실시한 종교관용정책에 근거하여 생각한다면 에스라서에 기록된 내용 즉 고레스가 유다 민족의 하나님을 위하여 성전을 재건하도록 할 뿐만 아니라 그 일에 소요되는 비용을 국고에서 지원하도록 하라는 내용은 신빙성이 있는 사실로 입증되었다고 말할 수 있다. 로랑 드 보(De Vaux)는 유대인들이라고 해서 이러한 관용주의 정책의 수혜로부터 제외되었어야 할 아무런 이유가 없었다고 말한다. 그는 여러 근거에 비추어 생각해 볼 때에 유대인들은 오히려 특별한 고려의 대상이 되었을 것이라고 한다. 그 이유는 이렇다. 고레스는 일단 바벨론 제국의 영토들을 장악하게 되자 이집트의 합병을 꿈꾸며 작전 실행을 위한 준비에 착수했다. 그의 군대는 팔레스타인을 통과하여 행진하게 되었을 것이 틀림없다. 따라서 고레스는 분명히 유대인들에게 그 민족의 고향을 재흥시켜주고 그들의 신전을 재건하여 줌으로써 주민들과 우호관계를 확보하는 것이 필요했다. 사실 작은 대가를 치르더라도 관용 정책을 베풂으로써 유대인들의 충성심을 확보하여 두는 것이 유익하였다고 드 보는 주장한다.[85]

이제 고레스가 "하늘의 하나님 여호와," "이스라엘의 하나님은 참 신이시라"는 등의 표현을 사용했다고 하여도 이에 대해 의아해 할 필요는 없는 것이다. 위에서 살펴본 그의 고백을 통하여 명백히 드러난 바와 같이 그는 이스라엘의 하나님 여호와를 경배하는 자가 아니라 범신론자이었음이 틀림없다.[86] 뛰어난 정치가이었던 고레스가 이스라엘 백성에게 호감을 사려면 이러한 표현 정도는 충분히 가능했다고 보아야 하지 않겠는가! 이사야는 고레스가 여호와를 알지 못하는 사람이라고 분명하게 말했다.

> [4]내가 너를 지명하여 부른 것은,
> 나의 종 야곱, 내가 택한 이스라엘을
> 도우려고 함이었다.
> 네가 비록 나를 알지 못하였으나,
> 내가 너에게
> 영예로운 이름을 준 까닭이
> 바로 여기에 있다.(표준새번역개정판)
> [5]나는 여호와라 나 외에 다른 이가 없나니
> 나 밖에 신이 없느니라.
> 너는 나를 알지 못하였을지라도
> 나는 네 띠를 동일 것이요.(사 45:4~5)

고레스는 하나님을 믿은 인물이 분명 아니었다. 그는 전능하신 이스라엘의 하나님의 도구로 쓰임을 받은 것뿐이다. 하나님의 뜻을 이루어드리는 도구로 쓰임을 받은 이방의 지도자는 고레스만은 아니었다. 하나님께서는 앗수르 왕을 사용하셨다(사 10:5~14. 역시 사 7:17,20 참조). 바벨론의 느부갓네살 왕도 이스라엘과 애굽을 심판하는 도구로 쓰임을 받았고(렘 25:9; 겔 29:19~20. 역시 30:10,24~25 참조), 그에게 게달과 하솔을 침공하게 하셨다(렘 49:28 이하). 그리고 여호와께서는 메데 왕들의 마음을 부추기사 바벨론을 멸망시키게 하셨고(렘 51:11) 두로도 침공하게 하셨다(겔 26:7).

유대인 역사가 요세푸스(Josephus)는 고레스 왕이 이사야의 글을 읽고 자신이 예루살렘 성전을 재건할 인물임을 알았다고 진술한다. 예루살렘 성전이 파괴되기 백 몇 십 년 전에 기록된 이사야서의 기록을 읽은 고레스는 이러한 신적 능력에 감탄하여 그 일을 성취하려는 열망과 욕망에 사로잡히게 되었다는 것이다.[87] 그리고 윗컴(Whitcomb)은 고레스 왕이 총독 다니엘(단 6:3)로부터 이러한 사실을 알았을 것이라고 생각한다. 포로 생활을 하고 있는 유다 사람들은 바벨론에서 70년이 끝난 시점에서 고국으로 돌아가기를 간절히 소원했다. 그렇기 때문에 다니엘은 이사야의 예언이 기록된 두루마리를 왕에게 보여드렸을 가능성이 있다고 윗컴은 이해한다.[88]

여호와께서 선지자 이사야를 통하여 예언하신 말씀이 그대로 성취되어 이제 바벨론에서 고국으로 귀환한 유다 백성들은 감격하여 제2성전 재건에 착수했다. 포로가 되어 바벨론에 끌려갔던 유다 백성들은 3차에 걸쳐 고국으로 돌아왔다. 우리의 관심사는 1차 귀환이므로 그 이후의 귀환에 대해서는 다루지 않기로 한다. 유다 백성들의 3차 귀환은 다음과 같다.

1) 고레스 왕이 바벨론을 정복한 이후인 기원전 538/7년에 42,360명이 돌아옴(스 1:1f.).
2) 아닥사스다 왕 때인 기원전 458년에 에스라의 영도 하에 돌아옴(스

7:7f.).

3) 아닥사스다 왕 20년인 기원전 444년에 느헤미야의 영도 하에 돌아
옴(느 2:1f.).

학개서의 내용은 바로 이 1차 귀환과 밀접한 관련이 있다. 자세한 내용
은 그 당시의 영적 상태를 다룬 본서 제5강 이하의 본문 강해에서 거론하
게 될 것이다. 여기에서는 그들의 귀환 전후에 발생한 주요 사건들을 순
차적으로 열거한 다음 바벨론의 함락과 고레스 왕의 통치로 시작된 페르
시아 제국의 역사를 선지자 학개가 사역한 때까지 약술하려고 한다.

고레스 왕의 칙령 - 대하 36:22~23; 스 1:1~4; 6:3~5.

고레스 왕의 성전 건축 지원 약속 - 스 1:4,6f.

유다와 베냐민의 귀환(기원전 538/7년) - 스 1:5; 2:64~67.

귀환한 그 해 7월(오늘날의 9~10월)에 제단을 쌓고 초막절을 지키며
번제를 드림 - 스 3:1~7.

다음 해(기원전 536년) 2월(오늘날의 4~5월)에 제2성전 지대를 놓음
- 스 3:8~13.

사마리아인들의 성전 재건 1차 방해 - 스 4:1~5,24.

학개와 스가랴의 사역으로 16년간 중단되었던 공사 재착수
- 스 5:1; 학 1:1,14~15.

사마리아인들의 성전 재건 2차 방해(다리오 왕에게 고소함)
- 스 5:3f.

학개와 스가랴의 지도로 기원전 516년에 제2성전 완공과 봉헌식 거행
- 스 6:14~18.

유다 백성들이 유월절을 지킴 - 스 6:19~22.

신 바벨론 왕국(기원전 665~539년)의 마지막 통치자 나보니두스 왕 (Nabonidus. 기원전 556~539년)은 외적의 위협과 불안한 국내 정세로 무력하게 되었다. 그의 큰 실책 중 하나는 여러 나라의 신들을 탈취하여 바벨론에 옮겨 놓은 일이었는데 바로 이것이 고레스의 정책과 대조되는 취약점이었다. 백성들의 불만은 고조되고 민심은 그에게서 떠나게 되었다. 바벨론의 최대 종교 행사인 신년제(新年祭)에 계속 불참한 탓으로 마르둑 신의 제사장들까지 그에게 등을 돌리자 그의 몰락은 시간 문제였다. 위기에 처한 나보니두스는 기원전 539년 4월 4일에 비로소 신년제를 철저히 지켰으나 허사였다. 설상가상으로 고레스가 티그리스 강 북쪽 오피스(Opis)에서 승리를 거두어 바벨론에게 결정타를 가했다. 드디어 고레스 휘하의 구바루(Gubaru)가 기원전 539년 10월 12일에 바벨론을 무혈점령하는 데 성공했고 고레스는 그 달 29일에 바벨론에 입성했다. 그곳 백성들은 그를 마치 해방자처럼 열렬하게 맞이했다.

고레스는 엘람(Elam) 지역에 있는 안산(Anshan)의 왕인 캄비세스 1세(Cambyses Ⅰ)의 아들이었는데 부친 별세 후에 왕위를 계승했다. 그는 곧 이어서 인근의 페르시아 도(道)를 점령했고 기원전 550년에는 메데(Media) 왕 아스티아게스(Astyages)를 굴복시켰다. 고레스는 바벨론을 수중에 넣는 동시에 동쪽으로는 인도, 서쪽으로는 소아시아, 남쪽으로는 팔레스타인과 애굽의 북방 지역 모두를 자신의 영토로 만들어 명실상부한 페르시아 제국을 건설한 것이다. 그 후 기원전 530년에 그가 북방 깊숙이 진군하여 유목민들과 전투하는 중에 부상을 입고 사망하자 그의 장자인 캄비세스 2세(Cambyses Ⅱ)가 왕위를 계승했다.

여기에서 유다 백성들의 귀환 연대에 대하여 부연하는 것이 우리에게 도움이 될 것이다. 에스라 1:1에 의하면 "바사 왕 고레스 원년에…… 그가 온 나라에 공포도 하고 조서도 내려 이르되"라고 했는데 이것은 어느 때를 가리키는가? 한 가지 분명한 사실은 고레스가 그들의 귀환에 관한 조서를 내린 것은 그가 왕으로서 통치한 첫해 곧 기원전 559~558년은 아니라는 점이다. 그것은 그가 바벨론을 정복하여 등극한 때인 기원전 539년 10월~538년 4월을 가리키는 것도 아닌 듯하다. 고레스가 유다 백성들과 접촉한 것은 페르시아의 왕이 된 이후의 일이기 때문에 이 시기는 기원전 538년 4월 이후일 것이라고 말할 수 있다.

고레스가 내린 귀환명령은 구두와 문서로 되었는데 그것은 허락일 뿐 강제성은 없었다. 따라서 바벨론에 있는 유다 백성들은 이 조서에 대하여 자유롭게 처신할 수 있었는데, 그래도 경건한 성도들 곧 하나님께서 자신의 성전을 건축하기로 예비하신 '남은 자들'은 예루살렘으로 돌아왔다. 이것은 성령님의 감동으로 이루어졌다(스 1:5).

고레스의 후계자 캄비세스(기원전 530~522년)는 즉위 후에 동생 스메르디스(Smerdis)가 자신의 왕위를 위협하는 존재라고 판단하여 그를 살해했다. 기원전 525년에 애굽을 정복한 것은 그의 큰 업적이었으나, 이러한 정복 원정 때문에 페르시아 왕국내의 치안에 허점이 생겼고, 기원전 522년에는 국내에 소요사태가 발생하기에 이르렀다. 애굽 원정에서 돌아올 때에 그는 왕국내의 동부지역에서 가우마타(Gaumata)[89]가 왕위에 올랐다는 소식을 접했다. 그 후 캄비세스는 에티오피아에서 돌아오는 도중에 자살한 것으로 알려졌다.

그러자 귀족계통으로서 지방장관이었던 히스타스페스(Hystaspes)의 아들 다리오 1세(Darius I Hystaspes. 기원전 522~486년)가 왕위에 올랐다. 이 다리오 왕이 학개와 스가랴가 사역한 때의 통치자이다. 그는 본래 캄비세스의 부하 중 하나였다. 왕이 된 다리오는 즉시 가우마타를

처형했다. 또 그 밖의 반란들도 성공적으로 진압하여 통치한 지 2년째 되던 기원전 520년에는 제국을 평정할 수 있었다. 통치 기간의 대부분을 그는 영토 확장을 위한 원정과 제국 내의 반란 진압에 주력했다. 그에 의하면 통치를 시작한 첫 해에 열아홉 번의 전투에서 승리했다.[90] 다리오 왕도 고레스 왕처럼 제국에 예속된 민족들의 종교에 관용정책을 편 것으로 보인다. 그래서 그는 유다 백성들의 성전 건축에 협조적 입장을 취했다.

> [7]하나님의 성전 공사를 막지 말고 유다 총독과 장로들이 하나님의 이 성전을 제자리에 건축하게 하라.
>
> [8]내가 또 조서를 내려서 하나님의 이 성전을 건축함에 대하여 너희가 유다 사람의 장로들에게 행할 것을 알리노니 왕의 재산 곧 유브라데 강 건너편에서 거둔 세금 중에서 그 경비를 이 사람들에게 끊임없이 주어 그들로 멈추지 않게 하라.
>
> [9]또 그들이 필요로 하는 것 곧 하늘의 하나님께 드릴 번제의 수송아지와 숫양 과 어린 양과 또 밀과 소금과 포도주와 기름을 예루살렘 제사장의 요구대로 어김없이 날마다 주어,
>
> [10]그들이 하늘의 하나님께 향기로운 제물을 드려 왕과 왕자들의 생명을 위하 여 기도하게 하라.(스 6:7~10. 역시 1:1~4 참조)

페르시아 제국의 유능한 통치자였던 다리오 왕은 자신의 업적을 기록에 남겼는데 오늘날 우리에게 잘 알려진 베히스툰 비문(Behistun Inscription)이 바로 그것이다. 다리오 왕은 이오니아(Ionia) 해변에서 자주 일어난 반란을 진압했으나, 그 후 마라톤(Marathon)에서 일어난 그리스의 아테네 군대와의 전투에서 패전하고 말았다(기원전 490년). 이

러한 위기에 애굽에서는 반란이 일어났으나 그에게는 이를 진압할 힘이 없었다. 결국 다리오 왕 I세는 뜻을 이루지 못하고 기원전 486년에 사망했다. 페르시아 왕조의 왕들은 다음과 같다.

고레스 Ⅰ세(Cyrus Ⅰ)

캄비세스 Ⅰ세(Cambyses Ⅰ)

고레스 Ⅱ세(Cyrus Ⅱ, Cyrus the Great) - 대하 36:22f.; 스 1:2,3; 사 41:25; 44:28.

캄비세스 Ⅱ세(Cambyses Ⅱ)

다리오 Ⅰ세(Darius Ⅰ Hystaspes) - 스 4:5,24; 5:5~7; 6:1,12,15; 학 1:1; 2:10; 슥 1:1,7; 7:1.

크셀크세스 Ⅰ세(Xerxes Ⅰ Ahasuerus)

아닥사스다 Ⅰ세(Artaxerxes Ⅰ Longimanus) - 스 7:1; 느 2:1~8.

크셀크세스 Ⅱ세(Xerxes Ⅱ)

세키디아노스(Sekydianus, Sogdianus)

다리오 Ⅱ세(Darius Ⅱ, Nothes)

여기에는 혼동해서는 안 될 내용이 하나 있다. 그것은 학개서와 스가랴서에 언급된 다리오 왕은 다니엘서에 등장하는 "다리오"와는 다른 사람이라는 사실이다. 다니엘 5:31(히브리어 성경은 6:1)에는 "메데 사람 다리오가 나라를 얻었는데 때에 다리오는 육십 이세였더라"라고 기록되었다. 다니엘서의 다리오는 분명히 메데 사람이었다. 다니엘 9:1에도 그는 "메대 족속 아하수에로의 아들 다리오⋯⋯"라고 기록되었다. 이것은 그가 페르시아의 다리오 왕(DariusⅠHystaspes)과는 다른 인물임을 밝혀

준다. 기원전 601/ 600년에 태어난 메데 사람 다리오는 바벨론이 함락될 때에는 62세였다고 한다(단 5:31). 그가 바로 다니엘을 사자 굴에 들어가게 한 왕이다. 보수주의 학자들 간에서도 그를 고레스 왕의 지방장관인 구바루(Gubaru)와 동일시하거나(Whitcomb) 고레스의 익명(Wiseman)이라고 이해하는 이들도 있다. 하지만 이 두 인물이 동명이인이라는 데에는 이견이 없는 편이다(Wilson, Whitcomb, Clines 등).91)

우리의 관심사인 선지자 학개가 활동한 시기는 페르시아의 다리오 왕이 통치한 지 2년째가 되는 "다리오 왕 제이년 유월"(학 1:1) 곧 기원전 520년이다. 이스라엘의 주인 되신 여호와께서는 뜻이 계셔서 신실한 두 선지자 학개와 스가랴를 당시의 교회에 보내시어 그들로 하여금 제2성전의 나머지 공사를 성공적으로 마치게 하셨다. 여호와께서는 계획하신 일을 친히 성취하시어 유다 백성으로 하여금 제2성전의 봉헌식을 거행하고 유월절까지 지키게 하셨는데, 특히 에스라 6:14b와 22절에서는 그 내용을 기록하면서(스 6:14~22) 다음과 같이 강조한다.

…… 이스라엘 하나님의 명령과 바사 왕 고레스와 다리오와 아닥사스다의 조서를 따라 성전을 건축하며 일을 끝내되(스 6:14b. 본문에 아닥사스다가 포함된 것은 그가 유다 백성에게 호의적이었기 때문으로 이해된다.).

즐거움으로 이레 동안 무교절을 지켰으니 이는 여호와께서 그들을 즐겁게 하시고 또 앗수르 왕의 마음을 그들에게로 돌려 이스라엘의 하나님이신 하나님의 성전 건축하는 손을 힘 있게 하도록 하셨음이었더라(스 6:22. "앗수르 왕"은 "페르시아 왕"을 가리킨다. 아랍어역 참조).

제5강
선지자 학개 당시의 영적 상태

학개가 사역하던 당시의 유다 백성들은 여러 면으로 매우 어려운 상황에 처하여 있었다. 그들은 적국인 바벨론에서 예레미야가 예언한 칠십 년(렘 25:12,13; 29:10)동안의 긴 포로 생활을 마치고 그리던 고토에 귀환했다. 바벨론의 포로 생활은 그들에게 견디기 힘든 고통을 주었는데 그 주된 원인은 선민인 그들이 거룩한 도성 예루살렘에서 쫓겨나 할례를 받지 못한 이방 바벨론 백성의 땅에서 노예가 되어, 더 이상 예루살렘 성전에서 여호와께 경배를 드릴 수 없게 되었다는 데에 있었다. 여호와께서는 만일 선민이 말씀에 불순종하여 우상을 섬기면 이런 일이 발생할 것이라고 이미 선언하신 바 있다.

[36]여호와께서 너와 네가 세울 네 임금을 너와 네 조상들이 알지 못하던 나라로 끌어가시리니 네가 거기서 목석으로 만든 다른 신들을 섬길 것이며 [37]여호와께서 너를 끌어가시는 모든 민족 중에서 네가 놀람과 속담과 비방거리가 될 것이라.(신 28:36~37,64. 역시 왕상 9:7~9 참조)

그들이 만일 이르기를 우리 하나님 여호와께서 어찌하여 이 모든 일을 우리에게 행하셨느냐? 하거든 너는 그들에게 이르기를 너희가 여호와를 버리고 너희 땅에서 이방 신들을 섬겼은즉 이와 같이 너희 것이 아닌 땅에서 이방인들을 섬기리라 하라.(렘 5:19. 역시 24:9 참조)

그들에게는 이 기간이 고통스러웠겠으나 그 배후에는 그들의 하나님의 섭리가 있었다. 완(Warne)에 의하면 그들은 모든 소망을 잃고 뿌리 채 뽑혀 포로로 잡혀갔으나 실상은 하나님과 더 가까워졌다. 하나님께서는 그들을 특별히 보호하고 돌보아주셨다. 비록 성전은 그곳에 없었으나 여호와께서 아직도 그들을 생각하신다는 사실을 배울 기회를 얻게 되었다고 그는 이해했다.[92] 그러나 그들의 모습에서는 하나님의 뜻에 부합하지 못한 점도 없지 않았다. 무어(Moore)에 의하면 포로가 되기 이전 그들은 계속적으로 우상 숭배에 빠져 들었으나, 포로가 되면서부터는 광적으로 우상 숭배를 증오할 정도로 그들의 모습이 변했다. 이전에는 왕의 통치를 열망했으나, 포로가 되면서 그와 정반대로 제사장의 권위에 복종하게 되었다. 또한 이전에는 기록된 말씀을 등한시했으나, 이제는 그 말씀을 거의 우상 숭배에 가까울 만큼 미신적인 경외심을 갖고 대했다. 요컨대 포로 이전에는 용해된 금속 같아서 어떠한 모형으로든지 주조(鑄造)되던 그들이, 포로 이후에는 불변하는 확고한 성격으로 변해, 그 결과 완고함과 광신주의로 굳어져버렸다고 무어는 주장한다.[93]

포로민의 처절한 절규는 시편 137:1~6에 잘 묘사되었다.

[1]우리가 바벨론의 여러 강변 거기에 앉아서
시온을 기억하며 울었도다.
[2]그 중의 버드나무에
우리가 우리의 수금을 걸었나니
[3]이는 우리를 사로잡은 자가 거기서 우리에게 노래를 청하며
우리를 황폐하게 한 자가 기쁨을 청하고

자기들을 위하여 시온의 노래 중 하나를 노래하라 함이로다.
⁴우리가 이방 땅에서 어찌
여호와의 노래를 부를까?
⁵예루살렘아 내가 너를 잊을진대
내 오른손이 그의 재주를 잊을지로다.
⁶내가 예루살렘을 기억하지 아니하거나
내가 가장 즐거워하는 것보다
더 즐거워하지 아니할진대
내 혀가 내 입천장에 붙을지로다.(시 137:1~6)

포로로 끌려간 백성들 가운데에는 다니엘이 있었는데 그는 바벨론의 느부갓네살 왕과 벨사살 왕 그리고 메데 사람 다리오의 총애를 받아 관료가 되었다. 그러나 그는 다리오 왕의 명령을 어기면서까지 예루살렘 성전을 향해 창문을 열어놓고 하루에 세 번씩 무릎을 꿇고 기도했다(단 6:10. 역시 9:1~19 참조). 페르시아 왕 아닥사스다 I 세 때에 높은 지위에 있던 느헤미야도 자기의 조국과 백성들의 비운을 마음 아파하여 울며 슬퍼했다. 이러한 사실은 그 곳에 있는 경건한 성도들의 모습을 대표적으로 보여주는 것이라고 말할 수 있다.

²내 형제들 가운데 하나인 하나니가 두어 사람과 함께 유다에서 내게 이르렀기로 내가 그 사로잡힘을 면하고 남아 있는 유다와 예루살렘 사람들의 형편을 물은즉,
³그들이 내게 이르되 사로잡힘을 면하고 남아 있는 자들이 그 지방 거기에서 큰 환난을 당하고 능욕을 받으며 예루살렘 성은 허물어지고 성문들은 불탔다 하는지라.
⁴내가 이 말을 듣고 앉아서 울고 수일 동안 슬퍼하며 하늘의 하나님 앞에 금식하며 기도하여(느 1:2~4. 역시 2:1f. 참조)

포로민의 심정을 테일러(Taylor)는 다음과 같이 묘사한다. 비록 예루살렘을 떠나온 지 여러 해가 지났음에도 불구하고 포로가 된 그들은 아직도 예루살렘과 고토를 바라보며 살고 있었다. 예루살렘은 그들의 관심사와 소망의 핵심을 이루고 있었고 거기에서 바벨론으로 흘러나오는 토막 소식이 그들에게는 금싸라기처럼 매우 귀중하게 취급되었다.94) 그러나 그들의 이러한 열망도 시간이 흐름에 따라 점점 식어갔다. 그래서 드디어 하나님의 은혜로 그들이 자나 깨나 잊지 못하던 예루살렘으로 돌아가라는 페르시아 왕 고레스의 칙령(대하 36:22,23; 스 4:1~4)이 내렸는데도 그 때에 귀환한 자들은 성령의 감동을 받은 42,360명(스 1:5; 2:64)에 불과했다. 유대인 학자 빅커만(Bickerman)은 유수 중인 많은 사람들이 귀국하기를 달갑지 않게 여긴 것은 역사의 예외적 양상이라고 꼬집어 말했다.95) 바빌론에서 예루살렘까지 오는 그들의 귀환 여정(1350km, 900마일)은 가벼운 마음으로 떠날 길은 못되었다고 생각된다. 에스라 8:3~14에 의하면 2차로 귀환한 백성들은 스룹바벨의 일행과는 비교도 안 되는 작은 수이었지만 4개월(7:9)이나 걸렸다고 한다. 어쨌든 스룹바벨의 일행은 오직 제2성전 재건이라는 일념으로 달려온 것이다. 그들의 마음은 감사와 희열 그리고 확신으로 충만했다!

> ¹여호와께서 시온의 포로를 돌려보내실 때에
> 우리는 꿈꾸는 것 같았도다.
> ²그 때에 우리 입에는 웃음이 가득하고
> 우리 혀에는 찬양이 찼었도다.
> 그 때에 뭇 나라 가운데에서 말하기를
> 여호와께서 그들을 위하여 큰 일을 향하셨다 하였도다.
> ³여호와께서 우리를 위하여 큰 일을 행하셨으니

우리는 기쁘도다.
⁴여호와여 우리의 포로를
남방 시내들 같이 돌려보내소서.
⁵눈물을 흘리며 씨를 뿌리는 자는
기쁨으로 거두리로다.
⁶울며 씨를 뿌리러 나가는 자는
반드시 기쁨으로 그 곡식 단을 가지고 돌아오리로다.(시 126:1~6)

예루살렘에 도착한 백성들 가운데 족장들은 무너진 성전을 재건하는 데에 소요되는 자금을 최대한으로 바치는 열의를 표시하는 일도 있었다 (스 2:68,69). 우리는 여기에서 교회의 지도자들이 이처럼 솔선수범하였 다는 사실을 생각할 때에 다윗이 보여준 모범을 연상하게 된다. 다윗은 자신이 성전을 건축할 수 없게 되었음을 알았음에도 불구하고 힘을 다하 여 그 성전의 완공을 위하여 준비했다. "내 마음이 내 하나님의 성전을 사모하므로 내가 사유한 금, 은으로 내 하나님의 성전을 위하여 드렸노 니"(대상 29:3)라고 그는 온 회중에게 고백했다. 다윗의 고백에 담긴 강 력한 호소력은 그 내용뿐만 아니라 문장 구조에서도 드러난다. 그는 2절 초두에서 동사 "준비하다" 앞에 "힘을 다하여"를 강조하기 위해 도치시 켰다. 또 3절에서는 "내 마음이 내 하나님의 성전을 사모하므로 내가 사 유한 금, 은으로"를 동사 "드리다" 앞에 도치시켜 강조했다(원문). 그러 자 모든 가문의 지도자들이 뒤를 이었고 백성들도 뒤질세라 기쁜 마음으 로 성심성의껏 자원하여 성전건축에 필요한 것들을 여호와께 바쳤다고 한다(대상 29:2~9). 솔직히 말해서, 이 성전건축의 준비는 공적 성격을 띠었기 때문에 거기에 소요되는 일체를 공적 자금에서 충당할 수 있었지 만 그럼에도 불구하고 먼저 지도자들이 사유 재산을 바쳤다는 사실에서 우리에게 큰 교훈을 준다. 제2성전을 완공하라고 하신 여호와의 지상명령의 성패는 이와 같은 자세의 유무에 달렸다고 확실히 말할 수 있다.

학개가 활동한 당시의 백성들은 옛 성전 터에 제단을 만들고 여호와께 번제를 드리기 시작하다가 마침내 귀환 다음 해인 기원전 536년[96])에 제2성전의 지대를 놓았다. 그들은 드디어 이 감격스러운 순간을 맞이하게 되었고 그들의 감사의 찬송 소리와 통곡 그리고 기쁨의 함성은 하늘에 충천했다.

> [10]건축자가 여호와의 성전의 기초를 놓을 때에 제사장들은 예복을 입고 나팔을 들고 아삽 자손 레위 사람들은 제금을 들고 서서 이스라엘 왕 다윗의 규례대로 여호와를 찬송하되
> [11]찬양으로 화답하며 여호와께 감사하여 이르되 주는 지극히 선하시므로 그의 인자하심이 이스라엘에게 영원하시도다 하니 모든 백성이 여호와의 성전 기초가 놓임을 보고 여호와를 찬송하며 큰 소리로 즐거이 부르며
> [12]제사장들과 레위 사람들과 나이 많은 족장들은 첫 성전을 보았으므로 이제 이 성전의 기초가 놓임을 보고 대성통곡하였으나 여러 사람은 기쁨으로 크게 함성을 지르니
> [13]백성이 크게 외치는 소리가 멀리 들리므로 즐거이 부르는 소리와 통곡하는 소리를 백성들이 분간하지 못하였더라.(스 3:10~13)

그러나 이러한 열의와 감격은 북쪽 사마리아 사람들의 방해와 주변 환경의 악화에 의해 사라졌다. 백성들의 우선순위도 바뀌어 그들의 사명인 제2성전 재건 사역을 등한시하여 그들은 16년이라는 짧지 않은 세월을 허송했다. 지요자끼 히데오(千代崎秀雄)는 학개가 성전에 대한 사람들의 태도 중에서, 포로 전과는 반대로 극단적인 것이 있음을 보았다고 옳게 지적했다. 지오자끼에 의하면 포로 전에는, '성전만 있으면 괜찮다'

라는 맹신이 있었고, 이번에는 '성전이 다 뭐야'라는 무관심이 지배하고 있었다. 지오자끼는 이것이 선민이 예배와 봉사 그리고 헌신의 중심점을 상실한 모습이며, 그 결과 축복을 상실한 것이라는 현실을 학개가 간과할 리가 없었다고 백성들의 문제점을 정확하게 간파했다.[97]

바로 그러한 때에 하나님께서는 신실한 사역자 학개를 그들에게 보내 주신 것이다(기원전 520년). 학개는 이처럼 백성들이 영적으로 해이한 어려운 시기에 사역을 맡았으나 그 일을 잘 감당했다. 그 당시 성도들의 모습을 보면서 주님의 교회의 일은 인간의 열의나 노력으로 되지 않는다는 사실을 이해할 수 있을 것이다. 그것은 전적으로 여호와의 은혜로 가능하다고 고백할 수밖에 없다.

제6강
선지자 학개 당시의 교회에 주신 메시지들

구약성경은 종종 선지자들이 사역한 시기를 밝혀 주는데, 그로 인해 신정국가의 시대적 상황을 이해하게 된다. 일반적으로는 어떤 "왕이 다스리는 시대"라는 개괄적 표기로 그치는 경우[98]가 많으나 이와는 달리 학개서에서는 하나님께서 주신 네 번의 메시지가 모두 정확한 연, 월, 일을 밝히고 있다. 학개와 같은 시기에 사역한 그의 동역자 스가랴가 전한 세 번의 메시지도 첫 메시지에만 연, 월은 있는데 날짜가 빠졌을 뿐(슥 1:1) 나머지 두 메시지는 학개서와 같이 연, 월, 일이 기재되었다. 이렇게 세밀히 제시된 날짜들은 두 선지자가 전한 메시지의 순서뿐 아니라 그 내용의 연관성을 아는 데에 도움이 된다. 케슬러(Kessler)에 의하면 학개서와 스가랴서의 연대들은 여호와의 말씀이 주어진 중요한 사건들을 드러내기 위해 첨부되었다.[99] 학개서와 스가랴서를 통하여 하나님께서 당시의 교회에 주신 일곱 메시지의 개략은 아래와 같다.

■ **첫째 메시지(학개의 첫째 메시지, 학 1:1~15)**

하나님께서 학개를 통하여 "다리오 왕 제이년(기원전 520년) 여섯째 달(이것은 유다 종교력이며 오늘날의 8월임)…… 초하루"(학 1:1)에 당시의 교회에 첫 번째 메시지를 주셨다. 본문에는 "여섯째 달 곧 그 달 초하루"라고 하여 이 날이 "월삭"이었다는 사실을 밝히고 있다(민 28:11~15; 10:10; 시 81:3; 겔 46:3).

매달 첫날은 "월삭"이라 하여 이스라엘 백성들이 하나님께 자신들을 헌신하며 나팔을 불고 제물을 바치면서 기뻐하는 날이다. "여섯째 달"은 수장절을 한 달 앞둔 달이기 때문에 백성들이 매우 바쁜 때이다. 무엇보다도 추수하는 일에 모두의 관심이 쏠리는 때이다. 그러나 그 당시의 백성들은 풍년을 기대할 수 없다는 사실을 예측하고 있었다(학 1:6,9~11 참조). 이러한 때에 학개는 그들이 사명을 망각하고 있음을 책망하고 우선적으로 여호와의 성전을 완공하라고 촉구했다(학 1:8). 놀랍게도 그들은 학개의 메시지를 듣는 즉시 이처럼 어려운 상황에 처해 있었음에도 불구하고 순종하여 23일(학 1:15 "6월 24일")만에 오랫동안 방치한 재건 작업에 착수했다. 이것은 믿음으로만 가능한 일이었다. 학개서는 이것이 여호와께서 그들의 심령을 감동하신 결과라고 밝힌다(학 1:14). 23일이라는 기간은 그들이 지은 포도 농사와 기타 농작물을 거두어들이는 일과 건축 자재와 인원 동원에 필요했던 것으로 추측된다. 이때에 백성들이 성전을 재건하는 일에 착수했다는 사실이 특기할 만했으므로 학개와 스가랴 선지자가 전한 메시지들 가운데에서도 첫 메시지의 끝인 15절에만 "다리오 왕 제이년 여섯째 달 이십사일"이라는 날짜를 예외적으로 하나 더 덧붙였다고 이해할 수 있다.

■ 둘째 메시지(학개의 둘째 메시지, 학 2:1~9)

다리오 왕 제이년 "일곱째 달(오늘날의 10월) 곧 그 달 이십일일"(학 2:1)에 여호와께서 학개를 통하여 그들에게 두 번째 메시지를 주셨다. 이때는 그들이 첫 메시지를 받은 지 한 달 이십일 째이고 재건사역을 다시 착수한 지 이십칠일이 된다. 본문의 "일곱째 달 곧 그 달 이십일일"은 이 날이 장막절의 마지막 날이었음을 보여준다(레 23:33~36; 겔 45:25).

제7안식 월인 칠월('티쉬리'. 오늘날의 9-10월)은 다른 달보다 여러 면에서 중요하다. 이 달은 유다 민력의 신년(rōʾsh hashshānâ)으로서 유대인들은 오늘날까지 이를 지킨다. 칠월에는 중요한 절기들이 있다. 칠월 초하루의 "월삭"은 다른 달의 "월삭"보다 특별해서 "나팔절"로 지키며 성회로 모이는 날이다(민 29:1). 바벨론 포로 후기에는 이 날에 율법을 낭독하며 기뻐했다(śimḥat hattôrâ). 16년 전의 이 날에 비로소 여호와께 번제를 드리기 시작한 사실을 그들은 잊지 못했을 것이다(스 3:6). 그리고 7월 10일은 잘 알려진 "대속죄일"이다(레 23:26~31; 출 23:16b; 겔 45:25). 물론 이 날은 금식일이지 절기는 아니다.

7월 21일은 추수를 마치고 15일부터 21일까지 "수장절"(장막절 혹은 초막절)로 한 주간을 지키는 절기의 마지막 날이다. 이 절기는 너무나 중요하고 잘 알려져 있어서 "여호와의 절기"(레 23:39) 혹은 짧게 일곱째 달의 "절기"(왕상 8:2; 대하 5:3)로 불린다. 그 다음 날에는 대성회가 열린다.[100] 이때에 초막절을 지키는 그들은 십여 년 전 예루살렘에서 오랜만에 지켰던 그 절기를 회상하며 감회가 깊었을 것이다.

[1]이스라엘 자손이 각자의 성읍에 살았더니 일곱째 달에 이르러 일제히 예루살렘에 모인지라.

[2]…… 하나님의 제단을 만들고 하나님의 사람 모세의 율법에 기록한 대로 번제를 그 위에서 드리려 할새

[3]무리가 모든 나라 백성을 두려워하여 제단을 그 터에 세우고 그 위에서 아침 저녁으로 여호와께 번제를 드리며

[4]기록된 규례대로 초막절을 지켜 번제를 매일 정수대로 날마다 드리고

⁵그 후에는 항상 드리는 번제와 초하루와 여호와의 모든 거룩한 절기의 번제
와 사람이 여호와께 기쁘게 드리는 예물을 드리되
⁶일곱째 달 초하루부터 비로소 여호와께 번제를 드렸으나 그 때에 여호와의
성전 지대는 미처 놓지 못한지라.(스 3:1~6)

그러나 당시의 상황은 그들에게 있어서 전혀 달랐다. 성전완공사역을
착수한 지 아직 두 달이 채 못 되었으므로 일의 진전이 별로 없었을 것이
고, 설상가상으로 외부로부터는 북쪽 사마리아인들의 방해 공작이 있었
다. 내부로부터는 연로하신 분들이 시험에 들어 자신들이 완공하려는 제
2성전의 겉모양에만 치중하여 백성들을 실의에 빠뜨리게 했다(학 2:3).
그러나 여호와께서는 선민과 체결한 자신의 언약을 신실하게 이행하시
는 분이라는 사실을 확신시켜 주셨다(학 2:5). 그리고 장차 여호와께서
"모든 나라를 진동시킬 것이며 모든 나라의 보배가 이르리니 내가 이
성전에 영광으로 충만하게 하리라"라고 말씀하시는 동시에 이 성전의
나중 영광이 솔로몬이 건축한 성전의 영광보다 더 클 것이라는 종말론적
소망의 말씀을 그들에게 들려 주셨다(학 2:6~9).

■ 셋째 메시지(스가랴의 첫째 메시지, 슥 1:1~6)

여호와께서 처음으로 스가랴에게 "다리오 왕 제이년 여덟째 달"(오늘
날의 11월)에 메시지를 주셨다(슥 1:1). 스가랴가 전한 첫 메시지는 여섯
절 밖에 되지 않는 짧은 내용이지만 용어선택이나 문장구조에 있어서
매우 특이하다. 우선 1절의 "잇도의 손자 베레갸의 아들 선지자 스가랴"
라고 번역된 히브리어 원문은 "스가랴 -베레갸의 아들 잇도의 손자- 선
지자"(zᵉkaryâ ben-berekyâ ben-ʿiddô hannābîʾ)로 되어있는데, 이것
은 원래 "스가랴 선지자"(zᵉkaryâ hannābîʾ)라고 해야 하는 히브리 문

법의 통칙에서 벗어난 용례이다. 이 용례는 스가랴가 제사장 계통임을
부각시키기 위한 것이다. 또한 1절에서는 다른 여섯 메시지들과는 달리
"월"은 있으나 "일"이 없다. 이 사실에 대한 학자들의 견해를 소개하면
다음과 같다. (1) "월" 자체에 월삭을 나타내는 초하루가 내포되었다. 수
리아역(Syriac)이 "8월 1일"로 번역했는데, 이것은 저자의 의도를 감안
하지 않은 처사이다. (2) 원래 본문에는 이 날짜가 있었으나 필사 과정에
서 그것이 누락되었다(Wellhausen, Thomas). 그러나 이처럼 중요한 절
기인 월삭이 필사자의 실수로 누락되었다고 가정하는 것은 무리이다. (3)
본문에 며칠이라는 날짜가 본래 없었다(Baldwin). 이 견해가 본문의 증
언을 그대로 받아들인 것이기에 바람직하다. 참버스(Chambers)는 이
메시지가 일반적이고 서론적인 성격을 지니고 있기 때문에 여기에 정확
한 월의 날짜가 요구되지 않는다고 이해한다.[101] 학개의 첫 메시지로
인해 16년 만에 겨우 일어난 부흥의 불길이 풍전등화처럼 위태로운 지경
에 처한 지금 스가랴는 거시적 관점에서 연과 월만 언급했다고 볼 수
있다. 에스겔서에서는 13번의 연대들(기원전 593~571년)이 기록되어
있다. 연대의 순서(일곱 번째인 겔 29:17이 최후의 연대) 뿐만 아니라
날짜의 일반적 기록형식에 있어서도 에스겔은 열두 번째(겔 33:21)[102]에
서는 다른 12성구들과는 달리 하나님의 메시지가 임하지 않은 날을 포함
시켰다. 그리고 다섯 번째(겔 26:1 "열한째 해 어느 달 초하루에 여호와
의 말씀이 내게 임하여 이르시되")와 열한 번째(겔 32:17 "열두째 해 어
느 달 열다섯째 날에 여호와의 말씀이 내게 임하여 이르시되")에서는 다
만 "어느 달"(laḥōdesh)이라고 기록하였다. 본문에서 마소라 텍스트의
laḥōdesh를 V, Luther, JPS, Segond, NASB, NIV, 개역개정판, 일본문
어역, 일본신공동역은 모두 "달"로 번역했으나 JB, REB, NRSV, 일본신

개역, 일본구어역은 LXX을 따라 "첫째 달"로 수정하여 다른 성구들과 무리하게 일치시켰는데 이는 바람직하지 못하다. 에스겔서와 마찬가지로 스가랴서에 있어서도 저자의 표현의 자유를 인정해야 할 것이다.

셋째 메시지는 학개가 전한 첫째 메시지의 두 달 후에 스가랴에게 전해졌다. 아마도 스가랴는 그 동안 동역자 학개를 도와서 같은 목적을 가지고 수고한 것으로 보인다. 이러한 때에 여호와께서는 스가랴를 통하여 불순종한 선조들을 본받지 말고 회개하여 성전 완공 사역을 완수하도록 당시의 성도들에게 촉구하셨다. 하나님의 말씀은 반드시 성취되기 때문에 거역하여 비참하게 된 선조들처럼 되어서는 안 된다고 스가랴는 간곡히 호소한 것이다.

> ³…… 만군의 여호와께서 이처럼 이르시되 너희는 내게로 돌아오라. 만군의 여호와의 말이니라. 그리하면 내가 너희에게로 돌아가리라. 만군의 여호와의 말이니라.
>
> ⁴너희 조상들을 본받지 말라. 옛적 선지자들이 그들에게 외쳐 이르되 만군의 여호와께서 이같이 말씀하시기를 너희가 악한 길, 악한 행위를 떠나서 돌아오라 하셨으나 그들이 듣지 아니하고 내게 귀를 기울이지 아니하였느니라. 여호와의 말이니라.
>
> ⁵너희 조상들이 어디 있느냐? 또 선지자들이 영원히 살겠느냐?
>
> ⁶내가 나의 종 선지자들에게 명령한 내 말과 내 법도들이 어찌 너희 조상들에게 임하지 아니하였느냐? 그러므로 그들이 돌이켜 이르기를 만군의 여호와께서 우리 길대로, 우리 행위대로 우리에게 행하시려고 뜻하신 것을 우리에게 행하셨도다 하였느니라.(슥 1:3~6)

3절에서 스가랴는 이것이 만군의 여호와께서 하시는 말씀이라는 사실을 세 번이나 되풀이하여 강조했다. 이것이야말로 이스라엘의 하

나님 여호와의 간절하신 마음을 나타내는 것이 아니고 무엇이겠는가! 4절에서 옛적 선지자들을 통하여 악한 길, 악한 행위를 떠나서 "돌아오라"(shûbû nā')라고 하신 여호와의 말씀을 전할 때에도 스가랴는 여호와의 간절하신 마음을 나타내는 "부디, 제발"(nā')에 해당하는 히브리어 불변화사를 사용했다(일본문어역은 "請ふ"). 아쉽게도 이것을 생략한 역본들도 다수 있다. 그리고 개역개정판과 일본신개역을 포함한 몇몇 역본들이 "그리하면 내가 너희에게로 돌아가리라"라고 번역한 '웨아슈브 알레켐'(wᵉāshûb ᵃlêkem)에서 접속사 '와우'(wāw)를 "그리하면"으로 옮긴 것인데, 이것은 마치 하나님께서 그들이 먼저 돌아와야 하리라는 조건을 제시하는 의미로 이해될 우려가 있어서 바람직하지 못하다. 이 '와우'는 조건적이라기보다는 어법시제의 일치 곧 동위적(同位的) 의미로 해석하는 것이 바람직하다(역시 말 3:7; 창 17:1b 참조). 따라서 일본문어역과 공동번역성서는 "그리하면"을 삭제한 "나도 너희에게 돌아가리라"로 번역했다(NASB의 "that I may return"과 Moffatt의 "that I may turn" 참조).[103] '웨아슈브 알레켐'이라는 이 표현은 소(小)마소라(massora parva)가 지적하는 바와 같이 구약성경에서 본문에만 나타난다. "부디 돌아오라"는 여호와의 간절하신 마음은 특히 선지자 예레미야를 통해서도 잘 전해졌다.

> 내가 내 종 모든 선지자를 너희에게 보내고 끊임없이 보내며 이르기를 너희는 이제 각기 악한 길에서 돌이켜 행위를 고치고 다른 신을 따라 그를 섬기지 말라. 그리하면 너희는 내가 너희와 너희 선조에게 준 이 땅에 살리라 하여도 너희가 귀를 기울이지 아니하며 내게 순종하지 아니하였느니라.(렘 35:15. 역시 25:3~5 참조)

과연 여호와께서는 항상 주도권을 가지시고 인간을 찾아오시는 하나님이시다. 인류의 조상인 아담과 하와가 타락한 즉시 그렇게 하셨고 (창 3:9 'ayyekkâ. "네가 어디 있느냐?") 선민인 이스라엘 백성들이 반역할 때마다 그리하셨다. 그 신실하신 여호와께서 귀환민에게도 찾아오신 것이다. 이러한 은혜로운 찾아오심을 과연 다른 종교의 문헌에서도 찾아 볼 수 있을 것인지!

5절은 여러 면에서 특이하다. 상하절이 각각 세 단어로 되어있는데, 5a는 주어인 "너희 조상들"을 문장 초두에 도치시키고 또 대명사 "그들"(hēm)을 첨가하여 강조했다. 5b에서도 주어인 "선지자들"이 문장 초두에 도치되었고 의문사가 "영원히"와 연결(haleôlām)되어 그 의미를 더욱 심오하게 했다. 5절의 이러한 강조적 문장 구조를 따라 KJV, NASB, RSV, NRSV, 일본구어역은 "너희 조상들, 그들이 어디 있느냐. 선지자들, 그들이 영원히 살겠느냐."라고 옮겼다.[104]

6a의 문장구조는 매우 강조적이다. 히브리어 원문에서 문장의 초두에는 강력한 대조를 나타내는 '아크'(ak, "그러나") 다음에 주어부인 "내 말과 내 법도들……"이 이어지고 또 그 다음에 "어찌 임하지 아니하였느냐?" 즉, '과연 임했다'라고 하는 술어가 놓여 여호와께서 그들을 강하게 질타하신 사실을 드러냈다.[105] "임하다"(nāśag)라는 동사는 "뒤쫓다, 따라잡다"(rādap)라는 동사(신 19:6; 28:45; 렘 52:8)와 "오다, 이르다, 미치다"(bô')라는 동사(신 28:2,15)와 같이 사용되기도 한다. 그리고 "뜻하다, 작정하다, 계획하다"(zāmam)라는 동사는 본문을 포함한 예레미야 51:12("여호와께서…… 계획하시고 행하심이로다."); 애가 2:17("여호와께서 이미 정하신 일을 행하시고")에 "행하다"('āśâ)라는 동사와 함께 사용되었고 역시 "뉘우치지 않는다"(슥 8:14)나 "후회하지 않는다,

돌이키지 않는다"(렘 4:28)라는 표현과 함께 사용되었다. "그러므로 그
들이 돌이켜 이르기를"이라는 표현은 여호와께서 계획하신 바가 그대로
이루어진 결과로 "그들이 회개하고 고백하였다"는 뜻으로 이해할 수 있
다. 스가랴가 전한 첫째 메시지는 이처럼 짧았다. 그러나 그것이야말로
당시의 교회에게 적시적절하고 필요 불가결하였다고 말하지 않을 수 없
다. 5,6절의 말씀은 선지자 이사야를 통해 주신 말씀이 진리임을 또 다시
실감나게 해준다. "풀은 마르고 꽃은 시드나 우리 하나님의 말씀은 영원
히 서리라 하라"(사 40:8). 이사야는 8b에서 주어 "우리 하나님의 말씀"
을 동사 앞에 도치시켜 이를 더욱 돋보이게 했다. 본문의 동사 "서다"
(qûm)는 항구성, 안정성 그리고 성취의 확실성을 뜻한다.106) 또한 베드
로전서 1:24~25에서는 본문을 인용하여 "…… 너희에게 전한 복음이
곧 이 말씀이니라"라고 하였다. 학개 당시의 귀환민은 자신들이 실제로
하나님의 나라를 건설하는 일에 중차대한 임무를 수행하고 있다는 사실
을 깨닫고 긍지를 가져야 마땅했다.

　여호와께로 돌아오기를 싫어하던(슥 1:4; 렘 5:3) "조상들"뿐만 아니
라 "옛적 선지자들"도 다 지나가지만 여호와의 말씀만은 영원히 선다는
스가랴의 첫 메시지는 청중들로 하여금 심기일전하여 맡은 사역을 완수
하도록 활력을 불어넣어 주기에 충분했다. 하나님께서 계획하신 일이니
반드시 성취되고야 말 것이다! 스가랴의 첫 메시지는 스가랴서의 전반부
(슥 1~8장)의 서론에 해당하는 동시에 단연코 영적이고 기초가 되는 내
용이라고 로빈슨(G. L. Robinson)이 말한 것은 참으로 일리가 있다.107)
주석가들은 흔히 스가랴 1:1~6을 내용면에서 스가랴서 전체의 서론으
로 간주한다. 그러나 하토리(Hattori)는 보다 적극적인 면에서는 3절의
"내게로 돌아오라…… 그리하면 내가 너희에게로 돌아가리라"라는 언약

적 메시지야말로 스가랴서의 중심이라고 할 수 있다고 이해한다.108)

■ 넷째 메시지(학개의 셋째 메시지, 학 2:10~19)

여호와께서 "다리오 왕 제이년 아홉째 달(오늘날의 12월) 이십사일"에 학개에게 세 번째 메시지를 주셨다(학 2:10). 중단된 제2성전의 건축을 착수한 지 이제 삼 개월이 지났다. 그들은 이미 곡식도 거두어들였다. 팔레스타인에 이른 비가 내리는 계절이므로 일 년의 농사가 끝나고 새해의 농사를 준비하는 시기이었다.

이러한 때에 여호와께서는 그들에게 다음과 같이 질문하신다. "곡식 종자가 오히려(ha‘ôd) 창고에 있느냐?"(학 2:19a).109) 다시 말하면 그들의 농사가 기대에 훨씬 못 미치는 흉작이었다는 뜻이다. 또한 그들은 여호와께서 보시기에 부정한 백성이었으므로 그들이 드리는 예배와 하는 모든 일이 부정하게 여겨졌다(학 2:12~14). 이 모든 것이 그들이 우선순위를 혼동하고 또한 형식적인 경배자들로 전락했기 때문이었다. 그런데도 불구하고 하나님께서는 "오늘부터" 그들에게 복을 주시겠다는 감격스러운 말씀을 들려주신다(학 2:19하).

■ 다섯째 메시지(학개의 넷째 메시지, 학 2:20~23)

여호와께서는 학개를 통하여 "그 달(구월) 이십사일"에 네 번째 메시지를 주셨다(학 2:20). 학개는 같은 날에 두 번의 메시지를 받은 것이다. 하나님께서 하늘과 땅을 진동시키실 것과 이방 나라들을 심판하실 것 그리고 당시의 정치 지도자로서 메시아의 왕직을 예표하는 스룹바벨을 인장으로 삼으시겠다는 종말론적 메시지를 끝으로 학개의 모든 사역이 마무리된다. 학개가 전한 네 번의 메시지 중에서 가장 짧은 네 절로 된 메시지의 내용은 스룹바벨을 인장으로 삼으시겠다는 약속의 말씀으로 그 절정을 이룬다. 창세기 3:15에서 약속된 "여인의 후손"에 대한 대망사상을 스룹바벨에게로 귀결시킨 이 메시지는 백성들이 사명을 완수하도록 하는 가장 강력한 동기부여가 되고도 남음이 있었을 것이다.

■ 여섯째 메시지(스가랴의 둘째 메시지, 슥 1:7~6:15)

여호와께서 "다리오 왕 제이년 열한째 달(기원전 519년) 곧 스밧월(오늘날의 2월) 이십사일"에 스가랴 선지자에게 두 번째 메시지를 주셨다(슥 1:7). 학개가 마지막 메시지를 전한 지 두 달 후에 하나님께서는 여덟 가지 환상을 통하여 스가랴에게 교회의 참된 모습을 보여주셨다. 그 환상들은 다음과 같다.

1) 화석류나무 사이에 선 사람(슥 1:7~17)
2) 네 뿔과 네 공장(슥 1:18~21)
3) 측량줄을 잡은 사람(슥 2:1~13)
4) 여호와의 천사 앞에 선 대제사장 여호수아(슥 3:1~10)
5) 순금 등잔대와 두 감람나무(슥 4:1~14)
6) 날아가는 두루마리(슥 5:1~4)
7) 에바(ephah) 속에 있는 여인(슥 5:5~11)
8) 네 대의 병거(슥 6:1~8)

당시의 성도들에게 무엇보다도 필요한 것은 성전에 대한 올바른 지식이었다. 여호와께서는 이 지식에 대하여 학개에게도 계시하셨지만 특히 스가랴에게 더욱 심도 있게 계시하여 주셨다. 성전에 관한 내용과 종말론적 계시가 스가랴서에 많이 수록된 것은 그가 선지자인 동시에 제사장 계열(느 12:4,16)에 속하기 때문일 것이다. 대언자가 분명한 지식을 소유해야 확신 있게 성도들에게 전할 수 있지 않겠는가! 과거에도 하나님께서는 아브라함을 위시하여 모든 선지자에게 자신의 뜻을 먼저 알려주셨다.

> 주 여호와께서는
> 자기의 비밀을
> 그 종 선지자들에게 보이지 아니하시고는
> 결코 행하심이 없으시리라.(암 3:7)

■ 일곱째 메시지(스가랴의 셋째 메시지, 슥 7:1 이하)

이것은 여호와께서 선지자 스가랴에게 주신 셋째 메시지인 동시에 당시의 교회에게 주신 마지막 메시지이기도 하다. 이 메시지는 "다리오 왕 제 사년(기원전 518년) 아홉째 달(오늘날의 12월)…… 사일"에 전해졌다(슥 7:1f.). 이때에는 건축 작업이 꽤 진행되었을 것이다(기원전 516년에 완공).

2절에 언급된 여호와께 은혜를 구한 주체가 누구인가에 대해서는 벧엘 사람들로 보는 의견[110]과 바벨론에 거주하는 유다 사람들[111]로 보는 두 가지 의견이 있다. 이것은 "벧엘"을 주어로 보느냐 아니면 목적어로 보느냐에 따라 나뉜다.[112] 그들은 바벨론에서 이주하여 벧엘에 정착한 사람들이던지 아니면 아직도 바벨론에 남아 있는 유다 백성들이던지 간에 사람들을 예루살렘에 보내 지도자들에게 자신들이 지금까지 지켜 온 금식일들을 계속 지켜야 하는지에 대하여 문의한 것이다(슥 7:1~3). 그 금식일들은 다음과 같다.

사월의 금식 - 바벨론의 느부갓네살 왕에 의하여 예루살렘 성벽이
파괴된 날(주전 586년 - 왕하 25:3,4; 렘 39:2; 52:6,7).

오월의 금식 - 성전이 불타버린 날(왕하 25:8~10; 렘 52:12~14).

칠월의 금식 - 유다의 통치자 그달리야가 살해된 날(왕하 25:22~
25. 렘 41:1~3에는 그다랴).

시월의 금식 - 바벨론 왕 느부갓네살이 예루살렘을 포위하기 시작
한 날(왕하 25:1; 렘 39:1; 52:4; 겔 24:1,2).

이런 질문을 한다는 것 자체가 마치 말라기 시대의 백성들처럼 이 일이
너무나 번거롭게 여겨질 정도(말 1:13)로 그들의 영적 상태에 문제가 있
음을 드러내준다. 그들이 지금까지 지켜 온 금식일들은 모두 그들 스스로
제정한 것으로서 시간이 경과함에 따라 무의미해진 동시에 오히려 부담
만 되었을 가능성이 있다. 그러나 그들이 예루살렘에 온 때는 "다리오
왕 제 사년 아홉째 달" 곧 학개의 네 번의 메시지들이 전해진 후이고
제2성전의 윤곽이 거의 드러난 시기이다. 이러한 때에 그들이 사적 금식
문제를 거론한다는 것은 시기적으로나 자세의 면에서도 매우 적절하지
못하다고 생각된다. 우선 분명한 것은 그들이 지금까지 지켜 온 금식일들
이 하나님께서 기뻐하시는 바가 아니었다는 사실은 여호와의 말씀에서
알 수 있다. "그 금식이 나를 위하여, 나를 위하여 한 것이냐?"(5절. hᵃ ṣôm
ṣamtûni 'ānî).[113] 이 말씀에서는 동사 "금식하다"의 부정 독립형이 사
용되는 동시에 1인칭 대명사 "나"가 첨가되어 그들이 금식을 한 것이
전적으로 자신들을 위한 것일 뿐이었다는 사실이 폭로되었다. 따라서 여
호와께서는 그들에게 즉각적으로 답을 주시지 않으셨다. 그들이 단순히
자신들의 질문에 대한 가부만을 요구했기 때문일 것이다. 여호와께서는

즉각적 대답 대신 먼저 스가랴를 통하여 그들의 위선적 행동과 불순종을 책망하시는 동시에 금식보다 말씀을 청종할 것을 강하게 요청하신다(슥 7:4~14). 특히 9~10절에서는 그들의 선조들이 "진실한 재판을 베풀며 서로 인애와 긍휼을 베풀며, 과부와 고아와 나그네와 궁핍한 자를 압제하지 말며 서로 해하려고 마음에 도모하지 말라 하였으나" 청종하지 않아 바벨론으로 사로잡혀 갔다고 그들에게 가르쳐주셨다. 여기에서 "진실한 재판", "인애와 긍휼", "과부와 고아와 나그네와 궁핍한 자" 그리고 "서로 해함"이라는 표현들이 모두 동사 앞에 도치되어 강조되었다. 끝으로 예루살렘 곧 영적 이스라엘의 회복에 대한 기쁜 소식(슥 8:1~17)을 전해 주시고 난 후에야 여호와께서 그들의 질문에 대답하신다.

> 만군의 여호와가 이같이 말하노라. 넷째 달의 금식과 다섯째 달의 금식과 일곱째 달의 금식과 열째 달의 금식이 변하여 유다 족속에게 기쁨과 즐거움과 희락의 절기들이 되리니 오직 너희는 진리와 화평을 사랑할지니라.(슥 8:19)

이 여호와의 말씀의 히브리어 원문은 강조적 문장구조로 되어있다. 상반절의 주어인 금식일들을 동사 앞에 도치시켜 강조했고, 하반절의 목적어인 진리와 화평도 도치시켜 강조했다. 그뿐만 아니라 상반절은 19단어로 되어있는 데에 비해 하반절은 3단어뿐이라는 사실에 유의할 필요가 있다. 그들의 질문은 너무나 영적으로 무감각했고 동족과의 연대의식 면에서도 무책임하여 질타를 받아 마땅하다. 지금 그들의 동료들은 예루살렘에서 안팎으로 직면한 역경과 싸우며 성전 완공의 막바지 작업을 위해 고전분투하기에 여념이 없지 않는가! 그들은 이러한 때에 예루살렘이 여호와의 성읍과 이스라엘의 거룩한 이의 시온(사 60:14)이 되어 자신들과 앞으로 귀환할 동족의 예배회복과 공동체의 안녕을 통해 선민의 사명을 감당하기 위한 여호와의 도우심을 간구하는 금식을 했어야 마땅하다. 하나님께서는 과거에도 자신들의 욕구만을 충족시키기 위한 금식에 대한 응답이 없다고 불만을 토로한 백성들에게 이사야를 통해 하나님께서 기뻐하시는 금식에 대해 알려주셨는데 그 핵심은 스가랴가 전한 메시지와 다름이 없다(사 58:6~7).

스가랴가 이 셋째 메시지를 전한 이후로는 스가랴서에 날짜의 기록이나 환상의 언급이 없다. 스가랴의 마지막 예언의 내용들은 스가랴 9~14장에 수록되었다. 이 말씀은 성전 완공 후인 기원전 490년경에 전해졌다고 보는 것이 전통적 견해이다.

하나님께서는 그의 신실한 두 사역자 학개와 스가랴를 통하여 당시의 교회에게 일곱 메시지를 약 2년 3개월에 걸쳐 주셨다. 이 말씀들에 의해 오랫동안 중단된 제2성전 건축이 드디어 4년 후인 "다리오 왕 제 육년(기원전 516년) 아달 월(12월. 오늘날의 3월) 삼 일"에 완공되었다(스 6:15)!

제7강
선지자 학개의 첫째 메시지

1) 날짜, 대언자 그리고 수신자(1:1)

다리오 왕 제이년 여섯째 달 곧 그 달 초하루에 여호와의 말씀이 선지자 학개
로 말미암아 스알디엘의 아들 유다 총독 스룹바벨과 여호사닥의 아들 대제사
장 여호수아에게 임하니라. 이르시되(학 1:1)

학개서에는 네 메시지가 수록되어 있고 그 메시지의 초두마다 다른
예언서들과는 달리 정확한 날짜를 밝혀주고 있다. 학개 1:1의 "다리오
왕 제이년 여섯째 달 곧 그 달 초하루에"라는 이 날짜는 여호와께서 친히
조절하셔서 정하신 것으로서 정치적으로나 종교적으로 매우 중요하다.
먼저 정치적으로는, 다리오(Darius I Hystaspes, 기원전 522-486년)가
비록 등극은 했지만 페르시아 왕국 내의 반란 세력들을 진압한 지 얼마
되지 않아 아직 팔레스타인 지역에 대한 세심한 주의를 기울일 여유가
없던 시기이었다. "다리오 왕 제이년"(기원전 520년 6월 1일)이 바로 이
러한 때이었을 것이다. 그리고 다리오 왕의 종교 정책 역시 고레스 왕과
같이 페르시아 제국 내의 소수민족들에게 호의적이었기 때문에 이때야
말로 하나님의 백성들이 오랫동안 중단된 제2성전을 완공하는 작업을
서둘러야 할 절호의 기회가 아닐 수 없었다. 종교적으로도 이 날은 "그
달 초하루"라는 표현이 밝혀주는 바와 같이 "월삭"이었다. 이 "월삭"은

"소제"(素祭. grain offering), "전제"(奠祭. drink offering) 그리고 속죄 제물을 하나님께 바치며 경배 드리고 나팔을 불며 기뻐하는 날이었다 (민 10:10; 28:11~15; 시 81:3; 겔 46:3). 자기 백성들이 돌아오기를 애타게 바라시는 여호와께서는 백성들이 성전에 나아올 때에 그 기회를 놓칠세라 종종 그들에게 다가오셔서 간곡히 말씀하셨다. 학개 시대에도 바로 그렇게 하신 것이다. 따라서 여호와의 말씀이 이때에 임했다는 사실 자체가 귀환민에게 큰 축복이 아닐 수 없다! 이제 그들의 반응여하가 주목된다.

> [2]여호와께서 이와 같이 말씀하시니라. 너는 여호와의 성전 뜰에 서서 유다 모든 성읍에서 여호와의 성전에 와서 예배하는 자에게 내가 네게 명령하여 이르게 한 모든 말을 전하되 한 마디도 감하지 말라.
> [3]그들이 듣고 혹시 각각 그 악한 길에서 돌아오리라. 그리하면 내가 그들의 악행으로 말미암아 그들에게 재앙을 내리려 하던 뜻을 돌이키리라.(렘 26:2~3. 역시 36:1~8 참조)

그런데 왜 학개서는 연대를 나타낼 때에 "다리오 왕 제이년"이라고 했는가? 그 당시에는 유다 왕국이 멸망(기원전 586년)한 지 오래되어 왕은 없고 다만 이방 페르시아 왕의 통치하에서 스룹바벨이 유다 총독으로 있을 뿐이었다. 그래서 학개 1:1에 유다의 왕명 대신에 페르시아의 왕명을 따라 "다리오 왕 제이년"이라고 기록할 수밖에 없었다. 소선지서들 중에서 호세아서와 아모스서에서는 유다 왕과 이스라엘의 왕명이 기록되었다. 이스라엘의 멸망을 예언한 미가서에는 유다 왕명들(요담, 아하스, 히스기야)이, 그리고 스바냐서에는 유다 왕 요시야가 수록되었다. 그와는 반대로 요엘서, 오바댜서, 요나서, 나훔서 그리고 하박국서에는 왕명이 일체 없다. 포로 후기의 말라기서에는 학개서와 스가랴서와는 달리 페르시아의 왕명이 없다. 스가랴서의 경우 1~8장에는 페르시아 왕명이 있으나 9~14장에는 전혀 언급이 없다. 이것으로 미루어 보아 왕명의 기술 여부는 메시지의 성격에 의해 결정되었다고 보아야 할 것이다.

바벨론 포로에서 귀환한 그들의 주된 임무는 제2성전 건축이었다. 하지만 그 일을 등한히 한 지 벌써 16년이 흘렀는데도 그들은 그 해의 "여섯째 달"이 되는 시점에서조차 여전히 추수하는 일에만 관심을 쏟고 있었다. 바로 이러한 추수기의 "월삭"에 여호와께서는 오랜 침묵을 깨고 대언자 학개를 그들에게 보내시어 성전 건축을 마무리 지을 것을 촉구하셨다. 믿음이 없이는 이 말씀을 순종하기란 불가능하다.

여호와께서는 이러한 때에 충성된 대언자 학개를 선정하셔서 당시의 지도자들인 유다 총독 스룹바벨과 대제사장 여호수아와 백성들에게 보내시어 말씀하여 주셨다. 이것이야말로 그 당시의 지도자들과 성도들의 신앙을 앙양시키시려는 여호와의 크신 은혜가 아닐 수 없다.

"여호와의 말씀이 ……로 말미암아 ……에게 임하니라." 이것은 구약의 다른 곳에서 찾아보기 힘든 표현이다. "여호와의 말씀이 ……에게 임하니라"라는 표현은 다른 곳에서도 나타난다(호 1:1; 욜 1:1; 욘 1:1; 미 1:1; 습 1:1; 슥 1:1).[114] 구약성경의 각 책들이 어떻게 그 서두를 시작하는가를 다룬 논문에서 반 셈스(Van Selms)는 이러한 표현 형식은 선지자들이 하는 말이 자신들의 말이 아니라 실제로는 하나님의 말씀이라는 사실과, 선지자들이 그 말의 저자가 아니라 다만 하나님의 말씀을 전달하는 사자에 불과하다는 것을 나타내기 위함이라고 지적했다.[115] 다른 선지서와는 달리 학개서는 1:1,3; 2:1에서 "학개로 말미암아"(bᵉyad-ḥaggay)라고 함으로써 학개는 단지 하나의 대언자에 불과하다는 사실을 다른 선지서들보다 더 강하게 시사한다.[116] 그러나 학개 2:10,20에서는 "학개에게"(… 'el-ḥaggay)로 기록되었으므로 이 표현의 일부를 수정해야 한다는 견해가 등장했다. 예를 들면, 부데(Budde)는 계시를 받아들이는 형식에 있어서 수신자에게는 '엘-'('el-)을 사용하고 중개자에게는 '베야드'(bᵉyad)를 사용하는 것이 원칙이라고 말한다. 그런데 2:1에서는 학개가 말해야 할 대상이 없기 때문에 '베야드'(bᵉyad)가 사용된 것은 과잉이므로 '엘-'로 읽는 것이 옳다고 주장한다. 또한 2:10~11에서 11절의 "만군의 여호와가 이같이 말하노니"는 선지자에게 주어지는 개인적 메시지가 아니라 학개가 다른 사람에게 전달하는 메시지이므로 10절의 '엘-'(선지자 학개"에게")을 '베야드'("~로 말미암아")로 수정하여 읽는 것이 옳다고 한다. 역시 히브리어의 원문에서 11절 초두의 "만군의 여호와가 이같이 말하노니"가 10절 끝에 놓인 "이르시되"(lēᵉmôr)에 연결되는 것은 어색하기 때문에 이 부분을 삭제해야 한다고 부데는 주장한다.[117] 물론 와디 무라바아트(Wadi Murabba'at) 사본에서는 학개 2:1에 '엘-'로 나타나 있으나, 페터슨(Petersen)이 지적한 바와 같이 난해한 텍스트를 선호한다는 원칙(lectio difficilior)에 따라 마소라 텍스트 그대로를 받아들이는 것이 옳다.[118] 모티어(Motyer)는 이 두 표현이 학개가 전한 예언의 말씀뿐만 아니라 그 자신이 참 선지자임을 서로 다른 측면에서 나타내는 것이므로 그대로 받아들여야 한다고 주장한다. '엘-'이 하나님의 활약, 즉 자신의 말씀을 구사하여 전해주시고 그것을 백성들이 정확히 받아들이는 계시 사역의 측면을 드러낸다고 한다면, '베야드'는 말씀을 맡아 그것을 변경함이 없이 전달하는 메신저에 대한 하나님의 영감의 측면을 드러낸다고 모티어는 이해한다.[119]

　"~에게 임한다"(hāyâ… 'el-)라는 표현은 여호와께서 주권적으로 역사하심을 나타내는데, 창세기 15:1의 "이후에 여호와의 말씀이 이상 중에 아브람에게 임하여"에 처음 등장한다(삿 3:10 - 여호와의 영이 옷니엘 "에게 임하셨으므로" 참조). 역시 사무엘상 16:16,23("~에게 이를 때에"), 19:9("~에게 접하였으므로")에 하나님께서 부리신 악령이 사울에게 임했을 때와 19:20~23에 하나님의 영이 사울과 사울의 사자들에게 임했을 때에도 이 표현이 나타난다. 랫취(Laetsch)는 사무엘상 19:20에서는 이 관용구를 "사로잡았다"는 뜻으로 이해한다. 다시 말해서 이 관용구는 여호와께서 선지자를 장악하시고 지배하시어 자신이 명령한 바를 그로 하여금 전하고 또한 순종하고자 하며, 그 순종심 자체를 실천에 옮기고자 하도록 만드신다는 의미에서 사용되었다는 것이다.[120] 물론 우드(Wood)의 생각처럼 하나님께서는 종종 성전에 대한 불타는 열정을 지닌 사람을 쓰시는데, 학개가 소명을 받기 전 그 당시의 성전 상태에 대하여 개인적으로 관심을 기울이고 있었기에 그를 부르셨다고 이해할 수 있다.[121] 여하간 하나님께서 주권적으로 그를 선택하신 것이라는 사실은 이 표현의 용례를 보아 알 수 있다(앞에 열거한 호 1:1; 욜1:1 등 참조).

또 한 가지 특이한 사실은 앞에 언급한 바와 같이 본서의 초두에서는 선지자의 이름만 소개되었을 뿐 그의 지파, 가문 그리고 그가 거주한 성읍에 관한 언급이 전혀 없다는 것이 하박국서도 그러하지만 특히 학개서는 독자들의 관심을 시종일관 하나님의 말씀의 권위에 집중시키고 있음이 역력히 드러난다. 이러한 사실은 말씀을 전파하는 자의 자세가 어떠하여야 하는가에 관해 중요한 교훈을 준다.

여호와의 메시지를 받은 학개 당시의 교회는 가지가 아름답고 그늘이 숲의 그늘 같으며 키가 크고 꼭대기가 구름에 닿은 레바논의 백향목(겔

31:3 참조)이 아닌 "골짜기 속 화석류나무"에 불과하다. 그러나 그 나무가 그 곳에 있는 한은 향기를 뿜어낼 사명이 있으며 이 나무는 상처를 입을 때에 비로소 향기를 발산하게 된다고 한다.

> [8]내가 밤에 보니 사람이 붉은 말을 타고 골짜기 속 화석류나무 사이에 섰고 그 뒤에는 붉은 말과 자줏빛 말과 백마가 있기로
> [9]내가 말하되 내 주여 이들이 무엇이니이까? 하니 내게 말하는 천사가 내게 이르되 이들이 무엇인지 내가 네게 보이리라 하니
> [10]화석류나무 사이에 선 자가 대답하여 이르되 이는 여호와께서 땅에 두루 다니라고 보내신 자들이니라.(슥 1:8~10)

"화석류나무 사이에 선" 그분이 교회의 주인이 되셔서 교회를 위하여 역사하고 계시니 제2성전의 건축은 반드시 완공될 것이 틀림없다(슥 4:7). 정한 때가 되면 복음을 듣고 구원받은 자들이 주님의 교회로 모여들 것이라고 이미 여러 선지자들이 전한 것처럼, 두 선지자 학개와 스가랴도 이러한 확신을 가지고 사역에 임했다. 그러므로 학개 당시의 지도자들과 백성들은 자신들이 완공하려고 하는 제2성전을 결코 과소평가해서는 안 되었다.

> [2]말일에 여호와의 전의 산이 모든 산꼭대기에 굳게 설 것이요 모든 작은 산 위에 뛰어나리니 만방이 그리로 모여들 것이라.
> [3]많은 백성이 가며 이르기를
> 오라 우리가 여호와의 산에 오르며 야곱의 하나님의 전에 이르자. 그가 그의 길을 우리에게 가르치실 것이라. 우리가 그 길로 행하리라 하리니 이는 율법이 시온에서부터 나올 것이요 여호와의 말씀이 예루살렘에서부터 나올 것임이니라.(사 2:2~3)

²⁰만군의 여호와가 이와 같이 말하노라. 다시 여러 백성과 많은 성읍의 주민이 올 것이라.

²¹이 성읍 주민이 저 성읍에 가서 이르기를 우리가 속히 가서 만군의 여호와를 찾고 여호와께 은혜를 구하자 하면 나도 가겠노라 하겠으며

²²많은 백성과 강대한 나라들이 예루살렘으로 와서 만군의 여호와를 찾고 여호와께 은혜를 구하리라.

²³만군의 여호와가 이와 같이 말하노라. 그 날에는 말이 다른 이방 백성 열 명이 유다 사람 하나의 옷자락을 잡을 것이라 곧 잡고 말하기를 하나님이 너희와 함께 하심을 들었나니 우리가 너희와 함께 가려 하노라 하리라 하시니라.(슥 8:20~23. 역시 14:9~11,16~21; 학 2:6~9 참조)

2) 여호와의 책망(학 1:2)

만군의 여호와가 이같이 말하여 이르노라. 이 백성이 말하기를 여호와의 전을 건축할 시기가 이르지 아니하였다 하느니라.(학 1:2)

구약의 다른 책들과는 달리 학개서는 초두부터 여호와께서 책망하시는 말씀으로 시작한다. 이것을 이상하게 여길 필요가 없다. 동역자인 스가랴도 학개와 보조를 맞추어 첫 메시지의 초두를 책망의 말씀으로 시작하고 있다.

²여호와가 너희의 조상들에게 심히 진노하였느니라.

⁴너희 조상들을 본받지 말라. 옛적 선지자들이 그들에게 외쳐 이르되 만군의 여호와께서 이같이 말씀하시기를 너희가 악한 길, 악한 행위를 떠나서 돌아오라 하셨다 하나 그들이 듣지 아니하고 내게 귀를 기울이지 아니하였느니라. 여호와의 말이니라.(슥 1:2,4)

이사야 역시 이사야서의 초두부터 유다를 책망하는 여호와의 말씀으
로 시작했다.

²하늘이여 들으라.
땅이여 귀를 기울이라.
여호와께서 말씀하시기를
내가 자식을 양육하였거늘
그들이 나를 거역하였도다.
³소는 그 임자를 알고
나귀는 그 주인의 구유를 알건마는
이스라엘은 알지 못하고
나의 백성은 깨닫지 못하는도다 하셨도다.(사 1:2,3)

그런데 JB와 공동번역성서는 스가랴 1:1~4의 순서를 다음과 같이 수정
했다.

¹˙¹다리우스 제이년 팔월에……
³너는 이 백성에게…… 이렇게…… 일러라 '나에게로 돌아오라. ……
⁴너희는 너희 조상들을 본받지 말라. …… 그들은 내 말을 듣지 아니하고 귓등
으로 흘려버렸다. ……
⁵그러던 너희 조상들은 어찌 되었느냐? 그 선지자들은 아직 살아 있느냐?
⁶ᵃ그러나 내가 내 종 선지자들을 시켜 한 말과 그 규정대로 너희 조상들은
벌을 받았다.
²나 야훼가 너희 조상들에게 크게 노하자
⁶ᵇ그들은 돌아 와서, 주께서 우리의 그릇된 행적을 보시고 작정하셨던 대로
벌하셨다고 고백하였다.(공동번역성서)

JB와 공동번역성서는 상술한 바와 같이 순서를 임의로 조절하여 2절을 6절의 상반절 다음으로 옮긴 것이다. 그러나 흥미롭게도 NJB는 이 수정안을 거부하고 다른 역본들과 같이 마소라 텍스트의 순서를 그대로 따랐다. 그러므로 이러한 수정작업은 저자의 강한 의도를 약화시키게 되어 하나님의 말씀보다는 인간의 논리를 앞세우는 큰 오류를 범하는 처사이다.

스가랴 1:1에서는 "노하다"를 나타내는 여러 동사들과 명사들이 있는 중에서 특히 동사 "진노하다"(qāṣap, qeṣep)를 선택한 데에는 그럴만한 이유가 있다.[122] 이 표현은 구약에 명사로 약 30회 그리고 동사로 약 35회 사용되었다. 그중 대다수가 하나님이 주어가 되어 그의 진노를 나타낸다(명사 28회, 동사 23회). 비록 소수이지만 인간이 주어가 된 성구들에서마저도 왕의 진노(바로, 아하스, 아닥사스다, 아하수에로)나 지도자의 진노(모세, 나아만, 하나님의 사람, 방백들)를 나타낸다는 점이 특이하다. 스가랴가 전한 "하나님의 진노"에 대한 메시지를 들은 청중은 그것이 얼마나 두려운지를 너무나도 잘 알고 있었다. 노아 홍수(사 54:9), 광야에서 구세대가 멸망한 일(신 1:34), 유다의 멸망("진노와 분노와 대노"[qeṣep gādôl]렘 21:5와 32:37a; 애 5:22), 바벨론 유수(사 47:6) 등이 하나님의 진노의 결과이었던 것이다. 바로 이 진노가 "아버지가 신 포도를 먹었으므로 그의 아들의 이가 시다"(겔 18:2. 역시 애 5:7 참조)는 속담처럼 귀환민인 그들이 바벨론에 있을 때에 임한 것이다!

스가랴는 2절에서 하나님의 진노를 묘사할 때에 "심히 진노하였느니라"(qeṣep … qāṣap. 직역, "진노를 진노하였느니라")라는 동족목적어(同族目的語)의 형식을 사용함으로써 그 강도를 더욱 심화시켰다. 스가랴 7:12에서는 "…… 만군의 여호와가 그의 영으로 옛 선지자들을 통하여 전한 말을 듣지 아니하므로 큰 진노(qeṣep gādôl)가 만군의 여호와께로부터 나왔도다"라고 진술한다. 그 결과 그들의 조상들은 돌이켜 "만군의 여호와께서 우리 길대로, 우리 행위대로 우리에게 행하시려고 뜻하신 것을 우리에게 행하셨다"(슥 1:6b)라고 고백하고야 말았다는 것이다. 따라서 스가랴는 학개와 자신이 대언하는 하나님의 말씀을 듣는 그들이 또다시 하나님의 진노의 대상이 되지 않도록 제2성전 완공 사역에 진력할 것을 촉구했다. 이 도전의 말씀이 그들로 하여금 순종하도록 하는 데에 도화선이 되었음이 틀림없다.

여기에서 하나님의 진노에 대한 올바른 이해를 확립하는 것이 바람직하다고 여겨진다. 헹스텐베르크(Hengstenberg)가 일찍이 밝힌 바와 같이, 이 진노는 하나님께서 자신의 백성들을 멸하시기 위한 것이 결코 아니다. 하나님의 진노는 선민의 죄에 대한 하나님의 의로 인한 징벌로써 개선의 수단으로 그의 사랑에 의해 내려지는 것이다. 이것은 응보에서 나오는 징벌(punishment)과 그들의 구원의 진보를 꾀하는 사랑이 결합된 징계(chastisement)이다. 이 징계는 그들의 최종적 구원과 영광을 위해 불가피한 조건이므로 성경은 그들이 기꺼이 그것에 복종할 것을 간절하고도 자애롭게 권면한다(잠 3:11,12; 히 12:7,8).[123] 흐로닝겐(Groningen)도 하나님의 진노에 대해 적절하게 진술한 바 있다. 그에 의하면 하나님의 "진노"는 하나님의 공의에 의한 응보와 분리시킬 수 없고 하나님의 거룩하신 관심, 즉 하나님의 거룩하신 성품, 하나님의 사랑 그리고 하나님의 사랑을 받는 대상의 옹호와 관련되어 있다. 그러므로 "진노"는 하나님의 사랑, 거룩성 그리고 질투와 불가분하게 연관되어 있다. 사실상 하나님의 진노라 함은 자신의 언약 백성을 무한한 애정으로 사랑하시고, 따라서 그들에 대해 매우 질투하시는 거룩하신 하나님에 대해 언급하는 것이다.[124] 하토리(服部嘉明)도 다음과 같이 진술한다. 여호와 하나님의 진노는, 하나님 자신의 거룩하심과 의에 의한 것으로서, 단순한 노여움이 아님을 그들은 알지 않으면 안 되었다. 따라서 하나님의 진노는 회개하고 하나님께 돌아오라고 요구하시는 사랑의 부르심의 내용 또는 성격을 지니고 있다. 그 얼마나 놀라운 하나님의 은혜인가![125]

이제 우리가 학개 1:2의 본문을 자세히 읽고 깊이 묵상하면 하나님께서 당시의 성도들을 왜 이렇게 책망하는 말씀으로 시작하셨는지를 이해할 수 있을 것이다. 당시의 백성들은 오랜 포로 생활을 마치고 고국에 돌아와서 감사와 감격 속에서 제2성전의 기초를 십여 년 전에 놓았으나 십여 년이 지난 후에도 그 과업을 완수하지 못하고 있는 처지였다. 이렇게 지연된 데에 대한 몇 가지 이유가 거론된다. 첫째, 그들은 여전히 원수들의 방해, 경제적 궁핍 그리고 페르시아 제국의 통치로 인한 불투명한 미래 등 여러 면으로 어려운 상황에 처해 있었기 때문에 도무지 용기를 내지 못한 것으로 보인다는 견해가 있다.[126] 하지만 그들은 메시아 왕국의 도래를 약속받은 언약 백성, 즉 "소망을 품은 백성"(슥 9:12)일 뿐만 아니라 더욱이 "하나님과 및 사람들과 겨루어 이긴"(창 32:28) 이스라엘의 후예가 아닌가! 야곱이 "이스라엘"이 된 것은 그와 그의 후예들이 하나님으로부터 약속을 받는 동시에 그에 부합한 신앙적 반응이 요청됨을 뜻한다. 그러나 학개 당시의 백성들에게서는 하나님께서 베풀어주신 축복의 장이 되는 얍복 나루에서 야곱이 발휘했던 그러한 기백은 더 이상 찾아볼 수 없었다. 로스(Ross)에 의하면 족장 야곱은 하나님의 축복을 받아 강한 모습으로 나타나기까지 하나님과 끈덕지게 겨루어 민족의 진정한 정신을 드러냈고 그 결과 선민은 이 특징의 지배 여하에 따라서 야곱 혹은 이스라엘로 언급된다는 것이다.[127] 이 말이야말로 학개 당시의 백성들의 문제점을 정확히 간파하는 데에 도움이 된다.

둘째, 유대인 주석가 라쉬(Rashi)는 귀환한 백성들이 이 지경에 이르게 된 데에는 예레미야가 언급한 70년(렘 25:11)이라는 기간의 정확한 계산에 근거하여 볼 때에 아직 그 수가 차지 않았다고 여긴 데에 이유가 있다고 이해한다.[128] 그러나 여호와께서는 이미 제2성전 재건에 필요한 모든 조건을 충족시켜주셔서 백성들은 성전의 기초가 놓이고 공사도 제법 진행되어 온 시점에 처해있었다. 따라서 그들은 하박국이 주는 교훈을 명심했어야 했다. 하박국이 "어느 때까지리이까?"(합 1:2), "어찌하여?"(1:3,13)라고 절규할 때에 여호와께서는 이렇게 응답하시지 않으셨는가!

이 묵시는 정한 때가 있나니
그 종말이 속히 이르겠고
결코 거짓되지 아니하리라.
비록 더딜지라도 기다리라.
지체되지 않고 반드시 응하리라.(합 2:3)

신 바벨론 왕국의 멸망(기원전 538년)까지는 아직도 짧지 않은 60여년을 기다려야 함에도 불구하고 하박국은 그 말씀을 신앙으로 받아들이며 "여호와여 주의 일을 수년 내에 부흥하게 하옵소서 이 수년 내에 나타내시옵소서"(3:2)라고 기도드렸던 것이다. 그러면서 그는 여호와로 말미암아 즐거워하며 자신의 구원의 하나님으로 말미암아 기뻐하며 소망을 갖는다고 고백하고 있다(3:16~19). 흔들림이 없는 신앙으로 일관한 하박국을 학개 당시의 백성들은 본받았어야 했다.

셋째, 베드포드(Bedford)는 백성들의 도덕적 타락보다는 신적 유기 모티브(divine abandonment motif)를 통해 문제의 답을 얻으려고 한다. 특히 그는 백성들이 때가 아직 이르지 아니하였다(학 1:2)고 생각한 데에는 어떤 희망적 관측이 있었다고 생각한다. 그에 의하면 여호와께서는 예루살렘을 파괴시키시려고 그의 성전을 떠나셨다(겔 10:18~22; 11:22~25). 그러므로 핵심적 문제는 여호와께서 언제 진노를 거두시고 돌아오실 것인가라는 타이밍에 있다고 이해한다. 그는 앗수르와 바벨론 문헌들에는 신의 진노가 거두어져 성전을 복구할 예정표가 있다는 예(ūmē imlû)를 근거로 하여, 학개 당시의 백성들은 아직도 여호와의 진노가 거두어져서 그가 예루살렘으로 돌아오실 때가 임박하지 않은 것으로 여겼다고 이해한다. 즉, 백성들은 아직도 그 때가 이르지 않았다고 생각했다는 것이다.[129]

넷째, 크레이그(Craig)는 학개서와 스가랴서에 나타난 질문형식의 이해를 통해 학개 1:2의 문제를 해결하려고 한다. 본문의 질문형식은 단순히 정보를 수집하기 위한 것이 아닌 수사학적 질문이라고 그는 이해한다. 따라서 본문의 요점은 백성들의 성전건축에 관한 시간적 차질이 있었던 것이 아니라 그들이 우선순위를 왜곡한 데에 있다고 크레이그는 옳게 간파했다. 백성들은 완공된 집에 안주하면서 미 완공된 성전을 방치하고 있었다. 사람들이 자신들의 생활을 위해 수고하는 나머지 공동체에 피해를 끼친다는 주제의 패턴이 이 수사학적 질문에 의해 잘 드러난다고 그는 지적한다.[130]

귀환한 후 이렇게 비참하게 된 그들을 과연 하나님이 버리셨는가? 하나님의 교회가 이런 상태로 계속 남아 있어서 이방 민족들의 조롱거리가 될 것인가? 아니, 결코 그렇지가 않다. 그것을 보여주려고 선지자 학개는 1:1에서 "여호와의 말씀"이라고 명시한 것이다(역시 슥 1:1). 그들의 하나님은 자기 백성들을 버리지 않으시고 그들의 선조들에게 약속하신 말씀을 신실하게 지키시며 구원하시고 돌보아주시는 "여호와"이시다.

> 네 하나님 여호와는 자비하신 하나님이심이라. 그가 너를 버리지 아니하시며 너를 멸하지 아니하시며 네 조상들에게 맹세하신 언약을 잊지 아니하시리라.(신 4:31)

> 여호와께서는 너희를 자기 백성으로 삼으신 것을 기뻐하셨으므로 여호와께서는 그의 크신 이름을 위해서라도 자기 백성을 버리지 아니하실 것이요.(삼상 12:22. 역시 학 2:5 참조)

> 에브라임이여 내가 어찌 너를 놓겠느냐?
> 이스라엘이여 내가 어찌 너를 버리겠느냐?
> 내가 어찌 너를 아드마 같이 놓겠느냐?
> 어찌 너를 스보임 같이 두겠느냐?
> 내 마음이 내 속에서 돌이키어
> 나의 긍휼이 온전히 불붙듯 하도다.(호 11:8. "어찌"가 원문에는 상반절에 두 번만 나옴)

더욱이 학개는 "만군의 여호와"(YHWH $s^eb\bar{a}\,'\hat{o}t$)가 말씀하신다고 거듭 강조한다. "만군의 여호와"라는 성호는 전부 38절로 된 학개서에 14회[1:2,5,7,9,14; 2:4,6,7,8,9(2회),11,23(2회)], 그리고 스가랴서에 53회 사용되어 이 두 책을 합하면 무려 67회나 등장한다. 구약성경 전체에서는 '쩨바오트'($s^eb\bar{a}\,'\hat{o}t$)가 총 285회, 곧 YHWH와 함께 약 261회, '엘로헤'($^el\hat{o}h\hat{e}$)와 함께 18회 그리고 '엘로힘'($^el\hat{o}h\hat{i}m$)과 함께 6회 나타나는 것을 감안한다면 학개서와 스가랴서에 등장한 67회의 "만군의 여호와"는 그 총수의 4분의1(!)에 해당한다. 이밖에도 "여호와가 말하노라", "여호와의 말이니라" 등의 표현들이 본서에 여러 번 나타난다(1:8,13; 2:4, 14,17,23). 그런데 "만군의 여호와"라는 성호는 모세오경이나 여호수아서와 사사기 그리고 에스겔서에는 나타나지 않는다. 사무엘상 1:3에 처음으로 사용된 이 성호는 사무엘서에 11회 그리고 열왕기서에 5회 나타나는 한편 주로 선지서인 이사야서(62회)와 예레미야서(82회 -Zobel, Mettinger, Van der Woude; 77회 -Hartley), 아모스(9회), 말라기(24회)에 많이 등장한다.[131] 이 성호의 기원을 가나안 종교에서 찾으려는 시도[132]가 없는 것은 아나 그것은 성경 자체의 주장과는 거리가 멀다. 메팅거(Mettinger)는 이 성호의 기원은 전적으로 이스라엘에 속한다고 강조한다.[133] 반 데아 우데(Van der Woude)도 그 성호는 가나안에서 도입한 것이 아니라 시온 신학에 의해 강력하게 영향을 받았다고 주장한다(시온 시편 46; 48; 84 참조).[134] 아이흐로트(Eichrodt)에 의하면 "만군의 여호와"의 군세(軍勢)는 어느 특정한 군세가 아닌 천상천하의 모든 군세로부터 구성되었음을 뜻하며 그 근원에 외부의 영향이 있었다고 보기는 어렵다. 특히 이 성호를 선택한 것은 여호와 신앙의 핵심적 성격을 나타내기 위한 것으로서 거기에는 신앙의 가장 중요한 부분이 포함된다고 그는 주장한다.[135] 하트리(Hartley)는 특히 사무엘상 17:45 ("나는 만군의 여호와의 이름 곧 …… 이스라엘 군대의 하나님의 이름으로 네게 나아가노라")를 근거로 하여 그 성호가 천상과 우주 그리고 지상의 모든 세력과 군대를 포함하는 여호와의 우주적 통치를 의미한다고 이해한다. 더욱이 바벨론의 종교적 영향으로 인한 위기 속에서 유다 백성들이 일월성신 숭배에 마음이 끌렸을 때에 그것들은 다만 여호와께 순복하는 피조물에 불과하기 때문에 그러한 숭배는 어리석은 일(사 47장 참조)이라고 선지자들이 분명하게 전했다고 하트리는 말한다.[136] 모티어(Motyer)는,

'YHWH'와 '쩨바오트'(ṣᵉbā'ôt) 이 둘은 동격으로서 그 뜻은 하나님 자신
이 모든 가능성(potentiality)과 능력(power)을 지닌(in himself *is*) 분이
심을, 그리고 특히 '쩨바오트'는 하나님의 권세(might)의 포괄적 범위를
나타내는 강조적 복수로 이해한다.137) 족장시대 이래 이스라엘의 역사
속에서 나타난 다른 성호들처럼 'YHWH 쩨바오트'도 여호와와 선민과의
관계에서 등장한다. 따라서 이 성호가 사사시대인 사무엘상 1장에 등장
할 경우와 왕국시대 그리고 포로후기에 등장할 경우에는 성경의 점진적
계시사상에 의해 그 뉘앙스가 약간 다를 수 있음을 인정할 필요가 있다.

　"만군의 여호와"는 이스라엘의 여호와 하나님이신 동시에 천상천하의
주권적 통치자이시다. 그는 "신 가운데 신이시며 주 가운데 주시요 크고
능하시며 두려우신 하나님이시라"(신 10:17), "신들 중에 뛰어나신 하나
님"(시 136:2)이시며, "주들 중에 뛰어난 주"(시 136:3)이시며, "모든 신
들의 신이시요 모든 왕의 주재"(단 2:47)이시며, "복되시고 유일하신 주
권자이시며 만왕의 왕이시며 만주의 주"(딤전 6:15)이시다. 그는 모든
나라들과 세계 중에서 높임을 받으시는 동시에(시 46:6,10) 피조계의 천
군 천사도 통치하시는 분이시다.

> ¹⁹여호와께서 그의 보좌를 하늘에 세우시고
> 　그의 왕권으로 만유를 다스리시도다.
> ²⁰능력이 있어 여호와의 말씀을 행하며
> 　그의 말씀의 소리를 듣는
> 　여호와의 천사들이여 여호와를 송축하라.
> ²¹그에게 수종들며 그의 뜻을 행하는
> 　모든 천군이여 여호와를 송축하라.
> ²²여호와의 지으심을 받고

그가 다스리시는 모든 곳에 있는
너희여 여호와를 송축하라.
내 영혼아 여호와를 송축하라.(시 103:19~22)

오직 주는 여호와시라.
하늘과 하늘들의 하늘과 일월성신과
땅과 땅 위의 만물과
바다와 그 가운데 모든 것을 지으시고
다 보존하시오니
모든 천군이 주께 경배하나이다.(느 9:6)

이 성호를 사용한 목적은 백성들이 자신들에게 말씀하시는 하나님이 어떤 분이심을 올바로 인식하여 그의 말씀을 순종하게 하려는 데에 있었다. 또한 카쉐르(Kasher)가 지적한 바와 같이 이 표현이 강조된 것은 그 시대의 이방 종교적 배경과도 관련이 있을 것으로 생각된다. 학개는 하나님은 우주적 영역뿐만 아니라 역사적 영역에도 개입하신다는 견해(2:6~7과 22~23)를 주장함으로써, 당시에 논쟁의 여지가 없는 것으로 여긴 페르시아 제국의 세력과 그들의 신 아후라-마즈다(Ahura-Mazda)에게 도전을 한 것이라고 카쉐르는 이해한다. 베히스툰(Behistun) 비문에는 페르시아의 으뜸이 되는 아후라-마즈다 신이 다리오를 도와 그를 왕으로 세우고 그의 적대 세력들을 물리치게 했다고 기록되었다. 다른 비문에서는 그 신이 하늘과 땅 그리고 인류의 창조자로 언급되었다. 따라서 학개는 "만군의 여호와"라는 성호를 통해 이를 논박했다고 카쉐르는 주장한다.[138] 학개에게 있어서 "만군의 여호와"라는 성호는 단순한 공론이 아닌 선민의 삶의 현장에서 그들의 기도를 들으시고 그들을 구원하시는 살아 계신 하나님에 대한 인격적 관계에서 우러나온 것이다. 이 사실을 기억하는 것이 우리에게 있어서 매우 중요하다. 유다 왕 히스기야 역시 "만군의 여호와"에 대한 그러한 신앙을 소유했었다. 앗수르 왕 산헤립이 랍사게를 통해 "열국의 신들 중에 자기의 땅을 앗수르 왕의 손에서 건진 자가 있느냐?"(사 36:18,20; 대하 32:13~15)라고 협박했을 때에 히스기야는 이 "만군의 여호와"께 기도드려 위기에서 구출되었다.

> ¹⁶그룹 사이에 계신 이스라엘 하나님 만군의 여호와여 주는 천하만국에 유일하신 하나님이시라. 주께서 천지를 만드셨나이다('attâ 'aśîtâ). ……
> ¹⁸여호와여 앗수르 왕들이 과연 열국과 그들의 땅을 황폐하게 하였고
> ¹⁹그들의 신들을 불에 던졌사오나 그들은 신이 아니라 사람의 손으로 만든 것일 뿐이요 나무와 돌이라. 그러므로 멸망을 당하였나이다.(사 37:16~19)

학개는 1:2에서도 "만군의 여호와"가 다음과 같이 말씀하셨다고 전한다. "이 백성이 말하기를 여호와의 전을 건축할 시기가 이르지 아니하였다 하느니라." 1:2b에 등장하는 "이 백성"은 "내 백성"¹³⁹⁾과는 달리 하나님께서 이스라엘 백성들을 책망하실 때에 사용된다. 이러한 책망의 강도는 아래의 일곱 가지로 표현되었다. 그들은 이처럼 엄하고 단도직입적인 책망이 아니면 각성할 수 없었던 것이다.

첫째, 친밀감이 담긴 "내 백성"이 아닌 "이 백성"이라는 경악할 표현이 학개가 전한 첫 메시지의 벽두에 나타났다는 것.

둘째, "이 백성"(hā'ām hazzeh)이라는 표현이 학개 2:14에 "이 나라"(haggôy hazzeh)와 함께 사용되었다는 것.

셋째, 히브리어 원문에서는 주어인 "이 백성"이라는 표현이 본문의 초두 곧 동사 앞에 도치되어 강조되었다는 것.

넷째, 백성들의 마음이 결정되었음을 나타내기 위해 행동의 완료를 가리키는 완료시제가 사용되었다는 것("말하였다." 'āmᵉrû. "have made up their mind" -Motyer).140)

다섯째로 "시기"('ēt)라는 용어가 히브리어 원문에서는 두 번 되풀이하여 사용되었다는 것.141)

여섯째, 원문에서는 명사 "시기"가 동사 "이르다"(분사형) 앞에 도치되었다는 것('ēt-bōʼ). 이 특이한 구문은 강조적 내지는 수사학적 표현으로 이해할 수 있다.142)

일곱째, "여호와의 전"이 동사(수동형인 "건축될", "to be built")의 앞에 도치되었다는 것(bêt YHWH lᵉhibbānôt).

구약 선지자들의 사역은 불행하게도 대부분의 경우에 완악한 이스라엘 백성들을 책망하는 데에 소모되었다. 하지만 패역한 백성들은 오히려 그들을 적대시하며 살해하겠다는 협박까지도 불사했다.

¹⁰그들이 선견자들에게 이르기를 선견하지 말라. 선지자들에게 이르기를 우리에게 바른 것을 보이지 말라. 우리에게 부드러운 말을 하라. 거짓된 것을 보이라.
¹¹너희는 바른 길을 버리며 첩경에서 돌이키라. 이스라엘의 거룩하신 이를 우리 앞에서 떠나시게 하라 하는도다.(사 30:10~11)

여호와께서 아나돗 사람들에게 대하여 이와 같이 말씀하시되 그들이 네 생명을 빼앗으려고 찾아 이르기를 너는 여호와의 이름으로 예언하지 말라. 두렵건

대 우리 손에 죽을까 하노라 하도다.(렘 11:21)

따라서 선지자들이 이 사역을 충실하게 감당하려면 순교도 각오해야 했다(마 23:29~30,34,37 참조). 그러나 놀랍게도 학개가 오랜만에 등장하여 고작 한다는 말이 책망이었는데도 불구하고 그의 말을 들은 성도들은 이전 세대와는 달리 즉시 하나님의 말씀에 순종하게 되었던 것이다(학 1:14; 스 6:15; 9:9). 이 사실이야말로 하나님께서 그들을 참으로 사랑하신다는 증거가 아닐 수 없다(히 12:6f.). 하나님께서 그들을 포로 생활에서 풀려나게 하시고, 무엇보다도 그들에게 신실한 선지자 학개와 스가랴를 보내주시어 그들로 하여금 백성들을 경성하게 하여 주신 것이다. 이것 또한 하나님의 크신 사랑의 표시임에 틀림이 없다. 하나님께서는 백성들에게 선조들이 범한 죄를 되풀이하지 않도록 경고하시며 그들을 바른 길로 인도해주셨다("너희 조상들을 본받지 말라." 슥 1:4). 그리고 하나님의 말씀은 결코 실패하지 않고 반드시 성취된다는 사실을 그들에게 인식시켜 주셨다. 스가랴 1:6을 통하여 여호와의 사랑이 넘치는 심정을 토로한 말씀이 백성들에게 전해졌다. 이것은 여호와의 말씀은 어김없이 성취("어찌…… 임하지 아니하였느냐?")되었으므로 잘못을 자백하고 돌이킨 그들의 선조들처럼 그들도 올바른 자세를 취하라는 여호와의 간절한 호소였다.

그렇다면 학개 당시 귀환민의 이러한 불순종은 그 얼마나 두려운 사실인가! 그들은 차제에 하나님의 말씀에 대한 자신들의 자세를 재점검할 필요가 있었다. 하나님의 말씀을 순종하느냐 하지 않느냐 하는 문제는 사활적 문제이다. 이제 그들이 해야 할 일은 악한 길, 악한 행실에서 떠나 하나님께로 돌아오는 것밖에 없다. 옛 선지자들이 간곡하게 부르짖은 내용도 회개하라는 것이었다(슥 1:4 참조). 유다 왕국의 비참한 말로를 내다보면서 안타깝게 부르짖은 눈물의 선지자 예레미야와 바벨론의 포로민에게 하나님의 심정으로 간절하게 호소한 에스겔의 글에 그 사실이 잘 표현되었다.

> 그가 이르시기를 너희는 각자의 악한 길과 악행을 버리고 돌아오라. 그리하면 나 여호와가 너희와 너희 조상들에게 영원부터 영원까지 준 그 땅에 살리라.(렘 25:5. 역시 7:3; 26:13 참조)

> 주 여호와의 말씀이니라. 내가 어찌 악인이 죽는 것을 조금인들 기뻐하랴? 그가 돌이켜 그 길에서 떠나 사는 것을 어찌 기뻐하지 아니하겠느냐?(겔 18:23)

> [31]너희는 너희가 범한 모든 죄악을 버리고 마음과 영을 새롭게 할지어다. 이스라엘 족속아 너희가 어찌하여 죽고자 하느냐?
> [32]주 여호와의 말씀이니라. 죽을 자가 죽는 것도 내가 기뻐하지 아니하노니 너희는 스스로 돌이키고 살지니라.(겔 18:31~32)

> 주의 약속은 어떤 이들이 더디다고 생각하는 것 같이 더딘 것이 아니라 오직 주께서는 너희를 대하여 오래 참으사 아무도 멸망하지 아니하고 다 회개하기에 이르기를 원하시느니라.(벧후 3:9)

3) 여호와의 성전을 방치한 죄(학 1:4)

학개 당시의 유다 백성들은 여호와의 성전을 건축할 시기가 아직 이르지 아니했다고 말하며(학 1:2) 오히려 자기들의 집에만 관심을 쏟고 있었다(학 1:9). 그렇기 때문에 하나님께서는 그들을 책망하셨던 것이다.[143]

이 성전이 황폐하였거늘 너희가 이때에 판벽한 집에 거주하는 것이 옳으
냐?(학 1:4)

히브리어 원문을 보면 우선 의문사 '하'(hᵃ)를 강조하기 위하여 명사
'에트'('ēt. "때")와 연결시켰고[144] 역시 여격인 "너희를 위하여"가 주
격인 "너희가" 앞에 강조를 위하여 도치되었다(lākem 'attem. "for
you yourselves"). 무엇보다도 본문은 성전의 현재 상태와 그들이 살
고 있는 집의 모양을 비교함으로써 그들의 죄가 얼마나 큰가를 잘 보
여주고 있다. 완공되지 못한 성전을 방치한 채 자신들은 판벽한 집에
서 안주하고 있었던 것이다. 이 말씀을 읽을 때에 우리는 놀라지 않을
수 없다. 과연 그들은 신앙 양심의 가책도 없이 살 수 있었는지? 도대
체 성전을 완공할 시기는 언제라는 말인지? 무어(Moore)가 그들의 타
락한 모습을 아래와 같이 잘 드러냈다. 백성들은 하나님을 섬기는 일
에 냉담하여져 있었기 때문에 그 일을 자신들이 편리한 때로 좀 더
연기하고 싶은 마음이 있었다. 그들은 앞에 놓여 있는 어려움을 확대,
과장함으로써 탐욕과 불신앙에서 기인한 제안을 보강하려고 꾀했다.
그들에게 촉구된 일을 크게 존중한다는 구실 하에 하나님을 섬기는
데 대한 그들의 무관심을 베일(veil)로 가림으로 당분간 양심과 탐욕
간의 일종의 휴전상태를 성립시킬 수 있었다.[145] 랫취(Laetsch)에 의
하면 백성들은 새 성전의 외형적 영광이 바래고 호화로운 장식품들이
감손된 것을 슬퍼했는데, 이 슬픈 눈물은 백성들의 새 성전에 대한 기
대와 의욕을 좌절시켜 그들로 하여금 낙담하게 할 뿐이었다. 그래서
그들이 저항하는 모든 압력에 부딪쳤을 때에 결국 그것을 일을 전적으
로 중단하여도 된다는 좋은 구실로 쉽사리 삼게 되었다. 점차적으로

그들은 황폐한 가운데에서 예배드리는 데에 익숙하게 되어 기원전 535년부터 520년까지 15년간이나 하나님의 집을 재건하려는 의욕이 사라지고 말았다고 랫취는 말한다.[146] 매튜 헨리(M. Henry) 역시 백성들의 잘못된 자세에 대해 비판하며, 그들은 권력의 압박을 받게 되자 그 권력에 굴복했을 뿐만 아니라 적의 맹렬한 방해가 누그러진 후에도 성전 건축에 대해 다시 마음을 쓰려 하지 않고 그대로 방치했다고 말한다. 유대인들은 자기들의 의무에 대해 깨우침을 받기까지 이와 같이 계속 늑장을 부렸다고 헨리는 풀이한다.[147] 우선순위를 혼동한 그들은 참으로 선민답지 못했다. 백성들의 이러한 잘못을 바로 잡는 것이 학개의 급선무이었다. 따라서 여호와께서는 그들에게 자신들의 소행을 살펴서 회개하라고 촉구하셨던 것이다(1:5,7; 2:15,18 참조).

그러면 당시의 성전은 과연 어떤 상태에 놓여 있었는가? "황폐하였다"로 번역한 히브리어 '하레브'(ḥārēb)는 두 가지로 이해된다. 비평적 입장을 취하는 학자들은 이 단어를 "폐허하다"(REB, JB)로 이해하여 성전이 폐허된 상태에 놓여있었다고 주장한다. 이와 동일한 입장에서 한스 볼프(Wolff)는 갤링(Galling)의 의견을 따라 성전이 "황폐의 최종 단계"에 있었다고 보고 성전의 상태에 대한 추측을 장황하게 설명한다. 그러면서도 그는 "그러나 성전의 폐허가 아직 알아볼 정도이었음이 틀림없다. 그렇지 않았다면 2:3에서 그것을 이전의 성전과 비교한다는 것은 무의미했을 것이다"라고 부언한다.[148] 이와 달리 앤더슨(Anderson)은 '하레브'를 면밀히 검토한 후에 예레미야 33:10,12과 에스겔 36:35,38에서처럼 이 용어는 버려지고 방치된 상태("to be desolate")를 말하며 만일 사람들이 돌아와 작업을 하면 복구될 수 있는 상태라고 결론지었다. 학개의 불만은 성전이 존재하지 않는다는 것이 아니라 그것이 방치되었다는 데에 있었다. 학개서에서는 성전이 부분적으로 건축되었다는 풍부한 증거가 있다고 앤더슨은 말한다. 또한 그는 1:14의 '베베트'(bᵉbêt)를 "전 안에서"로 이해하여 백성들이 학개의 메시지에 순응하여 성전을 처음으로 건축하기 시작한 것이 아니라 "그들이 와서 만군의 여호와 그들의 하나님의 전 안에서" 공사를 한 것이라고 논한다.[149] 암슬러(Amsler)는 '하레브'가 성전의 폐허의 상태를 묘사하는 것이 아니라 그것이 쓸쓸하게 버려져 모두에게 잊혀지고 기억에서 지워진 장소를 가리킨다고 이해한다.[150] 반 후낵커(Van Hoonacker)도 예레미야 33:10,12를 근거하여 '하레브'가 15년이라는 긴 세월동안 완전히 방치된 결과를 나타낸다고 강조한다.[151]

일부 학자들이 '하레브'가 전적 폐허를 뜻한다고 주장하는 첫 번째 이유는 바벨론에서 귀환한 유다 백성들이 기원전 536년에 제2성전의 기초를 놓았다는 에스라서의 기록(스 3:8~13)이 신빙성이 없다고 생각하는 데에 있다. 그러나 이와 달리 해석하는 보수주의 학자들은 에스라서 기록의 역사성을 인정하기를 주저하지 않는다(역시 Driver, De Vaux, Ackroyd, Chary 등 참조). 둘째로, 부정적 입장에 의하면 제2성전의 기초가 학개 시대(기원전 520년)에 처음으로 놓였기 때문에 이전에 무너진 솔로몬 성전의 폐허더미가 학개가 예언을 시작할 때까지 그대로 남아 있었다고 한다. 이 주장도 학개 1:4의 본문과 2:3,9에 언급된 "이 성전"이라는 표현에 부합하지 못하다.

너희 가운데에 남아 있는 자 중에서 이 성전의 이전 영광을 본 자가 누구냐? 이제 이것이 너희에게 어떻게 보이느냐? 이것이 너희 눈에

보잘것없지 아니하냐?(학 2:3. 역시 "작은 일의 날이라고 멸시하는 자
가 누구냐? ……" 슥 4:10 참조)

이 구절들에서 말하는 "이 성전"은 당시에 건축하던 성전이 어느 정도
가시적인 건물이었음을 암시한다. 이 성전은 재건공사가 5,6년 동안 진
행된 상태로 현재까지 방치되었다. 헹스텐베르크(Hengstenberg)가 지
적한 바와 같이, 연로한 이들이 울었던 것은 지금 건축 중인 제2성전이
과거의 성전과 어느 정도 비교될 만한 정도의 형태를 갖추고 있었기 때
문이다.152) 그렇지 않았다면 이 성전이 그들의 눈에 보잘 것 없게 보였
을 리 없다. 그러므로 에스라 4:24의 "이에 예루살렘에서 하나님의 성전
역사가 그쳐서 바사 왕 다리오 제이년까지 중단되니라"라는 말씀은 학개
1장의 전부를 가리키는 것이며 이때에는 이미 제2성전의 골격이 세워져
있었다고 보아야 할 것이다. 바텐(Batten)도 에스라 3:10~13에서 노인
들이 울었다고 한 것은 단순히 제2성전의 기초뿐만 아닌 그 이상의 공사
가 꽤 진행되어서 제1성전과 비교할 수 있었기 때문이라고 시인한 바
있다. 바텐에 의하면 이 사실은 예전의 성전을 보았던 사람들이 새로운
성전을 보고 실망했다는 12절에서 추론된다. 만약 성전의 기초를 놓는
일 이외에 아무 것도 하지 않았다면 솔로몬 성전과의 비교는 불가능했을
것으로 생각된다. 따라서 학 2:3은 성전 공사가 훨씬 진척되었을 때에
발생한 일을 가리킨다고 보는 것이 더 적절할 것이라고 바텐은 주장한
다.153) 따라서 학개 당시의 성전이 공사가 중단된 채 방치된 상태에 놓
여있었다고 이해하는 것이 바람직하다. 성전을 이토록 방치해 놓고도 자
신들의 집에만 관심을 쏟는 백성들의 통탄스러운 자세를 바로 잡기 위
한 학개의 절규가 "이 성전이 황폐"했다는 말에 표현되었던 것이다.

[제2성전의 복원도]

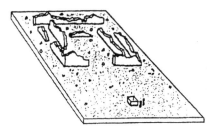

1 포로 생활에서 돌아온 사람들은 솔로몬 성전이 파괴된 지 50년 후 그곳에 제단을 재건하고 다시금 날마다 하나님을 경배하기 시작한다.(스 3:1-6)

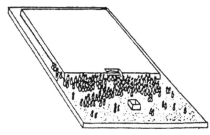

2 성전이 있던 장소는 말끔히 치워지고 새 성전을 세우기 위한 기초가 놓여졌다. 백성들은 노래하며 기뻐 찬송을 부른다.(스 3:7-13)

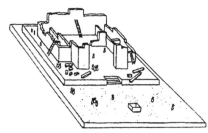

3 제2성전 공사가 계속되자 그 지역 거주자들은 포로 생활에서 돌아온 사람들이 공사를 계속 하지 못하게 방해한다.(스 4:1-5)

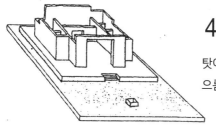

4 제2성전 재건 공사는 16년 동안 중단된다. 그 원인은 반대자들 탓이기도 하지만 그들의 무관심과 게으름 때문이기도 하다.(학 1:2-8)

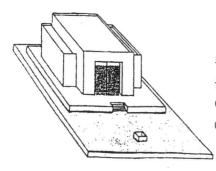

5 학개와 스가랴 선지자의 격려를 받아 성전 건축공사는 다시 계속된다. 그 지역의 관리들은 이 점에 대해 불평하지만 다리오 왕은 성전이 건축되어야 한다고 명령한다. 성전은 4년 후에 드디어 완공된다.(스 5:1-6:15)

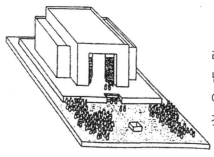

6 성전은 기쁨으로 봉헌되고 그 곳에서 정기적으로 예배를 드리기 시작한다. 이 성전은 거의 500년 동안 존속하였다. 솔로몬의 성전이나 헤롯의 성전보다 오래 존속한 것이다.(스 6:16-22)

사명을 망각한 당시 백성들은 여호와의 성전은 방치하여 놓고 자신들만 "판벽한 집"(sᵉpûnîm) 곧 널빤지로 벽을 잘 꾸민 집에서 살고 있었다고 성경은 우리에게 알려주고 있다. 이러한 그들의 집은 꾸며지지 않은 성전의 벽과 대조를 이룬다. 히브리어의 '세푸님'(sᵉpûnîm)은 "판벽한 집"보다는 "지붕을 덮은 집"으로 이해할 수도 있다(LXX, T, KJV, REB, Wolff, Joüon, Bright, Anderson). 크레이그(Craig)는 '세푸님'을 "완공된"154)이라고 번역하여 이 용어가 지붕이 없을 뿐만 아니라 완공되지 못한 성전과 완공된 백성들의 집과의 대조를 잘 드러낸다고 지적한다. 그렇다면 당시의 교인들은 하나님의 집은 지붕이 없어서 눈이 쌓이고 빗물이 안에 고여도 자신들의 집만 피해가 없으면 된다는 생각을 갖고 있었다고 이해할 수밖에 없다. 일반신도들 뿐만 아니라 정치 지도자, 종교 지도자 그리고 가문의 어른들 중의 그 어느 누구도 "우리의 잘못을 회개하고 초심으로 돌아가야 합니다!"라고 외친 자가 없었다니 참으로 한탄스럽기 그지없다. 그들은 이렇게 선조들의 잘못을 재연하고 있었던 것이다.

> 내 백성이 끝끝내 내게서 물러가나니
> 비록 그들을 불러
> 위에 계신 이에게로 돌아오라 할지라도
> 일어나는 자가 하나도 없도다.(호 11:7)

이전에 바벨론 왕 느부갓네살이 탈취해간 고귀한 성전 기명들을 고레스 왕이 흔쾌히 돌려보내 주었음에도 불구하고(스 1:9-11), 그것들을 그들은 어떻게 보관하였는지? 하나님께 예배드릴 때에 사용할 헌물들은 어디에 보관되었는지? 니시 미쭈루(西滿)가 지적한 바와 같이 에스라 3:7에 기록된 레바논의 목재들은 어찌되었는지? 그리고 그것들이 오랜 기간 그대로

산적해 있었는지 아니면 달리 전용되었는지?[155] 여하간, 그들이 몇 년간 재건작업을 했다고 하더라도 근 십 년이라는 긴 세월 동안 성전은 방치되어 있었다. 그래서 거기에는 이사야가 묘사한 것과 같이 들짐승들이 엎드리고 부르짖는 짐승이 가득하며 타조가 깃들이며 산양이 뛰놀고 승냥이가 부르 짖고(사 13:21~22), 가시나무가 나며 엉겅퀴와 새품이 자라서 승냥이의 굴과 타조의 처소가 되니 들짐승이 이리와 만나며 숫염소가 그 동류를 부르 며 올빼미가 쉬는 장소(사 34:13~15)로 전락하지나 않았는지를 생각하면 할 말을 잃게 된다. 그러나 학개 당시의 성도들이 취한 이러한 자세를 보면 서 그들을 나무라기 이전에 행여나 이것이 우리의 모습이 아닌지 자성하는 것이 옳다.

4) 불행이 닥친 원인과 목적(학 1:9~11; 2:17)

[9]너희가 많은 것을 바랐으나 도리어 적었고 너희가 그것을 집으로 가져 갔으 나 내가 불어 버렸느니라. 나 만군의 여호와가 말하노라.
10......
[11]내가 이 땅과 산과 곡물과 새 포도주와 기름과 땅의 모든 소산과 사람과 가축과 손으로 수고하는 모든 일에 한재를 들게 하였느니라.(학 1:9~11. 개 역성경, 일본신개역)

만군의 여호와가 말하노라. 내가 너희 손으로 지은 모든 일에 곡식을 마르게 하는 재앙과 깜부기 재앙과 우박으로 쳤으나 너희가 내게로 돌이키지 아니하 였느니라.(학 2:17)

제2성전의 재건 임무를 등한시하고 자신들의 일에만 열중하는 백성들에게 여호와께서는 과거 10여 년간의 비참한 생활을 더듬어보고 회개할 수 있는 귀한 기회를 주셨다. 아무리 감사와 감격스러운 마음으로 사역을 시작했다고 할지라도 그들로서는 당시의 정치적 · 환경적 어려움을 견디기가 그리 쉽지 않았을 것이라고 생각한다. 그러나 그들은 "판벽한 집"에 살고 있으면서도 계속 자신들의 부를 축적하는 데에만 도취되어 있었다. 따라서 성전의 완공 작업이 지연된 것은 외부적 방해나 환경적 어려움보다는 오히려 그들의 무관심과 이기주의에 그 원인이 있었던 것으로 볼 수 있다.

그런데 놀라운 것은 그들이 자신들의 이익을 추구하면 할수록 그와는 정반대 현상이 나타났다는 것이다(학 1:6). 그들이 아무리 애쓰고 수고하여도 기대한 만큼의 수익이 없었다(학 1:9; 2:16). 손으로 수고하는 모든 일에 손해와 피해가 있을 뿐이요 잘되는 일은 하나도 없었다(학 1:11; 2:17). 뿐만 아니라 심지어는 농민에게는 사활이 걸린 종자까지 잃게 되는 위기에 처하게 되었다.

> 곡식 종자가 아직도 창고에 있느냐? 포도나무, 무화과나무, 석류나무, 감람나무에 열매가 맺지 못하였었느니라……(학 2:19)

그러면 그들은 왜 이토록 불행하게 되었는가? 여호와께서는 학개를 통하여 그 원인을 그들에게 분명하게 말씀하여 주셨다.

> 9…… 이것이 무슨 까닭이냐? 내 집은 황폐하였으되 너희는 각각 자기의 집을 짓기 위하여 빨랐음이니라.
> 10 그러므로 너희로 말미암아 하늘은 이슬을 그쳤고 땅은 산물을 그쳤으며(학 1:9f.,10)

이러한 불행이 그들에게 닥친 것이 한두 번도 아니었는데 어찌하여 그들은 깨달음이 없었는가? 그것은 무엇보다도 그들이 하나님의 말씀에 대해 무관심하고 무지했기 때문이다. 일찍이 모세는 이스라엘 백성에게 만일 그들이 하나님의 말씀을 순종하지 않는다면 이와 같은 불행이 닥칠 것이라고 분명하게 경고한 바 있다(레 26:14f. 역시 신 28:15f. 참조).

[14]그러나 너희가 내게 청종하지 아니하여 이 모든 명령을 준행하지 아니하며 [15]내 규례를 멸시하며 마음에 내 법도를 싫어하여 내 모든 계명을 준행하지 아니하며 내 언약을 배반할진대 [16]내가 이같이 너희에게 행하리니 곧 내가 너희에게 놀라운 재앙을 내려…… 너희가 파종한 것은 헛되리니 너희의 대적이 그것을 먹을 것임이며 [19]…… 너희의 하늘을 철과 같게 하며 너희 땅을 놋과 같게 하리니 [20]너희의 수고가 헛될지라. 땅은 그 산물을 내지 아니하고 땅의 나무는 그 열매를 맺지 아니하리라.(레 26:14~16b,19b,20. 역시 신 11:16~17; 28:15f.; 미 6:9~16 참조)

더욱이 그들이 이러한 재해를 피하지 못한 것은 그 재해가 하나님께로부터 임했기 때문이라고 학개는 밝히고 있다.

[6]너희가 많이 뿌릴지라도 수확이 적으며 먹을지라도 배부르지 못하며 마실지라도 흡족하지 못하며 입어도 따뜻하지 못하며 일꾼이 삯을 받아도 그것을 구멍 뚫어진 전대에 넣음이 되느니라. [9]너희가 많은 것을 바랐으나 도리어 적었고 너희가 그것을 집으로 가져 갔으나 내가 불어 버렸느니라.……(학 1:6,9a)

다시 말해서 하나님께서 수확을 직접 흩어 날려 보내셨다는 것이다.

내가 한재를 불러 이 땅에, 산에, 곡물에, 새 포도주에, 기름에, 땅의 모든 소산
에, 사람에게, 육축에게, 손으로 수고하는 모든 일에 임하게 했느니라.(학 1:11.
개역성경, 일본신개역, KJV)

11절 한 절에 "~에, ~에게"('el-)라는 전치사가 무려 9회(!)나 나타
난다(렘 7:20에는 'el-이 1회, 'al-이 4회 나타난다). 학개를 통하여 경
고하신 이 말씀은 이미 미가(미 6:13~15)와 아모스(암 4:6~11)가 사
역한 그 시대의 타락한 백성들에게도 여러 번 선포된 바 있다. 다윗은
3년 동안 기근이 계속되자 모세를 통해 주신 이 말씀을 기억하고 이
징계에 대한 원인을 알기 위해 여호와께 간구했다. 그 기근의 원인은
전에 여호수아가 기브온 사람들과 화친하여 그들을 살리리라고 그들
과 맺은 조약(수 9:15)을 사울이 깬 데에 기인한 것이었다. 사울은 이
방인 추방정책의 일환으로 그 조약을 깨고 그들의 일부를 죽였다. 따
라서 다윗은 기브온 사람들의 요구에 따라 사울의 자손 일곱을 그들
에게 내어주어 속죄함으로 기근 문제가 해결 되었다(삼하 21:1~9.
역시 대하 6:26~31의 솔로몬의 기도 참조). 하나님의 말씀에 대한
무지로 인해 이와 같은 불행이 닥치지 않도록 우리도 유의해야 할 것
이다.

한 가지 더 간과하면 안 될 중요한 사실은 하나님께서 그 당시의 성도
들에게 재해를 가하신 목적이 어디에 있었는가 하는 점이다. 그것은 다름
이 아닌 그들로 하여금 회개하도록 하는 데에 있었다(학 2:17). "너희가
내게로 돌이키지 아니하였느니라"('ên 'etkem 'êlay)라는 표현에서 두
단어로 된 '엔 에트켐'('ên 'etkem)을 사용하고 그와 동일한 의미의 한
단어인 '에네켐'('ên°kem)을 사용하지 않은 것은, 전자에 의해 "너희, 너
희 자신"이라고 강조하기 위함이라고 세이돈(Saydon)은 설명한다.156)

학개 시대의 성도들은 아들 솔로몬에게 성전 건축에 대해 간곡히 당부한 다윗 왕의 말을 기억했어야 했다. 그러나 그들은 정반대로 자기중심적 존재들로 추락한 것이다.

> ⁹내 아들 솔로몬아, 너는 네 아버지의 하나님을 알고 온전한 마음과 기쁜 뜻으로 섬길지어다. 여호와께서는 모든 마음을 감찰하사 모든 의도를 아시나니……
> ¹⁰그런즉 이제 너는 삼갈지어다. 여호와께서 너를 택하여 성전의 건물을 건축하게 하셨으니 힘써 행할지니라 하니라.(대상 28:9~10)

아모스서에서도 여호와께서 다섯 번이나 "너희가 내게로 돌아오지 아니하였느니라"(암 4:6,8~11)라고 말씀하시며 백성들의 회개를 촉구하셨다.

> ⁶또 내가 너희 모든 성읍에서
> 너희 이를 깨끗하게 하며
> 너희의 각 처소에서
> 양식이 떨어지게 하였으나
> 너희가 내게로 돌아오지 아니하였느니라.
> 여호와의 말씀이니라.
> ⁹내가 곡식을 마르게 하는 재앙과
> 깜부기 재앙으로 너희를 쳤으며
> 팥중이로 너희의 많은 동산과 포도원과
> 무화과나무와 감람나무를 다 먹게 하였으나
> 너희가 내게로 돌아오지 아니하였느니라.
> 여호와의 말씀이니라.(특히 암 4:6,9)

학개 2:17에서는 "내게로 돌아오라"(shûbû 'ēlay)라고 하시며 백성들이 회개하기를 촉구하시는 여호와의 간절한 심정이 발견된다(호 14:1[2]; 욜 2:12~14 참조). 해밀턴(Hamilton)은 회개를 다음과 같이 정의한다. 하나님께서 "~에로, ~으로부터 떠나" 돌아서라고 인간에게 요구하신다는 사실은, 죄가 근절될 수없는 인간을 단죄하는 것이 아니라 하나님께 돌아옴으로써, 즉 하나님이 주신 능력을 통해 죄인이 자기 운명의 방향을 전환할 수 있음을 의미한다. 또한 회개에는 두 가지 측면이 있다. 즉, 자유로우신 주권적 사랑에 근거한 하나님의 사역하심과, 인간의 통회하는 마음과 애통함을 초월하여 하나님께로 돌아서는 의지에 의한 결단이 있다. 후자에서는 모든 죄에 대한 거부와 자신의 인생에 대한 하나님의 전적인 뜻에 대한 긍정이 포함된다고 해밀턴은 강조한다.157)

학개의 말을 여호와의 말씀으로 받아들여 성전의 완공 작업에 착수(학 1:12~15)한 백성들을 향하여 여호와께서는 3개월 후인 9월 24일에 "그러나 오늘부터는 내가 너희에게 복을 주리라"(학 2:19하)라고 약속하셨다. 레위기 26장의 후반부와 신명기 28장의 후반부에 기록된 경고의 말씀도 각각 그 전반부에 있는 축복의 말씀의 진의에 근거하여 이해해야 하는 것과 마찬가지로, 학개서의 경고의 말씀도 하나님 아버지의 무한하신 사랑과 긍휼에 근거하여 이해되지 않으면 안 된다. 하나님의 말씀은 과연 살아있고 운동력이 있어서 당시의 백성들을 회개시켜 그들로 하여금 하나님께서 맡기신 사명을 완수하게 한 것이다(히 4:12~13 참조).

학개의 간절한 호소에서 우리는 아모스가 두 번이나 여호와께 드린 대도를 연상하게 된다. 자신보다 앞서 사역한 신실한 사역자들처럼 학개도 대도의 정신을 가슴에 품었을 것이다. 이렇게 하나님의 간절한 마음을 자신의 마음에 품고 전하는 사역자만이 하나님의 참된 대언자라고 말할

수 있을 것이다. 그러한 대언자의 메시지에는 사람을 감동시키는 감화력
이 있고 그의 기도에는 위로부터의 응답이 있는 것은 놀라운 일이 아니다.

[36]…… 선지자 엘리야가 나아가서 말하되 아브라함과 이삭과 이스라엘의
하나님 여호와여 주께서 이스라엘 중에서 하나님이신 것과 내가 주의 종인
것과 내가 주의 말씀대로 이 모든 일을 행하는 것을 오늘 알게 하옵소서.
[37]여호와여 내게 응답하옵소서. 내게 응답하옵소서. 이 백성에게 주 여호와
는 하나님이신 것과 주는 그들의 마음을 되 돌이키심을 알게 하옵소서 하매
[38]이에 여호와의 불이 내려서 번제물과 나무와 돌과 흙을 태우고 또 도랑의
물을 핥은지라.(왕상 18:36~38)

[2]메뚜기가 땅의 풀을 다 먹은지라. 내가 이르되 주 여호와여 청하건대 사하소
서(s^{e}lah-nâ). 야곱이 미약하오니 어떻게 서리이까? 하매
[3]여호와께서 이에 대하여 뜻을 돌이키셨으므로
이것이 이루어지지 아니하리라. 여호와께서 말씀하셨느니라.(암 7:2~3)

[4]…… 주 여호와께서 명하여 불로 징벌하게 하시니 불이 큰 바다를 삼키고 육
지까지 먹으려 하는지라.
[5]이에 내가 이르되 주 여호와여 청하건대 그치소서(ḥ^{a}dal-nâ). 야곱이 미약하
오니 어떻게 서리이까? 하매
[6]주 여호와께서 이에 대하여 뜻을 돌이켜 주 여호와께서 이르시되 이것도 이
루지 아니하리라 하시니라.(암 7:4~6. 역시 시 106:23; 겔 9:8; 11:13 참조)

5) 핵심적 메시지: 성전을 완공하라(학 1:8)

너희는 산에 올라가서 나무를 가져다가 성전을 건축하라. 그리하면 내가 그것

으로 말미암아 기뻐하고 또 영광을 얻으리라. 여호와가 말하였느니라.(학 1:8)

지금까지 학개는 그의 첫째 메시지를 통해 백성들이 사명을 망각하고 성전을 미완성 상태로 방치하여 둔 채 자신들의 일에만 열중한 죄를 책망했다. 학개는 백성들이 불행하게 된 것도 이러한 죄 때문이었다는 사실을 알려주며 자신들의 실상을 심각하게 살펴보도록 촉구했다. 무엇보다도 그들에게 이러한 불행이 닥친 것은 여호와께서 그들로 하여금 회개하도록 하시기 위한 것이었다는 사실도 전해 주었다(학 1:2~6, 9~11; 2:16 ~17). 이제 그들에게 빠짐없이 들려주어야 할 것은 성전 건축을 완성하라는 핵심적 메시지이다. 학개 1:8의 말씀이 학개서의 주제요 학개가 전한 메시지의 핵심이라는 사실에는 반론의 여지가 없다. 알덴(Alden)은 본문의 말씀이 본서의 주제를 형성하며, 다른 모든 것은 이 명령에 부속된다고 단언한다.[158] 브라이트(Bright)도 본문이야말로 이스라엘의 전(全)역사를 통해서 선포된 말씀 중에서 가장 중요한 말씀 중의 하나이며 꼭 필요한 말씀이라고까지 역설한다.[159]

히브리어 본문의 상반절은 세 개의 짧은 운율(2/2/2)의 명령형으로 되어 있다. 따라서 학개가 백성들과 지도자들에게 다음과 같이 외쳤을 것으로 생각된다.

산으로 올라가라! 나무를 가져오라! 성전을 건축하라!(1:8a)
你要上山 取木料 建造這殿. -中國上帝版.

학개는 그들이 비록 어려운 환경에 처하여 있다 할지라도 급선무는 성전을 완공하는 것이라고 명백하게 일러주었다. 포로에서 귀환한 목적 역시 성전을 건축하는 데에 있었음에도 불구하고 백성들은 사명을 등한시하고 있었는데 그 결과 그들이 하는 모든 일이 하나도 제대로 되는 것이 없었다. 그러므로 염려하는 제자들에게 예수께서 하신 말씀은 예나 지금이나 진리이다.

> 그런즉 너희는 먼저 그의 나라와 그의 의를 구하라. 그리하면 이 모든 것을 너희에게 더하시리라.(마 6:33)

여기에서 어찌하여 학개가 그 어느 선지자들보다도 성전 건축을 그토록 강조했는지 그 이유를 올바로 이해하는 것이 중요하다. 브라이트(Bright)는 성전이 학개에게 있어서 신학적으로 중요한 의미를 지니고 있다는 사실을 알아야 한다고 말한다. 학개는 성전을 단지 사람들이 모여서 평안하게 예배드리는 하나의 좋은 예배처소나 집회장소로 여기지 않았다. 학개는 성전을 천상의 왕의 지상 궁전이요 또한 지상에 계신 왕이신 하나님의 통치의 왕좌로 여겼다고 브라이트는 주목한다.160) 박윤선(朴允善)은 학개가 성전 건축을 강도 높게 권유한 이유를 다음과 같이 설명한다. 당시의 이스라엘의 종교 운동은 외부적 시설인 성전을 중요시했다. 따라서 무엇보다도 먼저 성전 건축에 치중하는 것이 그들이 여호와를 섬기는 정성의 발로이다.161) 역시 김희보(金熙寶)는 그의 학개서 주해의 머리말에서 성전의 중요성에 대해 진술하면서, 학개서의 주제가 되는 성전 건축에 있어서는 육신의 눈으로 볼 수 있는 건물이 중요한 것이 아니었다고 말한다. 그것은 다만 나타나실 영광의 주, 그리스도를 맞이할 준비로서 특별한 의미를 지녔다는 것이다.162) 아이버스(Eybers)도 성전 재건은 메시아 시대의 도래를 위해 불가결(*sine qua non*)하다고 다음과 같이 주장한다. 하늘의 하나님의 초월성과 보편성의 확실한 실현을 위해서 하나님 자신이 **그들과 함께 계시는 이스라엘의 하나님**이 되시기를 원하신다는 사실을 바벨론 유수 이후의 선지자들은 종종 강조해야만 했다. 그분은 어느 특정한 장소에 거하시는 분이 아니시지만 언젠가는 말구유에 누우시기 위해 다시 한 번 집 안에 거하실 필요가 있으셨다![163]

성전은 여호와 하나님께서 거하시는 거룩한 곳이요, 구속의 위대한 계획을 계시하시는 장소요, 인간과 교통하시면서 경배를 받으시는 처소이다. 그래서 구약시대의 성도들에게는 하나님 중심의 생활, 말씀 중심의 생활 그리고 교회 중심의 생활을 함에 있어서 특히 성전을 중심으로 하는 생활이 지배적이었다. 그들은 성전에서 모세의 율법대로 하나님께 예배를 드리고 희생 제물과 예물을 바침으로써 하나님을 경외하며 그의 말씀에 대한 순종과 언약 백성의 성실한 의무를 감당하고 있음을 나타냈다. 그들은 성전을 사랑하고 사모하며 성전을 중심으로 살았다.

> 여호와여 내가 주께서 계신 집과
> 주의 영광이 머무는 곳을 사랑하오니.(시 26:8)

> 내가 여호와께 바라는 한 가지 일
> 그것을 구하리니
> 곧 내가 내 생전에 여호와의 집에 살면서
> 여호와의 아름다움을 바라보며
> 그의 성전에서 사모하는 그것이라.(시 27:4)

> 주께서 택하시고 가까이 오게 하사
> 주의 뜰에 살게 하신 사람은
> 복이 있나이다.
> 우리가 주의 집

곧 주의 성전의 아름다움으로
만족하리이다.(시 65:4)

[1]만군의 여호와여
주의 장막이 어찌 그리 사랑스러운지요.
[2]내 영혼이 여호와의 궁정을
사모하여 쇠약함이여
내 마음과 육체가
살아 계시는 하나님께 부르짖나이다.
[3]나의 왕, 나의 하나님, 만군의 여호와여
주의 제단에서 참새도 제 집을 얻고
제비도 새끼 둘 보금자리를 얻었나이다.
[4]주의 집에 사는 자들은 복이 있나니
그들이 항상 주를 찬송하리이다(셀라).(시 84:1~4)

구약시대의 백성들에게 있어서 이 성전의 중요성을 바로 인식하는 것은 필수사항이라고 말할 수 있다. 여호와께서 이스라엘을 출애굽 시킨 이후 "장막과 성막"에 거하시며 그들에게 백향목 집을 건축해 달라고 요구하지 않으셨다고 성경은 밝힌다(삼하 7:6~7). 이 말씀은 선민에게 있어서 성막이나 성전은 이교의 신전과는 전혀 다르다는 사실을 시사한다. 이방의 신전은 그들이 만든 우상들을 두기 위해 불가결했다. 그러나 이스라엘의 하나님의 성막은 선민의 제한성과 구속의 필요성 때문에 마련된 것이다. 그 성소에는 여호와께서 자기 백성들에게 찾아 오셔서 그들의 죄를 사하시며 은혜를 베푸시는 속죄소 곧 시은소가 있었다. 족장 시대에는 백성들이 여호와께서 나타나신 곳인 모레 평원(창 12:6f.), 모리아 산(창 22:2f.), 브엘세바(창 26:23f.), 벧엘(창 35:1f.) 등에서 제단을 쌓아 예배를 드렸다. 그 후에 이스라엘 백성들은 오랜 광야 생활을 하는 동안 성막 중심의 생활을 했다.

사무엘이 지도하던 시대에 이스라엘 백성들은 아벡에서 블레셋과의 전쟁 도중에 언약궤를 적에게 빼앗기는 사건이 발생했다(삼상 4:1~7:2). 이로 인해 언약궤는 적지에 7개월 간 머무른 다음 레위 지파의 도시(수 21:16) 벧세메스(삼상 6:19~20)를 거쳐서 기럇여아림에 70년 이상 머물러 있었다. 여호와께서 시온 산을 선택하시자 다윗은 그 곳으로 언약궤를 모셔왔다(시 132:13~14). 성전은 드디어 그의 아들 솔로몬에 의해 웅장하게 건축되었으나 그 이후 불행하게도 선민들이 타락하여 외형적 제사의식에만 치우칠 뿐이요 하나님의 말씀은 순종하지 않으면서도 그들은 성전은 결코 파괴되지 않으며, 또한 성전이 그들에게 있는 한 나라도 무사태평할 것이라는 맹신주의자로 전락했다. 그러자 하나님께서 그들에게 진노하셔서 성전은 원수들에 의해 파괴되고 언약궤도 불에 타버리고 말았다. 나라 역시 망했고 유다 백성들은 바벨론의 포로가 되었다. 그러나 그들을 불쌍히 여기신 여호와께서는 그곳에서도 그들과 함께 계실 것이라고 말씀하셨다(겔 11:16). 아니, 그들을 그곳에 그대로 내버려두지 않고 약속의 땅으로 인도하여 내셔서 그들과 함께 거하실 것이라고 약속해 주셨다(겔 37:12,21,26~28).

학개의 동역자인 스가랴를 통해서는 여호와께서 다시 예루살렘을 택하시겠다는 확언(슥 2:12)을 하심으로써 그들에게 새로운 소망을 불러일으키셨다. 결국 이 성전은 종말론적인 의미에서 "싹"으로 표현된 분 곧 왕이신 동시에 제사장이신 예수 그리스도에 의해 완성될 것이라고 여호와께서 밝히셨다.

¹²······ 만군의 여호와께서 이같이 말씀하시되 보라 싹이라 이름하는 사람이 자기 곳에서 돋아나서 여호와의 전을 건축하리라.
¹³그가 여호와의 전을 건축하고 영광도 얻고 그 자리에 앉아서 다스릴 것이요 또 제사장이 자기 자리에 있으리니 이 둘 사이에 평화의 의논이 있으리라 ······.(슥 6:12~13)

역시 말라기서에서 이 사실이 좀 더 구체적으로 언급된다.

> 만군의 여호와가 이르노라.
> 보라 내가 내 사자를 보내리니
> 그가 내 앞에서 길을 준비할 것이요
> 또 너희가 구하는 바 주가
> 갑자기 그의 성전에 임하시리니
> 곧 너희가 사모하는바 언약의 사자가
> 임하실 것이라.(말 3:1)

후에 예수께서 제자들에게 친히 자신의 몸이 이 성전이라고 말씀하시고 십자가에서 죽으시고 부활하실 것이라고 가르쳐주심으로써 이 성전의 진정한 의미를 깨닫게 하여 주셨다(요 2:19,21). 그리하여 신약시대에 이르러서는 산 돌이신 그리스도(벧전 2:4~5)께서 성령이 거하시는 성전인 성도들(고전 6:19)로 이루어진 건축물의 모퉁이 돌(엡 2:20~22)이 되어 주시는 것이다. 선지자 학개 시대의 성전은 다름 아닌 예수 그리스도의 피 값으로 사실 교회의 예표이므로 그 중요성은 아무리 강조해도 지나치다고 할 수 없다.

학개 1:8로 돌아가서, 본문의 하반절 "그리하면 내가 그로 인하여 기뻐하고 또 영광을 얻으리라"라는 말씀을 살펴보면, 학개가 권하는 말에 백성들이 순종하지 않으면 안 될 이유가 밝혀져 있음을 알게 된다. 그것은 곧 그들이 이 말씀에 순종하는 것이 여호와께 기쁨과 영광이 되기 때문이라는 것이다. 이 부분을 역본들은 "그리하면 내가…… 얻으리라"(KJV, JB, 일본역본들)와 "내가…… 얻기 위하여"(NASB, 개역표준역)라는 두 가지로 옮기고 있다. 한스 볼프(Wolff)에 의하면, "기뻐하다"라는 말은 제사장이 제물의 적합성을 인정할 때에 쓰이는 말이지만, 본문에서는 성전 완성을 미래에 "기쁘게 받아들임"을 뜻한다.164) "그것으로 인하여"는 그들이 하는 "건축 작업으로 인하여"이라기보다는 "성전으로 인하여"라는 뜻으로 이해하는 것이 옳을 것이다.

제2성전의 완공은 여호와의 영광과 직결된다. 그렇기 때문에 그들이 지금까지 한 모든 일은 여호와를 기쁘시게 하여 드리지 못했을 뿐 아니라 오히려 그의 영광을 가린 셈이 되었다. 지금까지 그들은 교회의 주인 되신 여호와의 영광(슥 6:13)보다는 교회의 외형적 영광에 더 관심이 있었다(학 2:3,9. 역시 마 24:1~2 참조). 그들이 사명을 등한시한 중요한 원인은 자신들이 재건하고 있는 성전에 대해 무지한 데에 있었다. 랫취(Laetsch)는 백성들의 어두운 영안에 대해 적절하게 지적했다. 여호와의 임재하심과 그가 베푸시는 은혜와 복을 옛 성전에서와 같이 새로 지을 성전에서도 누릴 수 있다는 것과, 또한 여호와께서는 그가 계시는 곳보다 더 위대하신 분이시라는 사실을 그들은 완전히 망각하고 있었다.165) 역시 무어(Moore)는 이 성전의 중요성에 대해 이렇게 진술한다. 학개의 특별 사역은 성전 재건을 독려하는 일이었다. 이 사역이 중요한 것은 성전은 신정국의 좌소였고, 신정국가는 위대한 구속 사역을 나타내는 형태였기 때문이다. 그에 의하면 성전을 세워 성전 예배의 재건을 준비하는 것은 회복기 교회의 커다란 사명이었다. 따라서 학개는 그 성전의 외형이 아무리 초라하여 보여도 구속의 위대한 목적상 재건사역은 없어서는 안 되는 연결부로서 그 사역이 참으로 위대하고 중요하다는 것을 그들에게 알려주었다. 그것은 지상에서 일어나는 모든 격변의 와중에서 신정국가의 백성들의 안전을 보장해주었다고 무어는 진술한다.166)

그 당시의 백성들의 잘못된 사고방식은 교정되어야 할 필요가 있었다. 따라서 학개 1:8에는 상반부의 말씀에서 뿐만 아니라 하반부의 말씀에서도 의미심장한 내용이 담겨 있다. 이 적절한 말씀에 대해 역시 무어(Moore)는 아래와 같이 진술한다. 선지자 학개는 이렇게 해서 순종의 의무와, 그것에 대한 동기로서 순종의 결과가 어떤 것인지를 전한다. 즉, 여호와께서 그것을 기뻐하시고 그의 크신 이름이 영광을 얻게 되리라는 것이다. 이것이야말로 백성들의 경건한 심령을 격려하고 자극을 줄 수 있는 최고의 동기이라고 무어는 이해한다.167) 당시의 지도자들과 성도들은 믿음이 연약했기 때문에 얼마 동안 잘못을 저질렀다. 그러나 여호와께서 학개를 통하여 주신 이 핵심적 말씀을 듣자 그들은 즉시 잘못을 뉘우치고 제2성전의 완공 작업에 착수한 것이다.

학개에게 있어서 중추적 논점은 이사야나 에스겔과 마찬가지로 여호와의 영광이 나타나는 것이었다. 학개의 목회 방침을 따른 당시의 성도들의 궁극적 목적 역시 여호와께 영광을 돌리는 것이어야 했다. 오늘날도 우리가 하나님의 나라 확장을 우선순위로 삼아 사명을 완수한다면 주님께서는 그로 인하여 기뻐하시고 또 영광을 받으실 것이라고 우리에게 말씀하고 계신다. 성군 다윗은 여호와께서 참으로 기뻐하시는 것은, 기쁨으로 말씀에 순종하여 여호와의 마음을 행동에 옮기는 것이라고 시편 40:6~8에 기록하고 있다.168) 히브리어의 원문을 보면 이 구절들에서 목적어를 동사 앞에 도치시키고 술어가 없는 명사 문장을 사용함으로 그 내용을 강조하여 표현하고 있음을 알 수 있다. 이러한 특징은 동양의 번역본들 보다는 서구의 번역본들에 적절하게 나타난다.[169]

> [6]주께서 내 귀를 통하여 내게 들려주시기를 제사와 예물을 기뻐하지 아니하시며 번제와 속죄제를 요구하지 아니하신다 하신지라.
>
> [7]그 때에 내가 말하기를 내가 왔나이다. 나를 가리켜 기록한 것이 두루마리 책에 있나이다.
>
> [8]나의 하나님이여 내가 주의 뜻 행하기를 즐기오니 주의 법이 나의 심중에 있나이다 하였나이다.(시 40:6~8)

제8강
선지자 학개의 둘째 메시지

1) 위로와 소망의 말씀(학 2:4~5)

[4]그러나 여호와가 이르노라. 스룹바벨아 스스로 굳세게 할지어다. 여호사닥의 아들 대제사장 여호수아야 스스로 굳세게 할지어다. 여호와의 말이니라. 이 땅 모든 백성아 스스로 굳세게 하여 일할지어다. 내가 너희와 함께하노라. 만군의 여호와의 말이니라.
[5]너희가 애굽에서 나올 때에 내가 너희와 언약한 말과 나의 영이 계속하여 너희 가운데에 머물러 있나니 너희는 두려워하지 말지어다.(학 2:4~5)

첫째 메시지에서 학개는 교회의 지도자들과 신도들의 죄를 책망하며, 회개하고 맡은 바 사명을 완수하라고 촉구했다. 그들은 성령의 감동을 받아 그 말씀에 순종하고 23일이 지난 6월 24일(학 1:1,15)에 중단된 제2성전 건축 사역에 총력을 기울이기 시작했다. 그러나 그들은 또다시 어려움에 봉착했는데 이번에는 교회가 안팎으로 시련을 겪게 된 것이다. 내부적 시련은 솔로몬 성전의 찬란함을 목격한 나이든 분들이 현재 건축 중에 있는 제2성전을 보잘것없게 여겨 멸시하기에 이른 데에서 온 것이다. 성전을 지으라는 소명을 받고 특별히 선택되어 귀환한 그들이 여호와의 성전에 대해 이러한 태도를 취한다는 것은 도저히 납득이 가지 않는다.

> 너희 가운데에 남아 있는 자 중에서 이 성전의 이전 영광을 본 자가 누구냐?
> 이제 이것이 너희에게 어떻게 보이느냐? 이것이 너희 눈에 보잘것없지 아니하
> 냐?(학 2:3)

매튜 헨리(M. Henry)는 이전 시대의 공적과 성과를 지나치게 추켜세
운 나머지 현재의 봉사에 실망감을 갖는다는 것은 때때로 나이 먹은 사람
들이 자주 범하게 되는 실책이라고 말한다. "옛날이 오늘보다 나은 것이
어찜이냐 하지 말라. 이렇게 묻는 것은 지혜가 아니니라"(전 7:10)라고
기록된 바가 있는데 이 말씀은 결코 틀린 것이 아니라고 그는 지적한
다.[170] 그들은 완공하려는 성전의 모습을 보잘것없다고 여겨 멸시하기
에 이르렀다.[171] 학개 2:3a에서 "본다"(rā'â)라는 동사의 목적어가 성전
이므로 이 동사는 단순히 사물을 시각적으로 보는 차원을 넘은 의미심장
한 관찰임을 시사한다. 창세기 3:6에서 하와가 금단의 열매를 볼 때에
이 동사 '라아'(rā'â)가 최초로 인간에게 사용되었는데, 라쉬(Rashi)는
이 동사를 "이해되었다, (뱀에게) 설득되었다"라는 의미로 풀이한다.[172]
클라인(Kline)은 하와가 의지적으로 하나님의 금령을 경시하고 사탄의
말을 중시한 것은 최초의 불신앙적 태도로서 그녀가 사탄의 신학에 동조
한 것이라고 옳게 지적했다.[173] 카쑤토(Cassuto)는 창세기 30:1,9에 등
장하는 라헬이 자기가 야곱에게서 아들을 낳지 못함을 보았다는 것이나
레아가 자기의 출산이 멈춤을 보았다는 경우를 그 예로 제시한다.[174]
룻이 눈을 들어 요단 저지대 전체를 바라보고 그것을 선택한 것도 이와
유사한 관점에 속한다(창 13:10).

백성들은 영안이 어두워 성전을 멸시하는 자들이 되었으므로 여호와
의 책망을 받아 마땅하다. 스가랴 4:10a에는 "작은 일의 날이라고 멸시
하는 자가 누구냐?"라고 하였는데, 엉거(Unger)는 "멸시하다"(bûz)라는

동사를 현재를 특징짓는 과거형이라고 이해한다. 이 단어는 잠언 1:7b; 13:13에서 지혜와 훈계를 멸시하거나 말씀을 멸시하는 미련한 자들에 대해 사용되었음을 기억할 필요가 있다. 백성들은 당돌하게도 여호와의 성전을 멸시하는 자리에까지 추락하였으므로 스가랴는 그것이 얼마나 큰 죄인가를 그들에게 인식시킬 의무가 있었다. "날"이라는 말은 "작은 일"만 벌어지는 기간을 뜻한다. "작은 일"의 예로서 엥거는 민수기 22:18을 제시한다. 발람이 발락의 신하들에게 "덜하거나 더하지(직역 '작은 일이나 큰 일') 못하겠노라"라고 말할 때에 사용된 그 "일"이 곧 "작은 일"(qᵉtannâ)이다.[175] 이 표현은 전적으로 불신앙적 관점에서 사물을 볼 때에 우러나온 표현이다. 하나님의 특별한 은혜를 받아 제2성전 재건이라는 중차대한 임무를 띠고 귀환한 백성들이 취한 그릇된 자세는 과연 여호와께서 기뻐 받으시기에 적합하지 못했다. 구약성경은 모세를 통하여 여호와께서 맡겨주신 사역에 대해 사역자가 어떤 자세를 취해야하는가를 보여주셨다. 민수기 16:9~10은 주어진 말할 수 없는 특혜(민 4:1~20)를 경시하고 아론의 제사장직을 탐내어 반역한 레위 자손에 대해 진술한다. 모세는 아래와 같이 그들을 꾸짖었다.

> ⁹이스라엘의 하나님이 이스라엘 회중에서 너희를 구별하여 자기에게 가까이 하게 하사 여호와의 성막에서 봉사하게 하시며 회중 앞에 서서 그들을 대신하여 섬기게 하심이 너희에게 작은 일이겠느냐?
> ¹⁰하나님이 너와 네 모든 형제 레위 자손으로 너와 함께 가까이 오게 하셨거늘 너희가 오히려 제사장의 직분을 구하느냐?(민 16:9~10)

이해할 수 없는 레위 자손의 배은망덕한 태도에 경악을 금하지 못한 모세는 9절의 초두(히브리어 원문)에 "작은 일"(mᵉ'at)에 의문사 '하'

(ha)가 붙은 "작은 일이겠느냐?"(hamᵉʿat)라는 표현을 도치시켜 그들을 강하게 질타한 것이다. 성군 다윗은 제1성전 건축에 관해 말할 때에 "이 공사는 크도다. 이 성전은 사람을 위한 것이 아니요 여호와 하나님을 위한 것이라"라고 외치며 회중에게 성전 건축의 진정한 의의와 중요성을 올바로 인식시켜 주었다(대상 29:1. 역시 22:5의 원문 참조). 솔로몬도 기브온 산당에서 제사를 드리던 어느 날 밤의 꿈에 하나님께서 나타나셔서 "내가 네게 무엇을 줄꼬? 너는 구하라"라는 말씀을 들었을 때에, 자신은 출입을 할 줄 모르는 "작은 아이"(왕상 3:7 ʾānōkî naʿar qāṭōn)인 반면에 주의 백성은 "많다"("크다"-대하 1:10의 원문. ʿammᵉkā hazzeh haggādôl)고 아뢰었다. 유다 왕 아하스가 이스라엘 왕 베가와 아람 왕 르신이 이끄는 연합군의 침공을 받을 위기에 직면하자 여호와께서는 그에게 "너는 네 하나님 여호와께 한 징조를…… 구하라"(사 7:11)라는 살길을 제시해주셨다. 그러나 아하스는 이 말씀을 경시하여 "작은 일"(13절)로 여기고 오히려 앗수르 왕 디글랏빌레셋 3세의 도움을 중시하는 선민의 왕답지 못한 태도를 보였고 이사야는 비통함을 금하지 못하여 아하스 왕을 책망했다("…… 나의 하나님을 괴롭히려 하느냐?"사 7:12~13). 이와는 달리 느헤미야는 예루살렘 성곽을 쌓는 공사를 거의 마치고 성문의 문짝을 다는 일만 남았을 때에 적대자들의 음모에 봉착하게 되었다. "오노 평지 한 촌에서 서로 만나자"(느 6:2)라는 그들의 제안을 느헤미야는 "내가 이제 큰 역사를 하니 내려가지 못하겠노라"(느 6:3)라고 하며 일축해버렸다. 느헤미야는 "큰 역사"라는 목적어를 동사 앞에 도치시켜 강조하고 있다(mᵉlāʾkâ gᵉdôlâ ᵃnî ʿōśeh -직역: "중대한 일을 내가 하고 있다."). 주께서 맡기신 사역은 "큰" 반면에 "나 같은 자"라는 표현은 두 번이나 반복함으로써 사역자인 자신은 극히 미미한 존재요 다만 여호

와의 은총을 입은 것뿐이라는 사실을 강조하고 있다. 학개 당시의 성도들의 태도와 이 얼마나 대조를 이루는지! 노인들이 본 "이 성전의 이전 영광"(학 2:3)은 대개는 외적 화려함과 장대함을 가리키는 것이었는데 정확한 관념에서 말하자면 영광이란 여호와의 함께 하심이라는 탕유즈(唐佑之)의 말은 참으로 지당하다.[176)

성전을 재건하는 과정에서 학개는 내우뿐만 아니라 외환도 경험했다. 유프라테스 강 서쪽 총독 닷드내와 스달보스내 그리고 그들의 동료들이 건축 공사에 항의하며 다리오 왕에게 고발하는 사건이 발생했다(스 5:3~17). 그런데 하나님께서는 이 사건을 오히려 전화위복이 되게 하시어 다리오 왕으로 하여금 다음과 같이 명령을 하달하도록 하셨다.

> [6]이제 유브라데 강 건너편 총독 닷드내와 스달보스내와 너희 동관(同官) 유브라데 강 건너편 아바삭 사람들은 그곳을 멀리하여
> [7]하나님의 성전 공사를 막지 말고 유다 총독과 장로들이 하나님의 이 성전을 제자리에 건축하게 하라.
> [8]내가 또 조서를 내려서 하나님의 이 성전을 건축함에 대하여 너희가 유다 사람의 장로들에게 행할 것을 알리노니 왕의 재산 곧 유브라데 강 건너편에서 거둔 세금 중에서 그 경비를 이 사람들에게 끊임없이 주어 그들로 멈추지 않게 하라.(스 6:6~8)

> [12]만일 왕들이나 백성이 이 명령을 변조하고 손을 들어 예루살렘 하나님의 성전을 헐진대 그곳에 이름을 두신 하나님이 그들을 멸하시기를 원하노라. 나 다리오가 조서를 내렸노니 신속히 행할지어다 하였더라.
> [13]다리오 왕의 조서가 내리매 유브라데 강 건너편 총독 닷드내와 스달보스내와 그들의 동관들이 신속히 준행하니라.(스 6:12~13)

바로 이러한 때(7월 21일, 학 2:1)에 학개의 둘째 메시지가 전해졌다.

사명을 감당하려고 애쓰는 성도들이 어려움을 직면할 때에 교회의 주인 되신 여호와께서 어떻게 역사하시는가를 우리는 이 둘째 메시지를 통해 깨닫게 된다. 충성된 성도들이 어려움에 봉착할 때에 교회가 그들에게 들려주어야 할 위로와 소망의 말은 과연 무엇이겠는가? 그것은 다름이 아닌 "내가 너희와 함께 하노라…… 너희는 두려워하지 말지어다"라고 하시는 하나님의 이 말씀이다. 매튜 헨리(M. Henry)는 2:4의 말씀은 학개가 말하고자 한 모든 것이었으며 또 그것으로 충분했다고 진술한다. "내가 너희와 함께 하노라"라는 말씀은 지금까지 너희가 경시한 것을 내가 용서한다는 것이고, 내가 너희의 적으로부터 너희를 보호하고, 너희를 번영하게 하고, 너희의 손을 강하게 하며, 또한 성전 건축 사역을 축복하고자 너희와 함께 한다는 뜻이라고 헨리는 이해한다.[177]

"내가 너희와 함께 하노라"(4b. 'ᵃnî 'ittᵉkem)라는 말씀은 주로 인간에게 사용되며 장소나 기관에는 사용하지 않는다. 그리고 지혜서, 애가, 에스더서, 에스겔서에도 나타나지 않고, 시편(23:4; 46:7,11; 91:15)과 아가서(4:8)에 극소수만 나타날 뿐이다. 역시 이 표현은 족장사와 역사서의 이야기체에 나타나는 것을 보게 된다. 이것은 애굽의 종교나 메소포타미아, 수리아 그리고 가나안 등 이스라엘의 주변에 산재한 민족들의 문헌들에서는 거의 찾아볼 수 없는 독특한 구약성경의 표현임이 지적된다.[178] 따라서 학개를 통해 주신 하나님께서 함께하신다는 이 말씀은 당시의 교회에게는 더할 나위 없는 축복의 말씀이 아닐 수 없었을 것이다. 파인버그(Feinberg)는 이 표현에 대해 이렇게 말한다. 그것은 짧은 메시지였으나 그 때 뿐만 아니라 그 어느 때에도 필요한 전부이었다. 이외에 더 필요한 것이나 그 이상 더 바랄 것이 있겠는가? 그것은 도움, 보호 그리고 복을 주시기 위해 여호와의 임재를 그들에게 보장한다는 것이다. 그것은 모든 축복 중의 최고의 축복이다. 왜냐하면 그것에 다른 모든 축복이 포함되어 있기 때문이다. 이것이야말로 그들의 미래의 성공을 완전히 보증하는 확약이었다.[179]

믿음의 조상 이삭(창 26:3,24), 야곱(창 31:3), 모세(출 3:12), 여호수아(신 31:23) 등을 위시한 수많은 성도들에게 바로 이 말씀이 힘과 소망을 안겨준 사실을 우리는 너무나 잘 알고 있다. 특히 부모를 떠나 하란으로 가던 야곱에게 벧엘에서 하신 여호와의 말씀은 고금을 막론하고 영원한 본향을 향해 나그네의 길을 가는 모든 성도들에게 큰 용기를 준다.

> 내가 너와 함께 있어 네가 어디로 가든지 너를 지키며 너를 이끌어 이 땅으로 돌아오게 할지라. 내가 네게 허락한 것을 다 이루기까지 너를 떠나지 아니하리라 하신지라.(창 28:15)

하나님께서 선민과 함께 하셔서 그들의 하나님이 되시고 그들은 하나님의 백성이 된다는 사상은 에덴동산으로 거슬러 올라간다. 하나님은 자족하시지만 인간과 교제하고 복을 주시기 위하여 그들을 창조하시고 그렇게 할 만한 처소로서 에덴동산 곧 "여호와의 동산, 하나님의 동산" 에덴(사 51:3; 겔 28:13; 31:8,9)을 마련해주셨다. 인간이 타락함으로 거기에서 추방된 이후에도 이 사상은 계속 등장한다. 특히 선민 이스라엘이 하나님께 죄를 범하여 나라가 망한 후에 이 사상이 더 강력하게 나타난다. 그러나 하나님과의 관계가 회복되려면 그들의 죄 문제가 우선적으로 해결되지 않으면 안 된다. 그들은 모든 죄에서 정결하게 되어 하나님과 막혔던 담을 제거하고 그의 말씀을 순종하는 백성이 되어야 한다고 성경은 가르쳐준다. 따라서 하나님께서는 바벨론에서 포로생활을 하는 유다 백성들이 고국으로 귀환하기 전에 먼저 그들을 정결하게 하시겠다고 말씀하셨다.

> ²⁴내가 너희를 여러 나라 가운데에서 인도하여 내고 여러 민족 가운데에서 모아 데리고 고국 땅에 들어가서
> ²⁵맑은 물을 너희에게 뿌려서 너희로 정결하게 하되 곧 너희 모든 더러운 것에서와 모든 우상 숭배에서 너희를 정결하게 할 것이며.(겔 36:24~25)

선민이 정결하지 않으면 하나님과 가까이 있게 되는 선민의 특권이 상실되고 더 이상 하나님의 임재를 기대할 수 없게 된다. 광야에서의 오랜 생활을 마치고 약속의 땅을 눈앞에 둔 이스라엘 백성들에게 모세는 그들의 복된 위치에 대해 다음과 같이 말했다. 하나님께서 그들의 가까이에 계셨고(신 4:7, 역시 32~34절) 또 그들을 기뻐하시고 사랑하셔서 자신의 기업의 백성들로 택하셨다(신 7:6~8). 그러나 그들이 죄를 짓고 불순종하면 하나님께서는 더 이상 가까이 계실 수 없게 된다. 하나님은 그들의 죄가 "나로 내 성소를 멀리 떠나게 하느니라"라고 말씀하셨다(겔 8:6. 역시 11:23). 그렇지만 긍휼과 자비가 풍성하신 하나님께서는 그들과 새 언약을 세우시고 그들을 성결하게 하시고 새 마음과 새 영을 주셔서 하나님의 말씀에 순종하는 자신의 참된 백성들로 삼으시겠다고 말씀하셨다. 특히 유다 왕국이 멸망할 것을 예언한 예레미야서와 유다 백성이 포로가 된 기간에 속한 에스겔서를 읽으면 "나는 그들의 하나님이 되고 그들은 내 백성"이 되리라는 표현이 빈번히 나타나는 것을 발견한다. 이 표현은 예레미야가 시내 산 언약을 파기한 백성들을 책망할 때에(렘 11: 4. 7:23~24 참조), 포로가 된 그들을 귀환시킬 것을 약속할 때에(렘 24:7), '위로의 책'(렘 30~33장)의 30장에서는 다윗(메시아)의 통치(9 절), 다윗 왕조의 재건(21절) 그리고 하나님과의 관계의 회복을 말할 때

에(렘 30:22), 포로들이 귀환할 당시 하나님께서 그들과 새 언약을 세우실 것을 약속할 때에(렘 31:31), 그리고 주께서 진노를 거두시고 그들을 돌아오게 하여 그들과 영원한 언약(bᵉrît ʿôlām)을 세우겠다고 말할 때에 사용되었다(렘 31:33. 역시 슥 8:8 참조). 이 표현은 또한 에스겔서에서 포로가 된 그들 가운데에서 모든 미운 물건과 가증한 것을 제거하여 버린 후에 그들을 돌아오게 하실 것이라고 말할 때에(겔 11:20), 이스라엘 족속이 다시는 죄를 범하지 않게 하겠다고 말할 때에(겔 14:11), 그들을 정결하게 하고 새 영과 새 마음 그리고 부드러운 마음을 주셔서 돌아오게 하겠다고 말할 때에(겔 36:28), 유다와 이스라엘이 정결하여져서 통일을 이룰 것을 말할 때에 사용되었다(겔 37:23). 에스겔 37:26~28에서는 여호와께서 "내가 그들과 화평의 언약(bᵉrît shālôm)을 세워서 영원한 언약(bᵉrît ʿôlām이 동사 앞에 도치 강조됨)이 되게 하고…… 내 성소가 영원토록 그들 가운데에 있으리니 내가 이스라엘을 거룩하게 하는 여호와인 줄을 열국이 알리라 하셨다 하라"라고 말씀하셨다(출 33:16; 레 26:11, 12 참조). 이 말씀들이야 말로 자신의 백성들을 징계하시는 하늘에 계신 그들의 하나님 아버지의 심정을 잘 나타내는 것이 아니겠는가! 예수께서 승천하시기 전에 하신 말씀이 기억난다.

> 유월절 전에 예수께서 자기가 세상을 떠나 아버지께로 돌아가실 때가 이른 줄 아시고 세상에 있는 자기 사람들을 사랑하시되 끝까지 사랑하시니라. (요 13:1)

"나는 그들의 하나님이 되고 그들은 내 백성이 되리라"는 이 표현에는 "내가 너희와 함께 하노라"라는 표현 못지않게 다음과 같은 특징이 발견된다. 즉, 여호와의 간절하신 마음을 나타내기 위해 종종 주어인 "나"에

1인칭 단수 대명사를 첨가하여 "나로 말하자면, 나는 너희 하나님이 되리라"로,[180] "너희는 내 백성이 되리라"에는 주어에 2인칭 남성복수대명사를 첨가하여 "너희로 말하자면, 너희는 내 백성이 되리라"로,[181] 또한 "그들은 내 백성이 되리라"에는 주어에 3인칭 남성복수대명사를 첨가하여 "그들로 말하자면, 그들은 내 백성이 되리라"로 각각 강조되었다[182])는 사실을 간과하지 말아야 할 것이다.

　이 '함께 하심'의 사상은 신약 시대에 이르러서 이방인들이 복음을 듣고 구원을 얻게 됨을 통해 그 종말론적 실현을 목격하게 될 것이며, 이미 스가랴서에서도 여호와께서 바벨론 포로 생활을 마치고 귀환한 선민들과 함께 계시겠다는 말씀이 강도 높게 선언된 바 있다.

> [10]여호와의 말씀에 시온의 딸아 노래하고 기뻐하라. 이는 내가 와서 네 가운데에 머물 것임이라.
> [11]그 날에 많은 나라가 여호와께 속하여 내 백성이 될 것이요 나는 네 가운데에 머물리라……(슥 2:10~11)

> [7]만군의 여호와가 이같이 말하노라. 보라 내가 내 백성을 해가 뜨는 땅과 해가 지는 땅에서부터 구원하여 내고
> [8]인도하여다가 예루살렘 가운데에 거주하게 하리니 그들은 내 백성이 되고 나는 진리와 공의로 그들의 하나님이 되리라.(슥 8:7,8. 역시 2:5; 8:3; 13:9 참조)

　여호와의 임재와 도우심을 실감나게 하려고 학개는 2:5에서 이스라엘과 맺은 언약의 신실성과 불변성을 부언한다. 우선 본문은 상반부가 10단어인 반면에 후반부는 다만 "두려워하지 말라"('al-tîra'û)라는 1단어(히브리어 원문)로 되어 있다는 사실을 눈여겨 볼 필요가 있다.

2:5 초두(히브리어 원문)의 '하다바르'(haddābār. "[그] 말씀") 앞에 불변화사 '에트'('et-)가 연결된 '에트-하다바르'('et-haddābār)가 나타난다. 이 '에트'를 역본들이 다양하게 이해한다.[183] '에트-…미미쯔라임'('et-…mimmiṣrayim. "너희가 애굽에서 나올 때에 내가 너희와 언약한 말") 전체를 LXX는 아예 생략해 버렸다. 어떤 이들은 이 '에트-하다바르'를 "너희는 지켜라" 혹은 "너희는 행하라"로 수정한다. 그러나 세이돈(Saydon)은 '에트'를 주격적 용법(nota nominative)으로 보아 "이것이 과연 그 말씀"("this indeed is the word")으로 이해한다. 역시 스가랴 7:7의 '에트-하데바림'('et-haddᵉbārîm. 직역: "그 말씀들")에서도 LXX를 따라 '에트'를 '엘레'('ēlleh. "οὗτοι, these", "이것들")로 읽으려는 경향(Wellhausen, BHS)이 있다. 그러나 세이돈은 '에트' 자체가 강조적 역할을 하기 때문에 수정할 필요가 없다고 주장한다.[184] 지요자끼 히데오(千代崎秀雄)는 4절의 끝부분과의 병행을 고려해 이 표현을 수정하려는 시도에 대해 5절이 운문이 아닌 점과 창세기 4:1에서처럼 특수한 용법도 있다는 점에서 수정안의 근거가 빈약하다고 진술한다.[185] 악크로이드(Ackroyd) 역시 이 '에트'를 강조적 주격으로 사용된 용법(nominativus pendens)으로 이해하는 견해(Driver, Mitchell)를 따라 수정안을 거부한다.[186]

5절의 "머물다"('āmad)라는 동사는 지속성을 나타내는 현재 분사형으로 되어 있어서 개역개정판은 "계속하여…… 머무나니"로 번역했다("remain constantly" -Wolff). 비록 이스라엘은 이 언약을 성실하게 지키지 못하는 경우가 빈번했으나 여호와께서는 그들과 "영원한 언약"을 세우셨으므로 변함없이 그것을 지키신다는 사실을 나타낸다(겔 16:59~60).[187] 이 언약은 여호와께서 노아(창 9:16)와 아브라함(창 17:7,13,19)

과 세우신 "영원한 언약"으로서 지속성을 지니고 있음을 우리에게 상기 시켜 준다. 그러므로 학개 시대의 불성실한 백성들이 이 언약의 혜택을 받을 수 있는 유일한 길은 하나님께서 베푸시는 은혜를 입는 것뿐이다.

출애굽을 한 이후 시내 산에서 여호와와 언약을 맺은 구세대는 이미 사라지고 그들의 자손인 새 세대만 남았을 때에 모세는 이 언약에 대하여 다음과 같이 밝힌 바 있다.

> [14]내가 이 언약과 맹세를 너희에게만 세우는 것이 아니라
> [15]오늘 우리 하나님 여호와 앞에서 우리와 함께 여기 서 있는 자와 오늘 우리 와 함께 여기 있지 아니한 자에게까지이니(신 29:14,15. 역시 5:2,3; 렘 14:21 참조)

학개 2:5의 "너희와 언약한 말과 나의 영이 계속하여 너희 가운데에 머물러 있나니"라는 표현도 이미 이사야를 통하여 약속하신 말씀 가운데 에 나타난 바 있다.

> 여호와께서 이르시되 내가 그들과 세운 나의 언약이 이러하니 곧 네 위에 있는 나의 영과 네 입에 둔 나의 말이 이제부터 영원하도록 네 입에서와 네 후손의 입에서와 네 후손의 후손의 입에서 떠나지 아니하리라 하시니라. 여호 와의 말씀이니라.(사 59:21)

언약의 이러한 유효성과 계속성 때문에 성도들은 두려워할 것이 전혀 없다. 주님은 교회가 그 구속적 사명을 완수하도록 끝까지 함께 해주신 다. 여호와께서 스가랴에게 보여주신 첫째 환상에서도 "붉은 말을 타고 골짜기 속 화석류나무 사이에 선 자" 곧 교회의 주인 되신 "여호와의 사자"(슥 1:8,12)가 자신의 교회를 위하여 사역하고 있는 모습을 보여주

심으로써 성전이 건축될 것을 확신시켜 주셨다(슥 1:7~17 참조). 또한 이스라엘을 위협하는 세상 권세들인 네 뿔을 파괴할 네 대장장이에 대한 둘째 환상(슥 1:18~21)과 네 대의 병거에 대한 여덟째 환상(슥 6:1~8)에서도 역시 하나님의 백성들의 원수들이 패망할 것을 보여주셨다.

> ²⁰그 때에 여호와께서 대장장이 네 명을 내게 보이시기로
> ²¹내가 말하되 그들이 무엇 하러 왔나이까? 하니 대답하여 이르시되 그 뿔들이 유다를 흩뜨려서 사람들이 능히 머리를 들지 못하게 하니 이 대장장이들이 와서 그것들을 두렵게 하고 이전의 뿔들을 들어 유다 땅을 흩뜨린 여러 나라의 뿔들을 떨어뜨리려 하느니라 하시더라.(슥 1:20~21)

이처럼 학개는 당시의 교회에게 참된 위로의 말씀을 전하는 동시에 소망의 말씀을 전하는 것도 잊지 않았다. 소망이 없는 위로가 무슨 도움이 되겠는가! 언제나 성도들의 소망은 오직 주 예수 그리스도 한 분뿐이시다. 그러므로 모든 나라의 보배요 소망이신 그분이 정한 때에 오시면 이 성전은 "영광"으로 충만할 것이므로 "이 성전의 나중 영광이 이전 영광보다 크리라"라고 하신 여호와의 말씀을 믿은 당시의 성도들은 심기일전하여 중단한 제2성전 완공 사역에 착수할 수 있었던 것이다(학 2:7,9).

비록 성도들은 허물과 실수가 많았지만, 학개는 책망과 심판만 선언한 것이 아니라 위로와 소망의 말씀도 빠뜨리지 않고 전할 줄 아는 훌륭한 목회자였다. 하나님의 나라는 이와 같은 목회자와 성도들에 의하여 확장되는 것이 아니겠는가! 여기에서 우리가 잊으면 안 될 것은 "내가 너희와 함께 하노라"라는 이 위로의 말씀을 그 당시에 사명을 감당하기 위해 고전 분투하는 성도들에게 주셨다는 점이다. "일할지어다"라는 학 2:4의

격려의 말씀이 이를 입증한다. 이러한 예는 앞에서 열거한 역대기상 28:20을 위시한 여러 성경 구절에서 찾아볼 수 있다.

> [9]밤에 주께서 환상 가운데 바울에게 말씀하시되 두려워하지 말며 침묵하지 말고 말하라.
> [10]내가 너와 함께 있으매 어떤 사람도 너를 대적하여 해롭게 할 자가 없을 것이니 이는 이 성중에 내 백성이 많음이라 하시더라.(행 18:9,10)

> 그 날 밤에 주께서 바울 곁에 서서 이르시되 담대하라. 네가 예루살렘에서 나의 일을 증언한 것 같이 로마에서도 증언하여야 하리라 하시니라.(행 23:11. 역시 행 27:24,25 참조)

사명을 감당하기 위해 전력을 다하는 성도들에게 하나님께서는 지금도 학개와 같은 신실한 지도자를 통하여 "내가 너희와 함께 하노라. 너희는 두려워하지 말지니라"라고 하시며 "선한 말씀, 위로하는 말씀"(슥 1:13)으로 믿음과 용기를 북돋아 사명을 완수하게 해주신다.

2) 모든 나라의 진동(학 2:6~7aα, 21~22)

> [6]만군의 여호와가 이같이 말하노라. 조금 있으면 내가 하늘과 땅과 바다와 육지를 진동시킬 것이요
> [7]또한 모든 나라를 진동시킬 것이며……(학 2:6~7aα)

> [21]너는 유다 총독 스룹바벨에게 말하여 이르라 내가 하늘과 땅을 진동시킬 것이요
> [22]여러 왕국들의 보좌를 엎을 것이요 여러 나라의 세력을 멸할 것이요 그 병거

들과 그 탄 자를 엎드러뜨리리니 말과 그 탄 자가 각각 그의 동료의 칼에
엎드러지리라.(학 2:21~22)

학개서는 구약의 다른 책들에 비하여 소책자이지만 난해한 책으로 여
겨진다. 그 이유 중의 하나는 위의 구절들에 나타나는, "조금 있으면……
모든 나라를 진동"시킬 것과 "여러 왕국들의 보좌를 엎을 것이요 여러
나라의 세력을 멸할 것"이라는 등의 이해하기 쉽지 않은 표현들이 있기
때문이다. 한스 볼프(Wolff)는 구약성경의 세계의 그 어느 곳에서도 대제
국이라는 개념과 그것을 송두리째 흔들어버린다는 진동이 여기에서처럼
분명하고 뚜렷하게 나타난 예는 없다고 지적한다.[188)

오랫동안 이 표현은 구약성경을 연구하는 학자들을 곤혹스럽게 해주
었다. 포로에서 귀환한 유다 백성들 특히 학개 당시의 백성들에게도 역시
적지 않은 어려움을 주었을 것으로 여겨진다. 이 말씀을 주변의 정치적
변동과 연관을 지어 이해할 것인가 아니면 미래의 메시아 왕국과 연관을
지어야 할 것인가?

유다 백성들의 2차에 걸친 바벨론 유수에도 불구하고 예루살렘 성전이
건재하자 그들에게는 한때 거짓된 희망이 부풀어 올랐다. 게다가 거짓
선지자들이 근거 없는 조기 귀환을 호언장담(렘 28:1~4)하는가 하면,
평강이 없는데도 "평강이 있다"고 하거나 "평강의 묵시를 본다"는 거짓
말을 하여 사태를 더욱 악화시켰다(겔 13:10,16). 또 한편 그들은 선조
아브라함의 신앙은 본받지 않으면서도 그의 육신적 후손임을 자부하며
자신들은 아브라함보다 수적으로 많으니 유리하다는 잘못된 생각을 품
고 있었다(겔 33:24f.). 그러나 하나님께서는 에스겔을 통하여 장차 예루
살렘에 임할 재앙에 대해 분명하게 말씀하셨다(겔 5:1~12). 특히 에스겔
7:24 이하에서는 그들의 성소, 제사장, 선지자 그리고 왕과 지도자들을

없애버리시겠다고 말씀하셨다. 마침내 그들뿐 아니라 "천하 모든 백성" 이 상상조차하지 못했던 전례 없는 "엄청난 날"(렘 30:7)이 도래하고야 말았다.

> 대적과 원수가
> 예루살렘 성문으로 들어갈 줄은
> 세상의 모든 왕들과 천하 모든 백성이
> 믿지 못하였었도다.(애 4:12)

드디어 예루살렘이 함락되고 성전이 불에 탔다는 비보가 바벨론에 있는 유다 백성들에게 도달한 것이다(겔 33:21). 예레미야의 고백과 같이 그 원인은 그들의 범죄에 있었다(애 4:6; 5:16). 그들이 우상을 숭배하며 여호와의 말씀을 거역했기 때문에 그렇게 되었다고 성경은 밝힌다.

> [26]그러나 여호와께서 유다를 향하여 내리신 그 크게 타오르는 진노를 돌이키지 아니하셨으니 이는 므낫세가 여호와를 격노하게 한 그 모든 격노 때문이라. [27]여호와께서 이르시되 내가 이스라엘을 물리친 것 같이 유다도 내 앞에서 물리치며 내가 택한 이 성 예루살렘과 내 이름을 거기에 두리라 한 이 성전을 버리리라 하셨더라.(왕하 23:26~27)

> …… 인자야 이스라엘 족속이 행하는 일을 보느냐? 그들이 여기에서 크게 가증한 일을 행하여 나로 내 성소를 멀리 떠나게 하느니라……(겔 8:6)

> [16]그의 백성이 하나님의 사신들을 비웃고 그의 말씀을 멸시하며 그의 선지자를 욕하여 여호와의 진노를 그의 백성에게 미치게 하여 회복할 수 없게 하였으므로

¹⁷하나님이 갈대아 왕의 손에 그들을 다 넘기시매……(대하 36:16~17)

바벨론에서 비참한 생활을 하는 유다 백성들은 이방인들의 조롱거리(사 43:28; 렘 24:9; 슥 8:13a)가 되었을 뿐 아니라 본토에 있는 동족에게조차 멸시를 당했다(겔 11:15). 그러나 여호와께서는 오히려 포로로 잡혀간 자들이 좋은 무화과나무인 반면에 본토에 남아 있는 자들은 악한 무화과나무라고 말씀하셨다(렘 24:4~8). 또한 포로민인 그들을 통해 이루실 계획을 아래와 같이 밝혀주셨다.

¹⁶…… 내가 비록 그들을 멀리 이방인 가운데로 쫓아내어 여러 나라에 흩었으나 그들이 도달한 나라들에서 내가 잠깐 그들에게 성소가 되리라 하셨다 하고
¹⁷…… 내가 너희를 만민 가운데에서 모으며 너희를 흩은 여러 나라 가운데에서 모아 내고 이스라엘 땅을 너희에게 주리라 하셨다 하라.
¹⁸그들이 그리로 가서 그 가운데의 모든 미운 물건과 모든 가증한 것을 제거하여 버릴지라.
¹⁹내가 그들에게 한 마음을 주고 그 속에 새 영을 주며 그 몸에서 돌 같은 마음을 제거하고 살처럼 부드러운 마음을 주어
²⁰내 율례를 따르며 내 규례를 지켜 행하게 하리니 그들은 내 백성이 되고 나는 그들의 하나님이 되리라.(겔 11:16~20)

은혜와 긍휼이 풍성하신 하나님께서는 택한 백성들을 바벨론의 포로로 그대로 내버려두지 않으시고 약속의 땅으로 돌아오게 하실 것이라는 소망의 말씀을 선지자 예레미야를 통해 다음과 같이 말씀하셨다.

⁷내가 유다의 포로와 이스라엘의 포로를 돌아오게 하여 그들을 처음과 같이

세울 것이며

[8]내가 그들을 내게 범한 그 모든 죄악에서 정하게 하며 그들이 내게 범하며 행한 모든 죄악을 사할 것이라.(렘 33:7~8. 29:14; 30:3; 32:44 등 참조)

귀환한 유다 백성들이 이스라엘의 회복을 얼마나 열망했는가 하는 사실은 온 땅을 순찰한 천사들이 교회의 주인 되신 여호와의 천사에게 "우리가 땅에 두루 다녀 보니 온 땅이 평안하고 조용하더이다"(슥 1:11)라고 보고했을 때에 그분이 교회를 위하여 드린 중보기도의 내용에 잘 반영되었다. 이 분은 바로 요한복음 17장에 기록된 대제사장적 중보기도를 드린 동일하신 분이시다.

여호와의 천사가 대답하여 이르되 만군의 여호와여 여호와께서 언제까지 예루살렘과 유다 성읍들을 불쌍히 여기지 아니하시려 하나이까? 이를 노하신 지 칠십년이 되었나이다.…… (슥 1:12)

여호와의 천사가 드린 이 기도는 스가랴의 둘째 메시지(슥 1:7. 다리오 왕 제이년 열한째 달 이십사일) 가운데에 등장한다. 이것은 학개의 둘째 메시지(학 2:1, 7월 21일)보다 4개월 이후, 그리고 학개가 마지막으로 전한 넷째 메시지(학 2:21~22. 9월 24일)보다 2개월 이후에 드린 것임을 명심할 필요가 있다. 당시의 정치적 상황으로 본다면 "온 땅이 평안하고 조용"하다는 사실은 유다 백성들을 크게 실망시켰을 것으로 간주될 수도 있을 것이다. 그러나 이러한 측면으로만 이해할 필요는 없다고 생각된다.

일부 학자들은 다리오 왕이 즉위한 이후인 기원전 519년에야 겨우 그의 제국에 평안이 깃들 수 있었다고 주장한다(Van Hoonacker, Mitchell 등). 이 주장에 의하면 학개가 사역을 시작한 시기에는 아직도 곳곳에서 반란이 일고 있었다. 학개가 사역한 "다리오 왕 제이년 여섯째 달"(학 1:1; 슥 1:1)인 기원전 520년에는 다른 지역의 혼란으로 인하여 팔레스타인 지역에 다리오가 간섭하거나 위협을 가할 겨를이 없었다는 것이다. 결국 이 학자들은 우리가 고려의 대상으로 삼고 있는 학개 2:6~7aα의 내용이 당시의 페르시아 제국 내의 정치적 격동 가운데에서 부상한 메시아의 임박한 통치설과 관련된 것이라고 주장한다. 브라이트(Bright)는 기원전 520년 말에는 다리오가 정권을 장악하게 되었다고 주장하면서도 학개의 예언을 페르시아 왕국의 위기와 연관시키는 입장을 벗어나지 못하고 있다. 이때는 다리오 왕이 그의 적대 세력들을 정복하는 데에 성공하기 이전이어서 페르시아 제국의 장래가 여전히 불투명했다고 그는 생각한다.[189) 물론 보수주의 신학자들도 학개서의 예언이 당시의 국제정세와 전적으로 무관하지 않다는 사실은 인정한다. 그러나 이들은 학개 2:6~9,20~23과 부합하게 그것을 종말론적으로 이해할 필요가 있다는 점을 강조한다.

이 문제에 대해서는 베어회프(Verhoef)가 정확하게 평가했다고 생각된다. 그에 의하면 다리오 왕 자신이 한 해 안에 반역자들을 처치했다고 주장한 점에서 그 이후에 일어난 반역은 미약한 정도에 불과했다.[190) 다리오 왕을 대항하여 발생한 두 번에 걸친 마지막 봉기가 진압된 사건은 모두 학개가 사역을 시작하기 전에 발생했다(학 1:1. "여섯째 달 곧 그달 초하루"). 이 사실은 매우 중요하다. 전술한 바와 같이 학개가 예언을 끝마친 두 달 후에 스가랴가 페르시아 제국의 평안하고 조용함(슥 1:11)에 대하여 언급했기 때문에 기원전 520년 6월에는 다리오 왕이 페르시아 제국을 장악했다는 보수주의 신학자들의 주장은 성경이 가르치는 바와 일치한다(Wood, Verhoef, J. A. Kessler 등). 따라서 학개가 단순히 그 당시의 국내외의 정치적 상황에 입각하여 예언 활동을 한 것으로 볼 수는 없다. 케슬러(J. A. Kessler)는 보다 더 오래된 전통적 해석을 따라 학개 2:6~7은 일차적으로는 페르시아 제국의 임박한 붕괴를 예언한 예언이며, 이차적으로는 근동에서 세상의 제국들이 잇달아 몰락하다가 결국 메시아 왕국에서 그 정점을 이루게 됨을 가리킨다고 이해한다.[191] 따라서 케슬러는 학개가 전한 말은 당시의 사건들이 기초하고 있는 종말론적 주제들에 비추어서 이해되어야 한다고 주장한다. "모든 나라의 진동"은 여호와의 종말론적 개입에 대하여 두려워 떨며 무기력하게 바라볼 수밖에 없는 모든 나라의 주관적 반응을 표현한다는 것이다. 학개 2:6~7에 대한 가장 자연스러운 이해는, 학개가 언급한 진동들이 하늘과 땅의 불길한 전조들에 뒤이어 일어났다고 보는 것이다. 그에 의하면 학개의 의도는 다가올 시대의 확실성 및 임박성을 표현하기 위한 것이다. 역사상의 제국들에게서 나타나는 진동은 다가올 마지막 진동에 대한 예시라는 사실이 인정되지 않으면 안 된다. 학개가 언급하려고 의도했던 근본적인 것은 그 시대가 오는 단계들이 아니라 그 시대가 궁극적으로는 성취된다는 것이 틀림없다는 점이라고 그는 주장한다.[192]

이렇게 확실하고 임박한 상황은 히브리어에서는 "조금 있으면"('ōd 'aḥat meʿaṭ hî' -학 2:6a)[193]이라는 표현을 통해 강조되었다(히 12:26에는 종말론적으로 인용됨). 그리고 여호와께서 친히 그 일을 이루시겠다고 말씀하신다. 학개 2:21~22의 내용을 포함하여 생각할 때에, 이 표현들은 여호와께서 선민 이스라엘을 애굽의 속박에서 구출하실 때에 나타내신 위엄 앞에 엎드러지고 두려움에 떠는 원수들의 모습을 연상하게 한다(출 14:21~31; 15:14~16).

여호와께서는 자신의 백성들을 위하여 원수들을 격파하시고 원수들이 그들 앞에서 엎드러지게 하신다.

> ¹⁵나는 여호와 너희의 거룩한 이요
> 이스라엘의 창조자요 너희의 왕이니라.
> ¹⁶…… 바다 가운데에 길을,
> 큰 물 가운데에 지름길을 내고
> ¹⁷병거와 말과 군대의 용사를 이끌어 내어
> 그들로 일시에 엎드러져 일어나지 못하고
> 소멸하기를 꺼져가는 등불 같게 하였느니라.(사 43:15~17. 역시 신 9:3 참조)

유다 백성들을 구출하시려고 바벨론을 치실 것을 말씀하실 때에도 이
와 유사한 표현들이 등장한다.

> ¹³그러므로 나 만군의 여호와가 분하여
> 맹렬히 노하는 날에
> 하늘을 진동시키며
> 땅을 흔들어 그 자리에서 떠나게 하리니,
> ¹⁴그들이 쫓긴 노루나
> 모으는 자 없는 양 같이
> 각기 자기 동족에게로 돌아가며
> 각기 본향으로 도망할 것이나
> ¹⁵만나는 자마다 창에 찔리겠고
> 잡히는 자마다 칼에 엎드러지겠고(사 13:13~15. 역시 렘 50:46 참조)

그러므로 학개서의 이 본문은 미래지향적이며 종말론적으로 이해할
필요가 있으며 또 성역사의 전체적 맥락과 조화를 이루는 차원에서

고려되어야 한다.

3) 모든 나라의 보배/소망, 나중 영광(학 2:7aβ~9)

> [7] …… 모든 나라의 보배가 이르리니 내가 이 성전에 영광이 충만하게 하리라. 만군의 여호와의 말이니라.
> [8] 은도 내 것이요 금도 내 것이니라. 만군의 여호와의 말이니라.
> [9] 이 성전의 나중 영광이 이전 영광보다 크리라 만군의 여호와의 말이니라. 내가 이곳에 평강을 주리라. 만군의 여호와의 말이니라.(학 2:7aβ~9)

본문 역시 학개서의 난해 구절 중의 하나로 알려져 있다. 본문의 히브리어 '헴다'(ḥemdâ)를 어떻게 이해할 것인가? 이것을 모든 나라의 "보배"(the treasure of all nations)로 이해할 것인가? 아니면 모든 나라가 "사모하는 것"(the desire of all nations)으로 이해할 것인가? 역본들은 '헴다'를 비인격적·물질적으로 이해하거나 인격적으로 이해하는 둘로 나뉜다. 전자에 속한 역본들은 LXX, NEB, JB, NASB, 일본신개역, 일본신공동역, 일본구어역, 개역개정판(난외주 "사모하는 것") 등이고 후자에 속한 역본들은 V, KJV, NIV, 일본문어역 등이다.[194]

물질적 해석을 지지하는 학자들은 이 표현을 8절의 "은도 내 것이요 금도 내 것이니라"와 연관을 짓는다. 칼빈(Calvin)의 견해를 따르는 헹스텐베르크(Hengstenberg)는 인격적 해석이 불가하다고 강력히 주장한다.[195] 그러나 칼빈(Calvin)은 두 가지 해석이 가능함을 시인한다. 그는 본문의 모든 나라가 소망하는 분이신 그리스도가 오실 때에 제2성전의 영광이 빛날 것이라는 사실을 인정하지만, 이어지는 8절의 더 이해하기 쉬운 내용을 따라 물질적 해석을 택한다.[196] 본문의 이 말씀을 원수들로부터 탈취한 전리품(사 60:4~9)으로서의 만국의 보화, 즉 이방 백성들이 하나님께 바친 예물로 그의 성전을 건축하게 된다는 뜻으로 이해하는 해리슨(Harrison)의 견해가 이 입장을 잘 대변해준다.[197]

히브리어 원문에서 보면 주어인 '헴다'("보배/소망")가 단수임에도 불구하고 동사의 "이르다"(bā᾽û)에는 복수가 사용되어 학자들의 관심을 끌고 있다.[198] 허버트 볼프(Wolf)는 본문에 이중적 의미를 지닌 낱말인 '헴다'뿐만 아니라 특이한 문법구조가 사용된 것은 저자의 어떤 의도가 있기 때문이라고 이해한다. 학개는 왜 '부귀'에 해당하는 단어로서 이사야와 스가랴가 사용한 것과 똑같은 용어를 사용하지 않고 있는가? 라고 그는 질문을 던진다. 아마도 학개는 "부귀"에 해당하는 다른 단어 '하일'(ḥayil)이 사람을 언급하는 의미를 배제하는 반면에 '보배/소망'이라는 단어 '헴다'는 자신이 필요로 하는 애매성을 제공하여 주기 때문에 그것을 채택했을 것이라고 볼프는 결론을 내린다. 그에 의하면 궁극적으로 그리스도의 재림 이후에 열방의 보화들이 모아 들여질 것을 암시하며, 또한 새 예루살렘으로 쏠릴 "모든 나라의 영광과 존귀"(계 21:26)를 암시한다. 그러나 그것은 동시에 "모든 나라의 보화" 혹은 "소망", 곧 "너희가 사모하는 바 언약의 사자"(말 3:1)를 의미하는 것으로 생각할 수 있다고 볼프는 이해한다.[199]

"소망"으로도 번역할 수 있는 이 낱말은 실제로 사람에게 사용된 예가 있다. 사울을 가리켜서 "이스라엘의 사모하는 자"(삼상 9:20)라고 했고 다니엘 9:23; 10:11,19에서는 다니엘을 가리켜 "크게 은총을 입은 자", "은총을 크게 받은 사람"(복수명사)이라고 말할 때에도 이 용어가 사용된다. 역시 역대기하 21:20에도 유다 왕 여호사밧의 아들 여호람에 대하여 "아끼는 자 없이 세상을 떠났으며"라고 묘사하여 이 용어가 사람을 가리키는 것을 볼 수 있다. 따라서 이 용어를 비인격적 · 물질적으로 해석하기보다는 V, KJV, NIV, 일본문어역 등과 같이 인격적으로 이해하여 메시아의 도래에 관한 언급으로 이해하는 것이 전체 문맥과도 조화를 이룰 것으로 생각된다. 박윤선(朴允善)의 견해에 의하면 모든 나라의 소원이 되시는 메시아가 오시므로 하나님의 성전에 영광이 충만하게 나타난다. 모든 나라의 보배라는 것은 메시아를 가리킨 말씀이다. 성전 재건을 명령하신 때에, 하나님께서는 눈에 보이는 외부적 시설로 만족하시지 아니하시고, 그 외부적 시설이 상징하는 그리스도로 만족하신다고 그는 주장한다.200)

문법적 문제에 관해서는 단수형인 주어 '헴다'를 집합명사로 이해한다면 복수 동사를 받는 것이 가능할 것이다. 그렇게 되면 이 구조는 형식적이라기보다는 논리적이라고 말할 수 있겠다. 9절의 히브리어 원문에서 보면 "크다"와 "이곳"을 강조하기 위해 문장의 초두에 도치시켜 "영광"의 심오한 뜻을 표현하고 있다. "보다 크다"(gādôl … min)라는 표현은 비교급이다.201)

학개 당시의 백성들은 바벨론에 포로로 있을 때에 하나님께서 에스겔을 통하여 약속하신 바에 의해 이스라엘의 소망이신 이 메시아가 오시리라는 기쁜 소식에 대해서는 충분한 지식을 소유하고 있었다. 이방 땅에 흩어진 유다 백성들을 모아 고토로 이끌어 들일 것이라는 회복에 대한 말씀이 에스겔서에 많이 나타나는데 그 가운데에서도 특히 메시아가 그들의 목자가 되어 그들을 이끌고 나와 약속의 땅에서 목양하실 것이라는 말씀은 주목할 만하다.

23내가 한 목자를 그들 위에 세워 먹이게 하리니 그는 내 종 다윗이라. 그가 그들을 먹이고 그들의 목자가 될지라.
24나 여호와는 그들의 하나님이 되고 내 종 다윗은 그들 중에 왕이 되리라.

나 여호와의 말이니라.(겔 34:23~24. 역시 겔 37:24 참조)

학개의 동역자인 스가랴도 오실 메시아에 대하여 빈번히 예언했다.

…… 내가 내 종 싹을 나게 하리라."(슥 3:8)

9…… 보라 네 왕이 네게 임하시나니 그는 공의로우시며 구원을 베푸시며 겸
손하여서 나귀를 타시나니 나귀의 작은 것 곧 나귀 새끼니라.
10…… 그가 이방 사람에게 화평을 전할 것이요 그의 통치는 바다에서 바다까
지 이르고 유브라데 강에서 땅 끝까지 이르리라.(슥 9:9~10. 역시 렘 23:5~6
참조)

이러한 약속의 말씀들은 학개가 사역한 시대의 성도들에게 있어서 큰
위로와 소망의 요인이 아닐 수 없다. 허버트 볼프(Wolf)의 견해처럼 본문
에서 학개는 비인격적 · 물질적인 동시에 인격적이라는 이중적 해석이
가능한 단어인 '헴다'("보배/소망")를 의도적으로 선택했다고 이해할 수
있다. 학개는 성전에 물질적으로 채워질 영광만 아니라 하나님의 임재로
충만하여질 영광도 염두에 두었던 것이다. 구약성경에서 하나님의 영광
은 그의 임재를 나타내는 구름으로 표현된다. 모세의 시대에는 구름이
성막에 충만하였고(출 40:34~35) 솔로몬의 시대에는 성전에 가득하였
다(왕상 8:10~11). 역시 옛 언약 시대가 아닌 새 언약 시대에 하나님의
영광이 나타날 것을 특히 이사야가 예언한 바 있다.

여호와의 영광이 나타나고
모든 육체가 그것을 함께 보리라.
이는 여호와의 입이 말씀하셨느니라.(사 40:5)

다시는 낮에 해가 네 빛이 되지 아니하며
달도 네게 빛을 비추지 않을 것이요
오직 여호와가 네게 영원한 빛이 되며
네 하나님이 네 영광이 되리니.(사 60:19)

이 영광의 나타남은 옛 솔로몬의 제1성전이 아닌 선지자 학개가 대언한 하나님의 말씀에 순종하여 완성한 제2성전을 모체로 하여 헤롯 대왕(Herod the Great)이 보수 확장한 성전(기원전 20년경에 보수)에 주님께서 친히 찾아오심으로 성취된 것이다.[202] 헨더슨(Henderson)이 옳게 말한 것처럼 모든 나라가 소망하는 대상은 은금이나 보화보다는 오히려 더 고차원의 대상이 되어야 할 것으로 생각된다.[203] 그 대상은 다름 아닌 모든 나라가 대망하는 분이신 메시아이시다.

[25]예루살렘에 시므온이라 하는 사람이 있으니 이 사람이 의롭고 경건하여 이스라엘의 위로를 기다리는 자라 성령이 그 위에 계시더라. ……
[30]내 눈이 주의 구원을 보았사오니
[31]이는 만민 앞에 예비하신 것이요
[32]이방을 비추는 빛이요 주의 백성 이스라엘의 영광이니이다 하니.(눅 2:25,30~32)

예수님께서도 친히 제자들에게 다음과 같이 말씀하셨다.

내가 너희에게 말하노니 많은 선지자와 임금이 너희가 보는 바를 보고자 하였으되 보지 못하였으며 너희가 듣는 바를 듣고자 하였으되 듣지 못하였느니라.(눅 10:24)

제 9강
선지자 학개의 셋째 메시지

1) 불결한 이스라엘(학 2:11~14)

¹¹만군의 여호와가 말하노니 너는 제사장에게 율법에 대하여 물어 이르기를 ¹²사람이 옷자락에 거룩한 고기를 쌌는데 그 옷자락이 만일 떡에나 국에나 포도주에나 기름에나 다른 음식물에 닿았으면 그것이 성물이 되겠느냐? 하라 학개가 물으매 제사장들이 대답하여 이르되 아니니라 하는지라.
¹³학개가 이르되 시체를 만져서 부정하여진 자가 만일 그것들 가운데 하나를 만지면 그것이 부정하겠느냐? 하니 제사장들이 대답하여 이르되 부정하리라 하더라.
¹⁴이에 학개가 대답하여 이르되 여호와의 말씀에 내 앞에서 이 백성이 그러하고 이 나라가 그러하고 그들의 손의 모든 일도 그러하고 그들이 거기에서 드리는 것도 부정하니라.(학 2:11~14)

바벨론에서 돌아온 유다 백성들에게는 여러 지도자들이 있었다. 그들은 정치 지도자 스룹바벨, 종교 지도자 여호수아와 제사장들(스 3:2,8), 유다와 베냐민 족장들(스 1:5) 그리고 성전 건축을 지도하는 장로들(스 5:5,9) 등이다. 그러나 학개서에서는 선지자 학개가 다른 지도자들이 아닌 제사장들에게 질문을 하는 내용이 등장한다. 이는 그들이 거룩함과 부정함에 관한 율법을 가르치는 임무를 띠었기 때문일 것이다(레 10:11;

신 33:10). 스가랴서에도 금식 문제에 대한 해답을 제사장들에게 요청한 것을 볼 수 있다(슥 7:2~3).

여기에서 우리는 선지자가 제사장들에게 율법에 관하여 질문을 하는 드문 예를 발견한다. 그래서 본문을 통하여 우리는 제사장직과 선지자직의 책임과 차이점이 무엇인지를 재음미하게 된다. 본래 제사장의 직무는 백성들의 대표자로서 "먼저 자기 죄를 위하고 다음에 백성들의 죄를 위하여"(히 7:27) 하나님께 드리는 제사 의식을 주관하며 모세의 율법을 가르치는 것이었다(렘 18:18; 겔 7:26; 22:26; 말 2:7). 반면에 선지자의 직무는 백성들에게 보내심을 받은 하나님의 대사로서 설교와 목회를 통하여 율법의 말씀을 생활화하도록 하는 실제적 면의 사역을 감당하는 것이었다. 따라서 실천적 기능을 맡은 자로서 선지자는 미래에 오실 메시아에 대하여 예언할 뿐만 아니라 훈계와 책망, 위로와 격려의 말씀으로 백성들을 바로 인도하고 파수꾼의 입장에서 영적 위기를 경고하며 불순종 시에는 심판을 선포하게 된다.

그러면 하나님께서는 왜 율법에 관한 질문을 스가랴에게 하라고 하시지 않고 학개에게 하게 하셨는가? 그것은 아마도 스가랴는 선지자인 동시에 제사장 계통에 속하였기 때문에 그렇게 하신 것으로 생각된다. 제사장인 스가랴가 제사장들에게 질문을 하는 것보다는 선지자인 학개가 질문을 하는 것이 더 효과적이었을 것이라고 생각된다. 특히 당시에는 제사장들은 율법에 관한 지식은 있었으나 형식적 의식이나 문자적 엄수에 치우쳤을 뿐이며 하나님의 말씀을 순종하는 생활은 없었던 것으로 보인다(제사장의 타락상은 호 5:1; 6:9 참조). 따라서 그들은 백성들에게 아무런 영향력도 끼치지 못했을 것이다. 더욱이 그들이 드리는 예배와 바치는 제물은 주께서 기뻐하시지 않는 무거운 짐이 될 뿐이었음에 틀림이 없다

(사 1:11~14). 또한 성전건축이 오랫동안 방치될 정도로 사태가 악화된 데에 대한 책임 역시 일차적으로는 그들에게 있다고 해도 과언이 아닐 것이다. 그들은 하나님과 동행하며 많은 사람을 돌이켜 죄악에서 떠나도록 하지 못하고 오히려 그의 이름을 욕되게 한 에스겔과 말라기 시대의 제사장들을 방불하게 했을 것으로 생각된다.

> 그 제사장들은 내 율법을 범하였으며 나의 성물을 더럽혔으며 거룩함과 속된 것을 구별하지 아니하였으며 부정함과 정한 것을 사람이 구별하게 하지 아니하였으며 그의 눈을 가리어 나의 안식일을 보지 아니하였으므로 내가 그들 가운데에서 더럽힘을 받았느니라.(겔 22:26)

> [7]제사장의 입술은 지식을 지켜야 하겠고
> 사람들은 그의 입에서 율법을 구하게 되어야 할 것이니
> 제사장은 만군의 여호와의 사자가 됨이거늘
> [8]너희는 옳은 길에서 떠나
> 많은 사람을 율법에 거스르게 하는도다.
> 나 만군의 여호와가 이르노니
> 너희가 레위의 언약을 깨뜨렸느니라.(말 2:7~8)

학개의 셋째 메시지에서 "고기"는 제물로 드리는 "거룩한 제물 고기"(렘 11:15)를 가리킨다. 그 고기가 다른 음식물에 닿았다고 해서 그 음식물이 자동적으로 거룩하게 되는 것은 아니라는 교훈이 주어진 것이다. 역시 시체를 만지면 부정해진다는 율법의 가르침에 대해서는 그들이 너무나도 익히 알고 있는 터이었다(레 21:1,11; 민 6:6~11; 19:11f.). 성결법에는 주로 음식물, 사람이나 동물의 시체와의 접촉 그리고 신체적 질병

에 관한 규례들이 들어 있다. 무어(Moore)는 당시의 백성들의 잘못된 선입관에 대하여 다음과 같이 지적한다. 즉, 백성들은 자기들이 외적으로 지키는 의식들이 하나님의 보호와 축복을 확보할 만큼 그들을 거룩하게 해주었으리라고 생각했었으나 선지자는 그렇지 않다고 대답한다. 그 이유는 첫 번째 경우(12a)에서 지적하듯 외적인 종교 의식에는 그러한 능력이 없기 때문이다. 역시 그와는 다른 두 번째의 경우(13a)에서는 성전 건축이라는 신정국가의 일을 그들이 소홀히 함으로써 부정하게 되었으니, 이는 종교 의식을 더럽힌 것이 되기 때문이라고 무어는 설명한다.204)

이 셋째 메시지에 대해서 로트슈타인(Rothstein)을 위시한 그의 추종자들은 학개의 의도가 사마리아인들을 재건공사에서 배제하는 데에 있었다고 이해한다. 그들은 특히 "이 백성"이 유다 사람들이 아닌 제2성전 재건에 동참하려다가 거절을 당한 북쪽 사마리아인들을 가리키는 것이라고 주장한다. 사마리아인들이 종교적 혼합주의로 인해 성전 건축과 제사의식에 있어서 부정의 요인이 된다는 것 때문에 그들이 공사에 참여하겠다는 제안을 학개가 거절했다는 이유를 근거로 하여 2:15~19을 1:15a에 연결시켜야 한다고 로트슈타인의 추종자들은 주장한다.205) 이 견해는 14절의 "이 백성"과 "이 나라"를 반의적으로 이해한다.

그러면 과연 그들의 이러한 해석이 옳은 것인가? 일반적으로 "민족"(gôy)은 단수형일 경우에는 이스라엘을, 복수형일 경우에는 이방을 가리킨다. 스파이저(Speiser)에 의하면 "백성"('am)은 성경에서 주관적이고 인격적인 것이어서 근본적으로 긴밀한 가족관계를 나타낸다. 반면에 "민족"은 객관적이고 비인격적인 것이어서 정치적 관련인 국가와 정부에 대해 사용된다.206) 드 보(De Vaux)는 "민족"은 영토적·정치적인 객관적 관계를, "백성"은 아버지 쪽의 친척을 나타내는 동시에 혈연적 유대관계와 종교적 · 주관적 관계를 나타낸다고 이해한다. "민족"은 이스라엘에게 적용될 경우 약속의 땅과 관련되며(창 35:11~12; 수 3:17) 종교적으로는 드물게 쓰이는 단어로서 지역적 · 정치적 단위를 나타낸다고 그는 생각한다.207) 클레멘츠(Clements)는 스파이저(Speiser)의 정의처럼 이 두 용어를 엄격히 구분할 수 있는 경우가 있기는 하나 그렇게 일관된 규칙을 가지고 나타나지는 않는다는 견해를 취한다. 그는 "민족"에는 다음과 같은 세 가지 요소가 있다고 생각한다. 첫째, 혈통에 근거한 종족적 기원; 둘째, "민족"과 "왕국"의 평행법적 용법 즉, 왕이 통치하는 국가를 가리키는 경우(사 14:6,18; 41:2; 렘 25:14); 셋째, 자체적 영토의 소유(사 36:18~20; 시 105:44; 대하 32:13)이다.208) "백성"('am)과 "민족"(gôy)이 출애굽기 33:13; 시편 18:43; 스바냐 2:9209) 등에서 평행적으로 사용되기도 하였으므로 엄격하게 그 뜻을 구분하는 것은 무리인 경우가 있는 것이 사실이다. 힐데브란드(Hildebrand)는 "이 백성"이 특히 이사야서에 등장한 12회 중에서 10회 그리고 예레미야서의 29회 중에서 24회가 하나님이 백성을 책망하시는 것으로 사용되었다는 점을 근거로 하여 로드슈타인의 주장을 반박한다.210) 그러나 그 누구 못지않게 이 사마리아 연관설을 논박한 학자는 코흐(Koch)이었다. 그는 양식 비평적 접근을 통해 2:10~19은 통일된 단위이며 "이 백성"은 바벨론에서 돌아온 사람들을 포함한 당시의 백성 전체를 가리킨다고 역설한다.211) 모티어(Motyer)에 의하면 이 두 용어는 본문에서 평행적으로 사용되었기에, '고이'(gôy)로서의 귀환민은 민족들 가운데에 있는 한 민족을 가리키지만 그들은 여전히 하나님께는 독특하고 특별한 나라의 백성들인 것이다. 그러므로 모티어는 그들을 "나라"(haggôy, "the nation")로 호칭한 것은 소망을 주는 면이 있다고 주장한다.212) 베어회프(Verhoef)에 의하면 로트슈타인(Rothstein)의 추종자들이 마소라 텍스트를 수정하는 문제나 "이 백성"과 "이 나라"를 차별화 하는 것 등은 신빙성이 미흡하다. 귀환한 그들의 부정함은 오로지 도덕적·종교적 결함에서 기인된 것이라고 그는 주장한다.[213]

학개서와 스가랴서의 전반부(1~8장)의 내용 자체를 볼 때에도 사마리아인들을 배제하는 문제가 심각하게 대두되었다는 암시가 없다. 따라서 학개 2:10~14의 메지시는 어디까지나 귀환한 유다 사람들을 포함한 당시의 유다 백성들을 염두에 둔 것으로 이해해야 할 것이다. 코디(Cody)는 당시의 백성들이 다른 이방인들과 구별될만한 가치가 없는 불충성스러운 존재들과 같이 되었다는 의미에서 "나라"(gôy)라는 용어가 사용되었다고 이해한다.[214] 예레미야서에서도 여호와께서는 말씀을 듣지 아니하고 율법을 순종하기를 거부하면서도 제물을 바치는 유다 백성들을 책망하실 때에 "이 백성"(렘 6:19~21)이라고 하시고 하나님 여호와의 목소리를 순종하지 아니하며 교훈을 받지 아니하는 자들을 "민족"이라고 하셨다(렘 7:28). 메이(May)가 강력히 주장한 바와 같이 학개서와 스가랴서에 사마리아인들에 대한 편견이 언급되지도 않았고, 성전재건이 지연된 책임이 사마리아인들에게 있다고 한 적도 없을 뿐만 아니라 선지자 자신이 귀환민과 유다에 남아 있던 주민을 구별한 적도 없다. 따라서 구약의 통상적 용례에 따라 "이 백성"과 "이 민족"은 유다 공동체 곧 여호와 자신의 백성들을 가리킨다고 메이는 주장한다.[215] 타운센드(Townsend)는 학개 1:1~11과 2:10~19의 내용을 분석한 결과 메이(May)의 견해를 받아들이는 이유를 다음과 같이 제시한다. 첫째, 1절에서 날짜 제시, 2~4절에서 "이 백성"을 고발함, 5~11절에서 그들이 겪은 재앙들을 숙고해보라고 함. 둘째, 2:10에서 날짜 제시, 11~14절에서 "이 백성"을 고발함, 15~19절에서 과거의 재앙과 미래의 축복을 숙고해보라고 함.[216]

이 병행관계로부터 1:2과 2:14의 "이 백성"은 유다 백성들을 가리키고, 따라서 2:14의 "이 백성"과 2:14의 "이 나라"는 동일한 백성들을 가리킨다는 사실이 명백하게 드러남을 알 수 있다.

이제 백성들은 하나님의 말씀을 불순종하며 성전을 완공하는 사명을 저버린 만큼 영적으로 부정한 자들이 되었다. 그래서 그들이 드리는 예배와 제물 그리고 그들이 손으로 하는 모든 일이 다 부정하게 되어 하나님을 기쁘시게 해드릴 수 없게 되었다. 본문 14a에는 특이하게 "그러하다"(kēn)가 세 번이나 강조되어 나타난다. 이를 직역하면 다음과 같다.

> …… 그러하다(kēn) 이 백성이
> 그리고 그러하다(kēn) 이 민족이 내 앞에서
> 여호와의 말씀,
> 그리고 그러하다(kēn) 그들의 손의 모든 일이[217]

그들이 이처럼 전적으로 불결하게 된 원인은 불순종에 있다. 그들은 하나님의 집보다는 각각 "자기의 집을 짓기 위하여 빨랐다"(1:9). 그들도 아모스 시대의 타락상을 본받아 "월삭이 언제 지나서…… 안식일이 언제 지나서" 우리 집의 일을 할까 노심초사하지나 않았는지!(암 8:5). 베어회프(Verhoef)도 백성들의 부정함에 관한 세 견해들을 소개한 후 그들의 불순종적 태도가 그 원인이었다고 결론을 내린다. 세 견해들은 (1) 여호와에 대한 백성들의 그릇된 태도(Calvin, Van Hoonacker, Mitchell, Chary, Ackroyd, May 등), (2) 제사의식에 문제가 있었다는 견해. 주전 536년 이래 새로 쌓은 제단이 백성들을 성결하게 할 수 없었는데 그 원인은 폐허된 성전이 백성들과 그들의 수확물 및 봉헌물에 하나님의 진노가 내리게 한 데에 있다고 한다. (3) 사마리아 사람들의 성전재건 참여 제안을 거절한 결과로 성전(Rothstein, Nowack, Sellin, Horst, Deissler, Beuken, Rudolph) 혹은 제물(Chary)이 부정하게 되었다는 반(反)사마리아 해석 등이다.[218] 이사야는 외식주의적 매너리즘에 빠진 유다 백성들을 아래와 같이 질타한 바 있다.

> 주께서 이르시되
> 이 백성이 입으로는 나를 가까이 하며
> 입술로는 나를 공경하나
> 그들의 마음은 내게서 멀리 떠났나니
> 그들이 나를 경외함은
> 사람의 계명으로 가르침을 받았을 뿐이라.(사 29:13)

겉으로는 하나님을 "주님"('ădōnāy)이라고 부르나 그들의 내면은 전혀 다르다는 것이다. 본문에서 "입"과 "입술"은 "마음"과 매우 대조적이다. 그들의 행동은 모두 입에 발라 맞춘 것뿐이고 그들의 마음(동사 앞에 도치되어 강조됨)은 하나님으로부터 멀었다! 바울도 당시에 불순종하는 유대인들에 대해 다음과 같은 두려운 말씀을 기록에 남겼다.

> 그들이 하나님을 시인하나 행위로는 부인하니 가증한 자요 복종하지 아니하는 자요 모든 선한 일을 버리는 자니라.(딛 1:16)

하나님께서는 순종에 근거한 제사를 원하신다고 항상 강조하셨다(삼상 15:22~23; 사 1:11~14). 선지자 학개를 통해 자신들이 하나님 앞에서 부정하다는 판결을 받은 사실을 백성들은 가볍게 넘겨 버릴 수는 없었다. 성결법에 관한 모세의 율법을 잘 알고 있는 백성들에게 있어서 이 말씀은 심각하게 받아들여질 수밖에 없었는데, 그 이유는 부정한 자는 자기 백성 중에서 끊어질 것이라고 모세의 율법에 기록되었기 때문이다(레 7:20~21. 민 19:20). 여호와께서는 부정한 사람이 만일 스스로를 정결하게 하지 아니하면 이스라엘 중에서 끊어진다고 선언하셨다(민 19:13). 이 말씀은 곧 그들이 더 이상 선민이 아니라는 극형의 선고나 다름이 없었다. 여호와께서 학개를 통해 그들이 부정하다고 선언하신 것은 물론 그들을 정죄하여 멸하시려는 것이 아니라 오히려 그들이 회개하여 정결하게 되어 사명을 완수하도록 하시기 위해서이었다.

2) 오늘부터의 축복(학 2:15~19)

> [15]이제 원하건대 너희는 오늘부터 이전 곧 여호와의 전에 돌이 돌 위에 놓이지 아니하였던 때를 기억하라.
> [16]그 때에는 이십 고르 곡식 더미에 이른즉 십 고르뿐이었고 포도즙 틀에 오십 고르를 길으러 이른즉 이십 고르뿐이었었느니라.
> [17]만군의 여호와가 말하노라. 내가 너희 손으로 지은 모든 일에 곡식을 마르게 하는 재앙과 깜부기 재앙과 우박으로 쳤으나 너희가 내개로 돌이키지 아니하였느니라.
> [18]너희는 오늘 이전을 기억하라. 아홉째 달 이십사일 곧 여호와의 성전 지대를 쌓던 날부터 기억하여 보라.
> [19]곡식 종자가 아직도 창고에 있느냐? 포도나무, 무화과나무, 석류마누, 감람나무에 열매가 맺지 못하였느니라. 그러나 오늘부터는 내가 너희에게 복을 주리라.(학 2:15~19)

바벨론 포로에서 귀환한 유다 백성들에게 여호와께서는 학개와 스가라 두 선지자를 통하여 주신 일곱 번의 메시지 중 9월 24일 학개에게 세 번째와 네 번째인 두 메시지를 전해주셨다(학 2:10,19). 이 세 번째 메시지에서 여호와께서는 그들이 부정함에도 불구하고, 만일 책망의 말씀을 듣고 회개하여 성전 완공에 임하는 생활로 순종을 나타낸다면 "오늘부터는 내가 너희에게 복을 주리라"(학 2:19)라는 은혜로운 약속의 말씀을 하여 주셨다. 이 메시지에는 "오늘부터"(min-hayyôm hazzeh)라는 표현이 세 번이나 나타난다(학 2:15,18,19). 특별하게도 구약성경 전체에서 이 표현이 나타나는 곳은 이 세 구절뿐이다. 일본신개역과 일본구어역 그리고 개역개정판이 "오늘부터"라고 번역한 신명기 2:25과 여호수아 3:7의 히브리어 원문을 보면 "~부터"(min)라는 전치사가 없다(일본문어역과 일본신공동역은 수 3:7에서만 "오늘부터"로 옮김). 따라서 영어 역본들은 단순히 "오늘"(hayyôm. "This day")로 옮긴다.

　학개 2:10~19은 학개서를 이해하는 데에 있어서 매우 중요한 위치를 차지한다. 차일즈(Childs)가 지적한 바와 같이, 이 부분을 어떻게 이해하는 가에 따라 본서 전체에 대한 신학적 입장뿐만 아니라 제2성전 재건사역에 대한 입장도 분명하게 드러난다고 말할 수 있을 정도로 중요하다. 따라서 이 부분은 오랫동안 학계의 관심을 끌어왔다.[219]

　학개 2:15의 "오늘부터"의 "오늘"이 9월 24일이라는 것은 세 번째 메시지(학 2:10)를 보아서 분명하고 18절과 19절의 "오늘부터"의 "오늘"은 같은 날을 가리키고 있음이 틀림없다. 15절에서는 여호와께서 "오늘부터" 곧 9월 24일부터 이전을 추억하라고 하셨고, 19절에서는 "오늘부터는 내가 너희에게 복을 주리라"라고 말씀하신 것으로 이해하는 것이 마소라 텍스트를 수정하지 않고 그대로 받아들이는 입장이라고 말할 수 있다.

학개 2:10~19의 충분한 이해를 위해서는 별도의 연구가 필요하므로 여기에서는 2:18을 중심으로 약술하고자 한다.[220] 본문에 대한 견해는 크게 두 가지 점에서 나뉜다. 먼저는 "이전"으로 번역된 18a의 '마알라'(māʿĕlâ)에 관한 이해에서 그러하다. 첫째 그룹은 이를 "이전"("upward, backward")으로 이해하는 동시에 대다수가 에스라서 3장에 수록된 제1성전기초 공사를 역사적 사실로 받아들인다.[221] 둘째 그룹은 이를 "이후"("forward, onward")로 이해하는데 여기에는 일부 보수주의적 경향의 학자들과 역본들도 속한다.[222] 후자에 속한 벨하우젠(Wellhausen)은 전치사 '레'(lᵉ-. "~까지")와 전치사 '민'(min. "~부터")의 복합전치사인 '레민'(lᵉmin. 18b "날'부터'")을 포함한 다른 요소들은 언급하지 않고 '마알라'만을 취급하여 15절과 18절에서 그것을 "이후"로 해석할 것을 제안한다.[223] 베어회프(Verhoef)는 '마알라'가 "이전"을 뜻하는 텍스트는 한 곳도 없다고 주장한다. 그에 의하면 '마알라'는 공간적으로는 "위에"(신 28:43), 어떤 사람의 연령과 관련해서는 "그 이상"("older" –왕하 3:21) 그리고 시간적으로는 대개 미래를 가리키는 "이후"(삼상 16:13; 30:25)라는 뜻을 갖는다고 한다.[224] 이 둘째 그룹에서는 에스라서 3장에 수록된 성전기초 공사에 대해 학자들이 입장을 달리하여 이를 역사적 사실로 인정하는 견해와 인정하지 않는 견해로 나뉜다. 여하간 REV처럼 15절에서는 "이전"으로, 18절에서는 "이후"로 번역하거나, ESV처럼 15,18절을 동일하게 "이전"(난외주 "혹은 '이후'")으로 번역하거나, NIV와 NJPS처럼 15절은 "이전"(난외주 "혹은 '이후'") 그리고 18절은 "이후"로 번역하는 것을 보아 본문의 이해가 용이하지 않음을 알 수 있다.

다음으로 복합전치사인 '레민'(18b "날'부터'")에 관해 고찰해보자. 이

것은 구약성경의 여러 곳에 나타나는데 극소수가 역대기상 5:9; 역대기
하 15:13에서처럼 장소와 사람에게 사용(신 9:7에는 시간과 장소)된 반
면에 시간적으로 사용된 예는 적지 않다. 반 후낵커(Van Hoonacker)에
의하면 이 복합전치사 '레민'은 '아드'('ad. "~까지")의 동의어가 아니라
저자가 의도하는 바가 있어 전치사 '민'(*terminus a quo*)에 전치사 '레'
(*terminus ad quem*)를 결합하여 이중적 지시를 드러내기 위해 사용되
는, 시간과 장소를 동시에 나타내는 현재부터 과거까지를 가리킨다. 즉,
과거로부터 실제적으로 진행되어 계속되어 온 여러 사건들을 회상시키
기 위해 과거의 시점으로부터 오늘까지를 거론하고 있다는 것이다. 따라
서 후낵커는 '레민'이 과거로 향하는 방향전치사인 동시에 다시 과거에서
현재의 시간으로 내려오는 전치사인 이중적 지시전치사로 이해한다("~에
이르기까지 ~부터. jusque depuis").225) 뻬띳쟌(Petitjean)도 '레민'이
이렇게 어떤 시점으로부터의 시간의 흐름을 나타내는 역할을 한다는 입
장에 동의하여 그것을 '날까지'("jusqu'au jour")로 해석한다.226) 퓨지
(Pusey) 역시 사사기 19:30("looking back to that time and from it")
과 사무엘하 7:6("up to from the day")에서 '레민'을 이와 동일("~에
이르기까지 그리고 ~부터")하게 이해한다.227) 시간과 장소를 동시에 표
현하는 '레민'의 복합전치사적 용례는 BDB도 지지를 표명한 바 있다.228)
흥미롭게도 미첼(Mitchell)은 학개서 주석(ICC)에서 본문의 '레민'을 과
거로 소급하는 것으로 이해하는 것이 부당하다고 하였으나, 같은 주석시
리즈의 말라기 주석에서 스미스(J. M. P. Smith)는 말라기 3:7의 '레민'
이 과거로 소급했다가 내려오는 것("back to and from")을 뜻한다고
하며 이러한 용법은 흔하다고 주장한다.229) 그렇다면 학개서에서도 그
렇게 이해해서 안 될 이유가 있겠는가?

18a의 '마알라'(māʿlâ)가 과거("plus haut")를 가리킨다는 입장을 견지하는 반 후낵커(Van Hoonacker)는 그 이유로서 다음의 세 가지를 제시한다. 첫째, 이 단어는 문맥상 과거로 해석되어야 한다. 둘째, 15,18절이 백성들의 마음을 과거에로 향하게 한다. 셋째, 15b와 16a의 구조가 이를 입증한다.[230] 역시 불룸할트(Bloomhardt)는 '마알라'에 대한 다른 근거들을 제시하면서 무엇보다도 히브리어의 악센트 부호인 '밀르엘'(millᵉʿêl)이 악센트의 위치가 뒤로 옮겨진다는 예를 들고 있다. 그는 '마알라'가 미래를 뜻하는 성구는 없다고 하여 해당본문에서 이를 과거로 이해할 것을 주장한다.[231] 뻬띳쟌(Petitjean) 역시 다음의 세 가지 이유를 들어 학개가 청중의 눈길을 과거로 향하게 한다고 주장한다. 첫째, 2:15에서 오늘부터 이전 곧 여호와의 성전에 돌이 돌 위에 놓이지 않았던 때를 기억하라고 촉구한 후에 학개는 16~17절에서 백성들이 겪은 여러 시련들을 열거하고 있다. 둘째, "너희는 기억하라"라는 말은 1:5,7과 2:15~17에서와 마찬가지로 과거의 비참함을 묘사하고 있다. 셋째, 16절 초두의 "그 때에는"이라는 뜻의 '미흐요탐'(mihyôtām. 일본구어역, 개역개정판. 일본신개역과 일본신공동역은 생략)이 이러한 해석을 지지한다. 그는 '미흐요탐'을 과거의 어느 시점으로부터 일어난 일을 그때로부터 회고하는 의미("from that time, since the time" -NETB 참조)로 사용되었다고 보는데 이것은 반 후낵커의 견해를 받아들인 것이다.[232] 오래 전에 카일(Keil) 역시 이를 과거로 이해한 바 있다.[233] 악크로이드(Ackroyd)는 제2성전의 기초가 기원전 536년에 먼저 놓였다는 사실을 인정할 경우에 이 단어 '마알라'(māʿlâ)를 과거로 해석해야 한다고 진술한다.[234]

학개 2:18에서는 '레민' 못지않게 "9월 24일"이 문제의 대상이 되고 있다. 비평적 입장에서는 특히 벨하우젠(Wellhausen)이 18b의 "아홉째 달 이십사일 곧 여호와의 성전 지대를 쌓던 날부터 기억하여 보라"를 삽입으로 보아 삭제해야한다고 주장한 이후로 적지 않은 학자들이 이를 따르고 있다.[235] 따라서 모팟(Moffatt)은 "아홉째 달 이십사일부터"만 괄호에 넣고 이를 부정확한 오류에 의한 설명이나 편집적 첨가 혹은 후대의 삽입이라고 설명한 반면에 JB는 텍스트의 18b 전체를 괄호로 처리했다. 해리슨(Harrison)은 18절의 날짜에 대해 원래 6월 24일(학 1:15)이었던 것이 아마도 필사자의 실수에 의해 예언의 말씀이 주어진 9월 24일(학 2:10)과 혼돈되었을지도 모른다는 입장을 취한다.[236] 그런가 하면 블룸할트(Bloomhardt)는 이 날짜가 2:10을 근거로 하여 본문에 첨가되었다고 이해한다.[237] 이 날짜를 본문에서 아예 제거할 것을 주장하는 학자들도 있다(Mitchell, Elliger. 역시 *BHS*).

하지만 "9월 24일"은 귀환한 공동체에게 있어서 매우 의미심장한 날이다. 이 날은 비로소 그들이 여호와 앞에 부정하여 용납될 수 없는 자들이라는 사실이 적나라하게 드러난 동시에, 그럼에도 불구하고 "오늘부터는 내가 너희에게 복을 주리라"(2:19b)라는 회복의 약속을 받은 날이다. 그리고 무엇보다도 스룹바벨을 택하시어 인장으로 삼으시겠다는 확약을 여호와께로부터 받은 날인 것이다. 또한 이 날에 성전기초를 놓을 수 없었던 이유 중 하나는 반 후낵커(Van Hoonacker)가 지적한 바와 같이 이때가 우기이어서 그러한 공사를 하기에 적합하지 못하기 때문이다. 그는 이 날이 오히려 하나님의 용서를 부각시키는 날로 보는 것이 옳다고 주장한다.[238]

학개 2:18의 "여호와의 성전 지대를 쌓던 날"에 대해서는 그 날을 에스라 3:8~10의 기원전 536년으로 보거나, 학개서를 근거로 하여 기원전

520년으로 보는 두 가지 견해가 있다. 후자를 지지하는 학자들은 에스라서의 신빙성을 인정하지 않는다. 파이퍼(Pfeiffer)는 바벨론에서 귀환한 자들이 고레스 왕의 개방정책에 따라 성전을 재건하도록 허락을 받았다는 것과 심지어 물질적 지원을 받았다는 것까지는 어느 정도 인정한다. 그러나 그는 역사적 가능성과 역사적 사실 간의 차이를 결코 경시해서는 안 된다고 강조한다. 학개와 스가랴는 고레스 왕의 칙령에 관해 전혀 몰랐으며 이전에 행하여진 재건사역에 관해서도 들어본 일이 없다고 파이퍼는 진술한다. 따라서 고레스 왕이 칙령을 내렸으나 모호하게도 이에 착안한 사람이 없었다든가 아니면 그 칙령이 유대인의 위조문서였다는 것 중에서 양자택일을 해야 하는데 자신은 후자가 더 그럴 듯하게 보인다고 이해한다.[239] 베인스(Baynes)는 고레스 치하에서 성전을 재건한 일에 관해 서술한 것은 원래는 다리오 왕 치하에서 성전재건을 언급한 것이었는데, 학개서에 이렇게 언급된 것은 고레스 왕의 칙령을 말함으로써 빚어진 혼란 때문이라고 설명한다. 따라서 에스라 1:2~4의 칙령마저 역사적 증거로서 사용될 수 없다고 그는 주장한다.[240] 존스(Jones) 역시 기원전 536년 이래 기원전 520년의 성전재건 때까지 성전에서 제사를 드린 일이 없다고 생각되기 때문에 에스라서의 기록은 역사적 신빙성이 결여되었다고 주장한다. 결국 그도 에스라서 기자가 에스라서에서 오류를 범했다고 생각하는 것이다.[241] 베드포드(Bedford)는 성전건축이 고레스 통치 하에 세스바살에 의해 이루어졌다는 주장은 학개서와 스가랴 1~8장의 증거에 의해 무너진다고 생각한다. 그도 학개와 스가랴가 이전에 기초를 놓은 사실에 대해 전혀 무지했다고 주장한다. 그에 의하면 학개 2:15에 성전에 돌이 돌 위에 놓이지 아니하였다고 기록된 것은 다리오 왕 제이년 이전에는 성전의 어떤 건축공사도 없었다는 것을 의미한다.

따라서 스가랴 1~6장에는 스룹바벨이 실제로 성전기초를 다시 놓는 것
으로 수록되었으나 고레스 통치 하에 한 번(스 3:7~10) 그리고 다리오
왕 1세 통치 하에 두 번째(학 2:18; 슥 4:9)로 두 번이나 성전기초를 놓았
을 리가 없다는 것이 그의 주장이다. 그렇기 때문에 에스라 3장의 기록이
실제로는 다리오 1세 때의 재건을 언급한 것인데 베드포드는 그것이 고
레스 왕 통치 하의 과거로 투영되었다고까지 강조한다.242)

　이러한 부정적 견해는 에스라서의 기록과 학개서 및 스가랴서 간에
조화가 결여된 경향이 있다는 주장, 에스라 1~6장의 기록에 대한 불신
그리고 학개서에 대한 편협한 이해가 낳은 결과라고 말할 수 있다. 그러
나 모두가 이에 동의하는 것은 아니다. 드라이버(Driver)는 고레스 왕
제2년에 귀환한 자들이 성전기초를 놓았다고 전해지는 바가 어느 정도
신빙성이 있음에 틀림없다고 진술했다.243) 악크로이드(Ackroyd)도 학
개 2:15~19은 기원전 520년 이전에 성전기초가 놓인 사실에 증거를
제시할 가능성이 있음을 인정한다. 학개서의 일차적 관심사가 역사를 기
록하려는 데에 있지 않다는 것이다. 학개는 분명히 성전건축에 초점을
두고 있으며 이것은 '역대기 사가'와 유사하다고 악크로이드는 생각한
다.244) 샤리(Chary) 역시 에스라 1:2~4과 6:3~5의 기록의 역사성을
전혀 의심하지 않으며, 더욱이 에스라 3:8~13에 따라 기원전 536년에
성전 재건에 기울인 노력이 있었다는 전통적 견해를 강하게 지지한다.
그는 이 역사성을 의심하는 사람은 오히려 소수에 속하며 많은 주석가들
과 역사가들에게 에스라 3장은 믿을만한 가치가 있는 것으로 여겨진다고
피력한다.245)

　보수주의 진영에서는 물론 에스라서 3~6장의 기록을 역사적 사실로
받아들이나 제2성전 지대를 쌓는다는 데에 관해서는 이견이 있다. 일부

학자들은 성전 재건공사에 사용된 "쌓다"라는 동사 '야싸드'(yāsad)를 중심으로 문제의 해결을 시도한다. 모지스(Mosis)는 이 동사(피엘형)는 제2성전건축과 관련해서는 건물이 세워지고 완성될 수 있도록 기초를 놓는다는 뜻으로 사용되었다고 말한다(스 3:6,10; 학 2:18; 슥 8:9). 그러나 이것은 건물의 완성과는 대조적으로 전적으로 공사의 시작을 가리킨다고 그는 이해한다.[246] 한편 호그(Hogg)는 '야싸드'가 반드시 새로운 공사만을 가리키는 것이 아니라고 주장한다. 그에 의하면 에스라서와 학개서의 지대를 쌓았다는 말은 솔로몬에 의해 놓인 큰 돌들(왕상 5:17)이 모두 옮겨져서 기초를 놓았다(to lay)는 것이 아니라 기초를 세우고(to found) 복구(to restore)했다는 뜻이다. 또한 호그는 학개 2:10~19에 관해서는 이 내용 전체가 오래 전인 고레스 왕 때를 염두에 둔 것이라고 주장한다.[247] 역시 앤더슨(Anderson)도 '야싸드'의 용례를 세밀히 검토한 결과 바벨론 포로에서 귀환한 직후(기원전 536)에 쌓은 기초공사와 그보다 오랜 시일 후(기원전 520년)에 이루어진 공사와는 서로 모순되지 않는다고 결론지었다. 그는 '야싸드'가 광범위한 의미를 지녔으므로 그것이 한 시점이라기보다는 한 시기를 가리킨다고 보는 것이 에스라서와 학개서와의 문제들을 해소할 수 있다고 생각한다.[248] '야싸드'에 관한 또 다른 견해는 특히 겔스톤(Gelston)에 의해 제시되었다. 그는 기원전 536년이나 520년에 새로운 기초가 놓인 것이 아니라고 주장한다. 그는 예루살렘 성전이 바벨론 군대에 의해 완전히 파괴된 것이 아니고 또한 '야싸드'가 "보수하다, 복구하다, 재건하다"를 뜻하므로 새로운 기초 놓음을 의미하지 않는다고 이해한다. 이러한 이해에 근거하여 겔스톤은 기원전 520년의 성전건축 작업은 536년의 건축을 배제하지 않는다는 결론을 내리게 된다.[249] 볼드윈(Baldwin)도 에스라서와 학개서의 '야싸드'가

"건축하다"라는 뜻을 지닌다고 보고 공사는 기원전 536년에 시작했으나 얼마 동안 중단 되었다가 학개가 백성들을 책망한 결과로 520년에 재개 되었다고 생각한다(학 1:24의 제2년 6월에서 스 6:15의 제6년 12월까지). 따라서 볼드윈은 두 곳에서 모두 새로운 기초공사를 한 것은 아니었다고 주장한다.250) 이처럼 이들은 그 어느 기록에서도 성전의 기초를 놓는 공사는 없었고 다만 보수공사를 위한 두 번에 걸친 별도의 작업이 있은 것에 관한 기술뿐이라고 주장한다.

또 다른 학자들은 아카드 문헌과 히타이트 문헌을 근거로 하여 에스라서와 학개서와의 조화를 시도하려는 경향이 있다. 이 문헌들에 의하면 신전이 파괴되었을 경우 필요에 따라 신전의 각기 다른 장소에 기초공사의 의식을 거행하는 것이 가능하다.251) 따라서 라이트(Wright)는 기원전 536년에 이미 기초를 놓았다고 할지라도 520년에 또 다시 기초공사를 하였다고 보는 데에 무리가 없다고 말한다. 에스라서 기자는 당시에 참고할 문헌이 희귀했을 터인데도 불구하고 정확하게 사건을 기록에 남긴 것으로 보이며 다소 어려운 점이 있기는 하나 그가 문헌들을 고의적으로 조화시키려 하지 않았다는 점을 부각시킨다. 그러므로 라이트는 현존하는 기록은 무리가 없이 그대로 받아들일 수 있다고 주장한다.252) 와이즈만(Wiseman) 역시 에스라 3:10의 첫 번째 공사는 지하에 기초를 놓은 것이고 학개 1:14의 두 번째 공사는 평면에 쌓은 첫 건물로 이해한다. 그러나 그는 라이트(Wright)와는 달리 학개 2:18에 지대를 쌓았다는 언급은 세스바살이 쌓은 첫 번째 기초공사를 가리킨 것이라고 옳게 지적했다.253) 휀샴(Fensham)도 성전의 기초는 주전 537년에 놓였고 학개 시대에는 이전에 놓은 그 기초에 널려있는 잡석들을 제거하고 쇠약한 부분들을 보강하는 작업을 시작했다고 생각하는

것이 타당하다고 이해한다.[254]

이제 만일 우리가 에스라서의 기록을 역사적 사실로 받아들이는 동시에 마소라 텍스트의 학개 2:15~19을 수정하지 않고 그대로 받아들인다면 18절은 9월 24일 곧 "오늘부터" 과거를 추억하여 보라고 촉구하는 말씀을 가리키는 것이 된다. 이것이 전통적 입장이다. 카슈단(Cashdan)은 성전의 기초가 놓인 것은 기원전 536년인 고레스 왕(스 3:10,12; 5:16 참조) 때이고 학 2:18의 진술은 백성들이 16년이라는 오랜 공백 후에 성전완공 공사를 착수한 날에 관한 것으로 이해한다. 그에 의하면 9월 24일이 너무나도 중요한 날이라서 성전의 효과적 기초 공사의 날로 간주되었기 때문에 그 날을 엄밀한 의미에서 받아들일 필요가 없다는 것이다.[255] 한편 카이저(Kaiser)도 에스라 3:8~10과 학개 2:18이 서로 모순되지 않는다고 진술한다. 전자는 귀환한 자들이 처음으로 기초를 놓은 것을 말하고 후자는 학개 시대에 공사장을 정리하고 건축 자재들을 모은 것을 가리키기 때문이라고 그는 이해한다.[256]

본문(학 2:15 원문)에서 상반부의 '마알라'(māʿlâ. "이전")와 하반부의 '미테렘'(miṭṭerem. "전에")이 평행법(parallelism)으로 사용되었고, 스가랴 8:9b의 성전을 건축하려고 지대를 쌓던 "날에"(bᵉyôm. 일본문어역)를 "날부터"(일본신개역)[257]로 이해할 수 있다는 사실만 고려한다고 해도 학 2:18b의 성전 지대를 쌓던 "날"은 "아홉째 달 이십사일"이 아닐 뿐만 아니라 "여섯째 달 이십사일"(학 1:15)은 더더욱 아닌 기원전 536년을 염두에 둔 것임을 알 수 있다. 물론 고대 근동의 문헌들을 근거로 하여 성전 기초를 학개시대에 다시 놓았다고 가정하되 학 2:18의 날자가 6월 24일이 아니라 위에서 언급한 와이즈만(Wiseman)의 견해처럼 에스라서의 기초공사를 가리킨다고 보는 견해도 일리가 있다.[258] 그러나 마소라 텍스트 자체에 근거한 전통적 견해를 따라 학개 2:18을 몇몇 역본들처럼 아래와 같이 번역하는 것이 원문에 충실하다고 생각된다. "너희는 부디 오늘부터 이전 곧 구월 이십사일부터 여호와의 성전 지대를 쌓던 날까지를 추억하여 보라"(Merrill, NETB, 중국상제판, 일본문어역 참조).[259]

학개 2:15,18의 "추억하라"는 말씀의 히브리어 원문에는 여호와의 간절하신 마음을 나타내는 불변화사 '나 ―'(nā'. "부디, 제발")가 첨가되었다("I pray you" -JPS). "오늘부터"(2:18b)라는 말씀이 원문에서는 문장 앞에 놓여 강조되었다. 이 말씀을 들은 당시의 지도자와 백성들은 즉시 순종하여 사명을 완수했다. 여호와께서는 순종하는 그들에게 복을 주실 것이라고 약속하셨다. 그 약속은 물질적인 복보다 더 고차원적인 약속임이 학개의 마지막 메시지에 분명하게 나타나 있다(학 2:20~23). 그리고 스가랴를 통해서 말씀하신 약속의 구체적 내용들은 스가랴 2:4,5,10~13; 8:1~8,20~23 등에 기록되어 있다. 이것은 과거에 이방 민족들 가운데에서 저주("즐겨 쓰지 않는 그릇", 호 8:8 참조)가 되었던 그들을 이제는 축복이 되게 하시겠다는 하나님의 약속의 말씀인 것이다.

> 유다 족속아,
> 이스라엘 족속아,
> 너희가 이방인 가운데에서
> 저주가 되었었으나
> 이제는 내가 너희를 구원하여
> 너희가 복이 되게 하리니
> 두려워하지 말지니라.
> 손을 견고히 할지니라.(슥 8:13)

제10강
선지자 학개의 넷째 메시지

스룹바벨을 인장으로 삼으심(학 2:20-23)

²⁰그 달 이십사일에 여호와의 말씀이 다시 학개에게 임하니라. 이르시되
²¹너는 유다 총독 스룹바벨에게 말하여 이르라. 내가 하늘과 땅을 진동시킬
것이요
²²여러 왕국들의 보좌를 엎을 것이요 여러 나라의 세력을 멸할 것이요 그 병거
들과 그 탄 자를 엎드러뜨리리니 말과 그 탄 자가 각각 그의 동료의 칼에 엎드
러지리라.
²³만군의 여호와가 말하노라. 스알디엘의 아들 내 종 스룹바벨아 여호와가 말
하노라. 그 날에 내가 너를 세우고 너를 인장으로 삼으리니 이는 내가 너를
택하였음이니라. 만군의 여호와의 말이니라 하시니라.(학 2:20~23)

학개는 셋째 메시지를 전한 같은 날인 9월 24일에 또다시 넷째 메시지
를 전했다. 이렇게 두 번의 메시지가 같은 날에 전해진 것은 당시의 교회
에게 주신 메시지들이 수록된 학개서와 스가랴서 1~8장을 통틀어 이곳
뿐이다. 여호와께서 이렇게 하신 데에는 이유가 있었다. 이 두 메시지의
의미심장한 내용을 고려하면 그렇게 하신 데에는 당시의 교회 지도자들
과 성도들로 하여금 이 메시지들의 중요성에 특별한 관심을 기울이게
하시려는 여호와의 의도가 있었다고 여겨진다. 이제 그들은 육적 이스라

엘의 회복에서 영적 이스라엘의 회복을 바라볼 수 있도록 영안을 떠서 심기일전하여 제2성전 완공 사역에 임해야 할 것이 기대된다.

본문은 이 말씀이 유다 총독 스룹바벨에게 전해졌다고 기록하고 있다. 학개의 첫째 메시지(학 1:1,12,14)와 둘째 메시지(학 2:2,4)는 총독 스룹바벨과 대제사장 여호수아 두 지도자가 함께 받았다. 셋째 메시지에서는 제사장들에게 질문한 내용이 담겨 있다. 그런데 이 마지막 메시지에서는 스룹바벨만 언급되었을 뿐 여호수아에 대한 언급이 전혀 없다. 그 이유를 여호수아가 제2성전의 완공 사역을 등한시한 과실 때문이라고 생각하는 학자가 있으나 이러한 해석은 옳지 않다. 과실이 있었다면 스룹바벨도 예외라고 할 수는 없기 때문이다. 그 과실에 대한 비난은 어느 한 사람이 아닌 당시의 지도자들과 백성들 모두가 받아야 마땅했다. 그들은 그 어느 한 사람도 예외 없이 여호와 앞에 불결한 존재들이었다. 무어(Moore)는 본문에서 스룹바벨만 언급된 이유를 다음의 두 가지를 들어 적절하게 설명한다. 첫째, 학개 2:6,7에 "내가 하늘과 땅과 바다와 육지를 진동시킬 것이요 또한 모든 나라를 진동시킬 것이며"라고 하신 "진동"에 대한 예언을 들은 백성들이 두려움에 사로잡혀 있었으므로 그들의 정치적 안정을 고려했기 때문이다. 둘째, 스룹바벨은 총독으로서 하나님의 왕국을 가시적으로 대표하는 인물이었기 때문이다.260)

학개 당시의 사역자들의 이름에 관한 기록에서 우리는 다음과 같은 사실을 발견한다.

첫째로, 에스라서(스 2:2,36~40)와 느헤미야서(느 12:1~6)에 있는 여러 지도자들의 명단이 학개서와 스가랴서에는 생략되었다.

둘째로, 대제사장 여호수아(예수아)와 총독 스룹바벨의 이름도 그들의

사역에 따라 순서가 다르게 기록되었다. 제사 의식과 관련해서
는 여호수아 - 스룹바벨의 순서(스 3:2)로, 정치적 · 행정적 면
에 관해서는 스룹바벨 - 여호수아의 순서(스 3:8; 학 1:1,12,
14; 2:2,4)로 기록되었다.

셋째로, 제사장 계통(느 12:7)이나 교회의 영적 대표(슥 3:1,3,6,8,9)로
는 여호수아의 이름만 나타나는 한편 메시아를 예표하는 인물
로는 여호수아(슥 6:11~13)와 스룹바벨(학 2:23)의 이름이 각
각 기록되기도 한다.

이렇게 중심적이 아닌 인물의 이름이 생략되거나, 사역의 특수성에 따
라 이름의 순서가 다르거나, 혹은 저자의 의도에 따라 노아, 다니엘, 욥
(겔 14:14,20) 또는 다윗, 사무엘(히 11:32) 등의 순서로도 나열된 경우가
있다. 그러므로 이 사역자들 가운데에서 누구의 이름이 먼저 나타나는가,
왜 한 사람의 이름만 나타나고 다른 사람들의 이름은 나타나지 않는가
하는 문제에 대해 성경 자체가 제시하는 이상의 관심을 가질 필요는 없
다. 구약성경은 어떤 사역자들의 이름은 밝히기를 원하지 않아 사무엘상
2:27; 열왕기상 13:1 등에서처럼 다만 "하나님의 사람"으로 소개하는 경
우들도 있다.

그러면 이 스룹바벨은 어떤 인물이었는가? 일반적으로 유다 지역은
페르시아의 헌법상으로 사마리아에 있는 총독의 권한 아래 있는 것으로
이해되었다. 그러나 근자에 발견된 비문 자료들에 의해 학개 시대에는
이 지역이 사마리아로부터 분리된 별도의 지역으로 인정되었다고 보는
견해도 있다.[261] 그렇다면 귀환한 유다 공동체를 대표하는 스룹바벨에
게 어느 정도의 권한이 부여되었다고 볼 수 있다. 여하간 마태복음 1:12

~13(눅 3:27; 대상 3:17~19 참조)에 의하면 그는 여고냐(여호야긴) 왕의 손자로서 스알디엘의 아들이었다(12절). 그는 다윗 왕의 가계를 이어받은 후손이요 메시아 계보와 연결되는 인물이었다. 학개가 그에 대하여마지막으로 언급한 지 두 달 후에 스가랴가 전한 둘째 메시지(슥 1:7)에서스룹바벨의 이름이 다시 나타날 뿐(슥 4:6~10) 그 이후에는 전혀 거론되지 않는다. 그는 아마도 다리오 왕 4년(슥 7:1) 혹은 제2성전이 완공될때인 다리오 왕 6년(스 6:15)까지 총독의 자리에 있은 듯하나 우리가 이사실을 단언할 수는 없다.

어떤 학자들은 그가 그 이후의 역사에서 등장하지 않은 것으로 보아공직을 박탈당해 바벨론으로 소환되어 투옥되거나 죽었을 것이라고 추측한다. 다른 학자들은 스룹바벨이 학개와 스가랴의 메시아 대망 사상에영향을 받아 페르시아의 통치에 반역한 죄로 공직에서 제거되었다고 주장한다. 제2성전의 완공에 대하여 기록한 에스라 6:14,15에 "유다 사람의 장로들"만 나타나고 스룹바벨의 이름이 나타나지 않는다고 하여 그가이 공사 기간 중에 죽었을 것이라고 생각하는 학자도 있다. 루이스(Lewis)는 히브리 성경의 역사상 가장 큰 불가사의 중의 하나는 스룹바벨의 사라짐이라고 말한다. 그에 의하면 그것은 불가사의 중의 불가사의이다. 첫째는, 어떻게 하나님의 인장인 스룹바벨이 사라졌는가 하는 것이고, 둘째는, 동일한 깊이의 문제인데, 왜 성경에 그에 대한 상세한 내용이없는가 하는 것이다. 그러면서 그는 성경은 이에 대해 침묵하며 결국은이 불가사의는 우리가 풀 수 없다고 시인한다. 하지만 그는 스가랴 6:9~14에 대한 자신의 해석을 근거로 하여 문제를 해결하려고 한다.

......

[11]은과 금을 받아 면류관을 만들어 여호사닥의 아들 대제사장 여호수아의 머

리에 씌우고

12······ 보라 싹이라 이름하는 사람이 자기 곳에서 돋아나서 여호와의 이 전을 건축하리라.

13그가 여호와의 전을 건축하고 영광도 얻고 그 자리에 앉아서 다스릴 것이요 또 제사장이 자기 자리에 있으리니 이 둘 사이에 평화의 의논이 있으리라 하셨다 하고 ······(슥 6:9~14)

루이스는 특히 13절의 "또 제사장이 자기 자리에 있으리니"(wᵉhāyâ kōhēn 'al-kisʼô)에서 '알'('al)을 자리 "위에"가 아닌 자리 "옆에"로 해석함으로써 여호수아가 스룹바벨 옆에 앉는 것으로 이해한다(LXX은 "그의 오른 쪽에"). 그러나 제사장이 보좌에 앉을 수 있게 하려면 본문에서 스룹바벨을 제외시킴으로써만 가능하다고 그는 이해한다. 결국 루이스는 스룹바벨이 사라진 불가사의를 설명함에 있어서 스룹바벨이 사두개파(the Zadokites)에 속한 제사장 파와의 일종의 세력다툼에 의해 면직되거나 살해되었을 것이라는 추론을 제시한다.

물론 볼드윈(Baldwin)이 말한 바와 같이 제사장이 보좌에 앉는다는 것이 너무나 유다르기 때문에 학자들이 '알'('al)을 통례의 "위에"로 번역하기를 주저하여 "옆에"로 번역하려는 유혹을 받게 되는 것으로 생각할 수가 있다.262) 그러나 근본적으로 이러한 해석의 근저에는 신학적 입장 즉, 본문이 메시아의 왕직과 제사장직(히 6:20)을 가리키는 것이라는 전통적 해석을 거부하는 입장이 자리하고 있다.263) 따라서 유대인의 역본인 LXX과 JPS는 각각 "오른 편에"와 "앞에"로 번역했다. 그러나 같은 유대인의 역본인 NJPS는 텍스트에 원문 그대로를 옮기고 난외주에 LXX의 번역을 소개했다("And there shall also be a priest seated on his throne···." 슥 6:13b의 초두에 나타나는 접속사 '와우'는 13a에 두 번

강조적으로 사용된 남성3인칭대명사 "그"(wᵉhûʾ ibneh. "그가 건축하고"; wᵉhûʾ-yiśśāʾ. "그가 영광도 얻고")와 연결되어 제사장인 메시아가 거기 보좌에 앉을 것을 가리킨다.[264] 결국 우리가 스룹바벨에 대해 말할 수 있는 것은 스룹바벨이 귀환 후기의 유다 역사에서 중요한 위치를 차지했으며 그 이유는 그가 다윗 왕의 계통을 이어받은 후손으로서 당시의 유다 총독이었기 때문이라는 사실이다. 자펫(Japhet)이 성경의 외적 자료를 근거로 하여 지적한 바와 같이 고레스 왕이 등극한 기원전 538년부터 다리오 왕 제이년 곧 기원전 520년까지의 17년 혹은 그 이상을 스룹바벨이 지도자로써 활동했다고 생각된다. 즉, 그는 페르시아의 고레스, 감비세스 그리고 다리오 왕의 통치를 거치는 동안 총독이었고 고레스 시대에는 성전의 지대를 놓았고 또 다리오 시대에는 성전완공 사역을 재착수했던 것으로 알려졌다.[265]

여기에서 한 가지 더 다루고 지나가야 할 문제는 유다 총독 세스바살과 역시 유다 총독이었던 스룹바벨의 관계이다. 에스라 5:13~16은 세스바살에 대하여 언급할 때에 그가 성전의 지대를 놓았다고 기록하고 있다. 그러나 에스라 3:8, 10과 스가랴 4:9은 스룹바벨이 그 지대를 놓았다고 기록한다. 세스바살에 대한 기록은 에스라 1:8~11과 5:14~16에서만 찾아 볼 수 있다. 이 성구들에 의하면 그는 고레스 왕의 명령에 따라 바벨론 왕 느부갓네살이 가져간 성전의 금, 은 기물들을 다시 예루살렘 성전으로 옮겨온 인물로서 제2성전의 지대를 놓았다. 그러나 학개서와 스가랴서에는 그에 대한 언급이 전혀 없다.

이 문제를 학자들은 주로 두 가지로 이해한다. 첫째 견해는 이 둘을 같은 인물로 보는 반면에 둘째 견해는 이 둘을 서로 다른 인물로 이해하는 것이다. 프라트(Pratt)에 의하면 전자를 지지하는 근거는 다음과 같다.

첫째, 에스라서는 이 두 인물의 사역을 밀접하게 연관시키며 전혀 차별을 두지 않는다는 것(스 1:1~4:4); 둘째, 두 인물 모두 "총독"으로 불렀다는 것(스 5:14; 학 1:1); 셋째, 둘 다 성전재건의 임무를 띠었다는 것(스 1:1~11; 3:1~13); 넷째, 둘 다 성전 기초를 놓았다는 것(스 5:16; 3:2,8).266) 이것은 전통적 견해이다. 이 견해는 세스바살은 공적 이름인 반면 스룹바벨은 사적 이름이요, 전자가 이방의 왕국인 바벨론의 이름이라면 후자는 유대식 이름이라고 이해한다. 그리고 아람어로 기록된 에스라 4:8~6:18; 7:12~26을 제외한 히브리어로 기록된 에스라서와 느헤미야서에서 에스라 1장 이후에 세스바살이 완전히 사라지고 그 다음 장들에서 스룹바벨이 아무런 소개 없이 지도자로 등장하는 사실도 이 견해를 지지한다고 이해한다.267) 역시 프래트에 의하면 후자를 지지하는 근거는 다음과 같다. 첫째, 세스바살과 스룹바벨은 양쪽 모두 바벨론 이름이라는 것. 둘째, 에스라1서 6:18에 의하면 성전 기구들을 두 인물에게 맡겼다는 것. 셋째, 에스라서의 텍스트에 따르면 세스바살은 고레스에 의해 임명되었고(스 1:1~11) 스룹바벨은 그의 권한을 다리오로부터 위임 받았음이 분명하다는 것(2:2; 3:1~4:5). 넷째, 역대기상 3:18은 세스바살이 스룹바벨의 숙부였다는 사실을 강하게 암시한다는 것. 프래트가 지지하는 이 견해를 따른다면 고령의 총독 세스바살이 기초를 놓았고, 제2성전 건축 공사가 진행되는 동안 스룹바벨은 그의 대행자로 일을 하다가 세스바살이 별세하자 그 일을 이어 받은 것이다. 휀샴(Fensham)은 이것을 대다수 현대학자들의 견해로 본다.268) 윌리암슨(Williamson)은 두 인물이 동일인이라는 것은 불가능한 가설이라고 일축한다. 그는 다니엘/벨사살 등과 같이 유다 이름과 바벨론 이름을 동시에 갖는 것이 아니라, 다른 두 개의 바벨론 이름을 유다의 지도자가 갖는다는 것은 불가능하다고 주장한다.269) 그러나 러스트(Lust)는 바벨론에서 태어난 유다 사람이 두 개의 바벨론 이름을 갖는 것은 불가능한 것이 아니라고 주장하며 에스더/하닷사를 그 예로 제시한다. 그에 의하면 한 사람이 복수의 이름을 사용하는 것은 서로 다른 문맥과 문학적 장르에서 기인한다. 따라서 이 두 이름들은 동일인을 가리키는 것인데 왕궁에서는 총독의 공적 이름인 "세스바살"이 그리고 유다 사람들 간에서는 더 익숙한 이름인 "스룹바벨"이 사용된다고 그는 주장한다.270) 이상의 두 견해 중에 어떤 것을 취하던지 간에 난제가 남을 것이다. 그러나 후자를 택하는 자펫(Japhet)이 세스바살과 스룹바벨에 관한 기사가 수록된 마소라 텍스트에서 역사적 사실(facts)과 기록된 형식(form), 즉 역사적 개념과 영적 입장을 구별해야 한다고 주장271)하는 것을 보더라도 후자의 견해를 취하기가 곤란하다. 따라서 보다 전통적 해석272)이라고 러스트(Lust)가 말한 전자의 견해를 따르는 편이 성경의 기록의 사실성을 그대로 받아들인다는 견지에서도 바람직하다고 말할 수 있다.

이제 학개 2:23에서 스룹바벨을 여호와께서 "내 종"이라고 부르신 사실을 살펴보자. 구약에서 이 표현은 사무엘하 7:5; 시편 132:10; 사 37:35 등에서처럼 종종 다윗 왕을 가리킬 때에 사용되었다. 더욱이 또 다른 구절들에서는 이 다윗 왕이 앞으로 오실 메시아의 예표적 인물로 등장한다. 바벨론에서 절망적인 포로 생활을 하고 있던 유다 백성들에게도 선지자 에스겔을 통하여 유사한 말씀이 전해졌다(겔 34:23~24; 37:24~25. 역시 왕상 11:36의 "내 종 다윗에게 한 등불이 항상 내 앞에 있게 하리라" 참조). 따라서 귀환민들은 이 표현에 깊은 관심을 기울였음이 틀림없다.

또한 여호와께서는 스룹바벨을 "인장"으로 삼으시겠다고 말씀하셨다. 인장 반지는 권위의 상징(에 8:10)인 동시에 너무나도 귀한 소유물이어서 그 소유자가 몸에 지니고 다녔고(아 8:6) 목에 걸거나 손가락에 끼기도 했다(렘 22:24). 이처럼 당시의 총독 스룹바벨은 여호와께 귀하게 쓰임을 받을 인물이 될 것이라는 말씀이 전해진 것이다. 이 말씀 역시 스룹바벨 자신만 아니라 당시의 교회의 모든 성도들에게 소망을 안겨주는 원동력이 되었을 것이 틀림없다.

22절의 "여러 왕국들의 보좌를 엎을 것"이라는 말씀에서 "엎는다"라는 표현은 하나님께서 소돔과 고모라를 멸망시키실 때에 사용되었다(창 19:25; 신 29:23; 사 13:19; 암 4:11). 역시 "그 병거들과 그 탄 자를 엎드러뜨리리니"라는 말씀은 출애굽 당시 애굽의 전차들과 군사들을 홍해에서 몰살시킨 사실을 염두에 둔 것이다(출 14:25; 15:4,21; 사 43:17). 그러므로 이 말씀들은 결국 종말론적으로 해석되어야 할 것이다.

학개 2:20~23의 말씀은 물론 일차적으로 학개 당시의 교회와 관련이 있다. 그러나 "그 날에"라는 표현이 밝혀 주듯이 이 약속의 궁극적 성취는 모든 나라의 보배요 소망이신 예수 그리스도의 오심으로 성취될 것이다(학 2:7). 허버트 볼프(Herbert Wolf)는 다음과 같이 옳은 해석을 제시한다. 그는 스룹바벨의 이름이 이 엄청난 사건들과 관련하여 언급되지만, 이것은 그가 메시아로 여겨질 것을 의미하지는 않는다. 총독 스룹바벨에게 메시아를 가리키는 "내 종" 및 "택한 자"(사 42:1; 52:13)라는 호칭들이 사용된 이유는, 이 유다의 지도자가 바로 언젠가는 다윗 왕조로부터 메시아가 나올 것이라는 말씀의 증거 혹은 보증이었기 때문이다.[273] 매튜 헨리(M. Henry)에 의하면 우리 주 예수께서 하나님의 오른손의 인장이시라는 것은 모든 권세가 그에게 주어졌고, 그로부터 나왔기 때문에 그러하다. 그분으로 인해 복음의 위대한 헌장이 서명되었고 비준되었으며, 그 안에서 하나님의 모든 약속들은 '예'가 되고 '아멘'이 되는 것이라

고 그는 강조한다.[274] 자펫(Japhet)이 지적한 바와 같이 학개 2:20~23
은 성경에서 유일하게, 마지막 때에 관한 예언에서 현존하는 역사적 인물
인 스룹바벨의 이름을 명시하여 예언에서 의도한 인물과 초점을 맞추어
동일시한 예이다.[275]

그런데 우리는 하나님께서 이미 예레미야를 통하여 여고냐(여호야긴)
왕의 종말에 대하여 다음과 같이 말씀하신 바가 있으셨다는 사실을 알고
있다.

> [24]여호와의 말씀이니라. 나의 삶으로 맹세하노니 유다 왕 여호야김의 아들 너
> 고니야가 나의 오른손의 인장반지라 할지라도 내가 빼어
> [25]네 생명을 찾는 자의 손과 네가 두려워하는 자의 손 곧 바벨론의 왕 느부갓네
> 살의 손과 갈대아 인의 손에 줄 것이라……
> [30]여호와께서 이와 같이 말씀하시니라. 너희는 이 사람이 자식이 없겠고 그의
> 평생 동안 형통하지 못할 자라 기록하라. 이는 그의 자손 중 형통하여 다윗의
> 왕위에 앉아 유다를 다스릴 사람이 다시는 없을 것임이라 하시니라.(렘 22:24
> ~25,30)

여호와께서 이렇게 엄중한 말씀을 하셨음에도 불구하고 학개 2:23에
서는 여고냐의 뒤를 이은 스알디엘의 아들인 스룹바벨을 인장으로 삼으
시겠다고 하지 않으시는가! 예레미야에게 하신 이 말씀을 생생하게 기억
하고 있는 학개 시대의 성도들에게 있어서 학개를 통해 주신 이 회복의
말씀은 그들이 대망하던 메시아에 대한 약속을 재확인시켜주는 참으로
감격스러운 말씀이 아닐 수 없다. 과연 스알디엘의 아들 유다 총독 스룹
바벨은 오실 메시아의 선조(마 1:12~13)가 될 뿐만 아니라 바벨론에서
귀환하게 됨으로 인해(스 2:2; 느 7:6~7; 12:1) 베들레헴에서 메시아가

탄생하실 것이라고 선지자 미가를 통해 예언하신 말씀(미 5:2)이 성취되는 데에 쓰임을 받는 은혜를 입은 것이다.

> 베들레헴 에브라다야 너는 유다 족속 중에 작을지라도 이스라엘을 다스릴 자가 네게서 내게로 나올 것이라. 그의 근본은 상고에, 영원에 있느니라. (미 5:2. 역시 마 2:5~6 참조)

이제 그들이 영안을 뜨고 영적 이스라엘의 회복을 확신하면서 맡겨진 사명을 충성되게 달성한다면 그들이 소원하는 바는 실현될 날이 반드시 올 것이다. 학개는 의미심장하게도 23b에서 목적어를 동사 앞에 도치시킬 뿐만 아니라 동사 "선택하다"의 과거시제(bāḥartî)를 사용하여 "이는 너를 내가 택하였음이니라"("for it is you whom I have chosen" -REB, Motyer. "denn dich have ich erwält" -Luther.)라고 하시는 선택의 확실성을 강조한다. 브라이트(Bright)는 당시의 지도자 스룹바벨이 담당한 사역의 중요성을 높이 평가한다. 백성들의 긴급한 임무는 성전 재건에 전적으로 집중하는 것이었는데 이것이 그들에게 충족되지 못한다면 그들은 결국 주변 국가들에게 동화되어 더 이상 독특한 민족으로 존재하지 못했을 것이라고 강조한다.[276] 나베다니 교지(鍋谷堯爾)는 학개의 역할에 대해 다음과 같이 적절히 진술한다. 학개의 네 번째 메시지는 여기에서 크게 비약하여 건물에서 인간에게로 초점이 맞추어진다. 이렇게 해서 성전공사의 리더십을 취하는 스룹바벨은, 그가 하고 있는 공사보다는 자기 자신이 더 중요하다는 것을 알게 된다. 그러나 그것은 그 자신의 가치에 의한 것이 아니라 하나님의 선택에 의한 것이며 그 선택은 다윗의 후예에 의해 하나님의 영원한 나라가 세워질 것이라는 약속의 말씀에 의한 것이라고 나베다니는 강조한다(삼하 7:24~29).[277]

23절을 보면 여호와께서는 스룹바벨에게 너는 "내 종"이라고 부르시고나서 너를 "취하고"(lāqaḥ), 인장으로 "삼으리니"(śûm, 출 6:7; 신 4:20; 삼하 7:8 참조)라고 하시며 그 이유를 내가 너를 "택하였음이니라"(bāḥar)라고 그에게 알리신다. 제이볼트(Seybold)는, 본문이 스룹바벨에 대한 하나님의 행동을 표현하는 이 세 가지 동사들에 특별한 주의를 기울이게 함으로써 하나님과 스룹바벨의 관계가 명확하게 드러나게 해준다고 지적한다. 그는 특히 동사 "선택한다"(bāḥar)에 주목해야 한다고 말한다. 이 동사에는 여호와께서 스룹바벨에게 보이신 행동에 관한 근본적 진술이 담겨 있다는 것이다. 이 진술은 스룹바벨을 취하고(lāqaḥ) 그를 인장처럼 삼으신다(śîm kĕḥôtām)는 표현에 의해 보충되는데 이것들은 하나님의 행동의 시작과 목적을 나타낸다고 제이볼트는 역설한다.278) 선지자 학개는 한 걸음 더 나아가 이 말씀이야말로 그들의 하나님 곧 선민의 여호와이신 그분께서 친히 하신 약속임을 강조하며 끝(히브리어 원문)으로 "만군의 여호와의 말씀"이라고 말함으로써 학개서의 절정을 장식한 것이다!

제11강
능력 있는 목회자, 감화력 있는 설교자, 모범적 사역자 학개
(학개 1:12~15)

지금까지 고찰한 바에 의해 우리는 선지자 학개가 어떤 인물인가를 알게 되었다. 그에게는 여호와의 말씀을 맡은 사신으로서의 권위를 지닌 자라는 의미에서 구약의 전통적 용례와는 달리 "여호와의 사자"(학 1:13)라는 호칭이 사용되었다. 그의 고매한 인격은 자신을 전혀 드러내지 않는 겸손함, 동역자와 협력하고 화목하는 품성 그리고 여호와만 높이며 그에게만 영광을 돌리는 충성심을 통해 드러났다. 이제 학개서를 통해 끝으로 숙고하고자 하는 것은 우리에게 깊은 감동을 주는 학개 1:12~15에 기록된 말씀의 내용이다.

> [12] 스알디엘의 아들 스룹바벨과 여호사닥의 아들 대제사장 여호수아와 남은 모든 백성이 그들의 하나님 여호와의 목소리와 선지자 학개의 말을 들었으니 이는 그들의 하나님 여호와께서 그를 보내셨음이라. 백성이 다 여호와를 경외하매
> [13] 그 때에 여호와의 사자 학개가 여호와의 위임을 받아 백성에게 말하여 이르되 여호와가 말하노니 내가 너희와 함께 하노라 하니라.
> [14] 여호와께서 스알디엘의 아들 유다 총독 스룹바벨의 마음과 여호사닥의 아들 대제사장 여호수아의 마음과 남은 모든 백성의 마음을 감동시키시매 그들이 와서 만군의 여호와 그들의 하나님의 전 공사를 하였으니

[15]그 때는 다리오 왕 제이년 여섯째 달 이십사일이었더라.(학 1:12~15)

여기에서 우리는 여호와의 대언자 학개가 전한 메시지가 가져온 다음과 같은 놀라운 결과를 발견하게 된다.

첫째로, 당시의 정치 지도자 스룹바벨과 종교 지도자 여호수아뿐만 아니라 남은 모든 백성 곧 온 교회가 학개의 메시지를 듣고 주의 말씀에 순종하게 되었다.

이때의 순종이 너무나도 귀한 것은 그것이 16년이라는 오랜 기간 동안 계속되던 불순종의 시기에 이루어졌다는 사실에서 알 수 있다. 이 놀라운 변화는 다른 어떤 기이한 방법에 의하여 일어난 것이 아니라 다만 백성들이 학개가 전한 여호와의 말씀을 듣고 그대로 믿은 데에서 나타난 것이다. 그런데 이러한 결과가 나타난 또 한 가지 이유는 학개가 그들의 하나님 여호와께서 보내신 신실한 사역자임을 깨달아 그가 전하는 메시지가 곧 여호와의 말씀이라는 사실을 믿었기 때문이라고 12절은 밝히고 있다. 여기에서 그 누구 하나 빠짐이 없이 그렇게 믿었다는 의미에서 특히 세 그룹 곧 정치 지도자와 종교 지도자 및 모든 백성이 언급된 사실에 유의할 필요가 있다(역시 1:14; 2:2. 렘 29:1 참조). "그들의 하나님 여호와의 목소리와 선지자 학개의 말"(12절)이라는 말씀에서 접속사 "~와"(wāw explicativum)를 한스 볼프(Wolff)는 "즉"("nämlich")으로 이해하여 여호와의 말씀과 전언자의 말을 동일시한 것이라고 이해한다.[279] 하나님의 나라를 위해 쓰임을 받는 목회자와 사역자가 전하는 메시지에 온 청중이 이렇게 반응한다면 그 얼마나 좋겠는가. 그 이상 더 바랄 것이 없으리라! 하지만 여기에는 한 가지 놓치지 말아야 할 메시지가 있다. 그것은 다름이 아닌 여호와께서는 그때에만 그렇게 하신 것이 아니라 오늘날도 학개와 같은 신실한 일꾼을 쓰시려고 찾고 계신다는 점이다. 매튜 헨리(M. Henry)는 당시의 백성들의 변화에 대해 놀라움을 금하지 못하며 다음과 같이 진술한다. 그들은 그 선지자가 여호와의 사자임을 알았으며 그가 전한 말이 여호와의 말씀임을 알았기에 그의 말을 사람의 말이 아니라 전능하신 하나님의 말씀으로 받아들인 것이다(12절). 예언은 그들에게 있어서 익숙하지 않은 일이었으며 오랫동안 그들에게는 하늘로부터 보냄을 받은 선지자가 없었다. 그러나 이제 한 사람이 있게 되자 백성들은 그를 특별히 존중했다.280)

우리는 여기에서 예수께서 드리신 대제사장적 기도 중의 한 구절을 연상하게 된다.

나는 아버지께서 내게 주신 말씀들을 그들에게 주었사오며 그들은 이것을 받고 내가 아버지께로부터 나온 줄을 참으로 아오며 아버지께서 나를 보내신 줄도 믿었사옵나이다.(요 17:8)

선지자는 하나님으로부터 보내심을 받아 하나님의 말씀을 받은 그대로 대언하는 사람이다. 구약성경은 특히 하나님께서 모세에게 말씀하신 신명기 18:15,18에서 그 사실을 잘 드러낸다.

15네 하나님 여호와께서 너희 가운데 네 형제 중에서 너를 위하여 나와 같은 선지자 하나를 일으키시리니 너희는 그의 말을 들을지니라……
18내가 그들의 형제 중에서 너와 같은 선지자 하나를 그들을 위하여 일으키고

내 말을 그 입에 두리니 내가 그에게 명령하는 것을 그가 무리에게 다 말하리
라.(신 18:15,18)

역시 에스겔 2:3~5에서 여호와께서는 "인자야 내가 너를 이스라엘
자손 곧 패역한 백성 나를 배반하는 자에게 보내노라…… 내가 너를 그들
에게 보내노니…… 듣든지 아니 듣든지 그들 가운데에 선지자가 있음을
알지니라"라고 말씀하셨다. 본문의 동사 "보내다"를 LXX은 '아포스텔
로', '엑스아포스텔로'라고 번역했다. 이 단어는 신약의 "사도"('아포스
톨로스')라는 용어와 일치한다. 반게메렌(VanGemeren)의 정의에 의하
면, 선지자는 하나님의 부르심을 받고, 성령의 능력을 힘입고, 하나님의
대변자로서의 권한과 계시를 받아 하나님의 양떼를 치는 선한 목자이고
또한 하나님의 말씀과 맡은 임무를 이적에 의해 드러내 보이는 이스라엘
사람이다.281) 사도 바울도 데살로니가 교인들에게 보낸 편지에서 "……
너희가 우리에게 들은 바 하나님의 말씀을 받을 때에 사람의 말로 아니하
고 하나님의 말씀으로 받음이니 진실로 그러하도다 ……."(살전 2:13)라
고 하며 하나님께 감사를 드렸다.

그 당시의 지도자들과 백성들이 학개의 말을 듣고 순종한 것은 곧 그들
이 하나님의 말씀을 듣고 순종했음을 의미한다. 성경은 유다 왕국이 멸망
한 것은 그 백성들이 선지자의 말에 순종하지 않았기 때문이라고 밝히고
있다. 여호와께서는 그들에게 끊임없이 부지런히 말씀하셨는데도 그들
은 들으려고 하지 아니하였고, 그들을 부르셔도 그들은 대답도 하지 아니
하였다(렘 7:13).

25너희 조상들이 애굽 땅에서 나온 날부터 오늘까지 내가 내 종 선지자들을
너희에게 보내되 끊임없이 보내었으나

²⁶너희가 나에게 순종하지 아니하며 귀를 기울이지 아니하고 목을 굳게 하여 너희 조상들보다 악을 더 행하였느니라.(렘 7:25~26)

¹³여호와께서 각 선지자와 각 선견자를 통하여 이스라엘과 유다에게 지정하여 이르시기를 너희는 돌이켜 너희 악한 길에서 떠나 나의 명령과 율례를 지키되 내가 너희 조상들에게 명령하고 또 내 종 선지자들을 통하여 너희에게 전한 모든 율법대로 행하라 하셨으나
¹⁴그들이 듣지 아니하고 ……(왕하 17:13~14)

¹⁵그 조상들의 하나님 여호와께서 그의 백성과 그 거하시는 곳을 아끼사 부지런히 그의 사신들을 그 백성에게 보내어 이르셨으나
¹⁶그의 백성이 하나님의 사신들을 비웃고 그의 말씀을 멸시하며 그의 선지자를 욕하여 여호와의 진노를 그의 백성에게 미치게 하여 회복할 수 없게 하였음으로.(대하 36:15~16)

둘째로, 선지자 학개의 메시지를 듣고 "백성이 다 여호와를 경외"하게 되었다.

이 기록을 읽을 때에 우리는 크게 놀라지 않을 수 없다. 성경 다른 곳에서 하나님의 대언자가 사역한 결과로 이러한 반응이 나왔다는 기록을 찾아보기가 쉽지 않기 때문이다. 이것은 오직 하나님께서 기뻐하시고, 하나님만 영광을 받으시도록 전력을 다한 학개의 사역에 부합한 결실이었다(학 1:8). 사역자는 맡은 일을 수행할 때에 사람들로 하여금 자신에게 관심을 쏟고 따르도록 하면 안 될 것이다. 갈멜 산에서 드린 엘리야의 기도 내용이 우리에게 좋은 본보기가 된다.

³⁶저녁 소제 드릴 때에 이르러 선지자 엘리야가 나아가서 말하되 아브라함과 이삭과 이스라엘의 하나님 여호와여 주께서 이스라엘 중에서 하나님이신 것과 내가 주의 종인 것과 내가 주의 말씀대로 이 모든 일을 행하는 것을 오늘 알게 하옵소서.
³⁷...... 주는 그들의 마음을 되돌이키심을 알게 하옵소서 하매.(왕상 18:36∼37).

엘리야는 이 기도(36절의 'āmar. "prayed" -NIV)에서 "여호와의 말씀대로"를 동사 "내가 행하였나이다" 앞에 도치시켜 강조한다. 이 기도는 엘리야가 미리 작성한 선언문을 그 때에 낭독한 것이 아니라 자신의 마음속에 늘 간직하고 있던 바 그대로를 하나님께 아뢴 것이었다고 이해하고 싶다. 갈멜 산의 사건은 그가 메시지를 받을 때에는 알려지지 않았기 때문이다(왕상 18:1과 19절을 비교하라).

또한 하나님의 대언자는 세례 요한처럼 사람들로 하여금 오직 주님만 의지하고 따르도록 사역하지 않으면 안 될 것이다. 요한은 자신이 메시아인가를 묻는 사람들에게 분명한 어조로 "나는 그리스도가 아니라"(요 1:20)라고 선언했다. 그리고 내 뒤에 오시는 이가 그 이라고 하면서 "나는 그의 신발 끈을 풀기도 감당하지 못하겠노라"(요 1:27)라고 말했다. 그는 사람이 다 예수에게로 가더라는(요 3:26) 보고를 받았을 때에도 "그는 흥하여야 하겠고 나는 쇠하여야 하리라"(요 3:30)라고 하며 그것이 당연한 일이라고 생각하여 기뻐했다. 이렇게 하나님의 일꾼은 다른 사람들로 하여금 하나님만 경외하도록 하는 것이 마땅하다.

모세가 여호와께서 명령하신 말씀을 성실하게 이행했을 때에도 백성들이 여호와를 경외하는 일이 발생한 것을 우리는 잘 알고 있다.

³⁰그 날에 여호와께서 이같이 이스라엘을 애굽 사람의 손에서 구원하시매 이스

라엘이 바닷가에서 애굽 사람들이 죽어 있는 것을 보았더라.

³¹이스라엘이 여호와께서 애굽 사람들에게 행하신 그 큰 능력을 보았으므로 백성이 여호와를 경외하며 여호와와 그의 종 모세를 믿었더라.(출 14:30~31)

하나님께서는 자신의 충성된 종들을 통하여 높임을 받으시는 동시에 때로는 사역자로서의 그들의 권위를 높여 주신다. 따라서 백성들은 여호수아를 두려워했고(수 4:14), 사무엘을 하나님의 사람으로 존중히 여겼다.

¹⁹사무엘이 자라매 여호와께서 그와 함께 계셔서 그의 말이 하나도 땅에 떨어지지 않게 하시니

²⁰단에서부터 브엘세바까지의 온 이스라엘이 사무엘은 여호와의 선지자로 세우심을 입은 줄을 알았더라.(삼상 3:19~20. 역시 9:6 참조)

역대기상 14:17에서도 "다윗의 명성이 온 세상에 퍼졌고 여호와께서 모든 이방 민족으로 그를 두려워하게 하셨더라"라고 수록되었는데 하반절의 주어인 "여호와"가 동사 앞에 도치되어 여호와께서 다윗을 높여주셨음을 강조했다.

"여호와를 경외한다"(일본신공동역, 개역개정판)라고 번역된 학개 1:12b의 표현은 히브리 원어에는 "앞에"('미페네', mipp⁽ᵉ⁾nê)라는 전치사가 "여호와"라는 성호와 연결되어 있다. 따라서 대부분의 역본들은 "여호와 앞/면전에서 두려워하였다"로²⁸²⁾ 또는 NKJV은 "여호와의 '임재를' 두려워하였다"로 그리고 세공(Segond)은 "여호와 앞에서 두려움에 사로잡혔다"로 번역한다. 칼빈(Calvin)은, 비록 하나님의 현현은 없었으나 선지자의 메시지가 너무나도 강력하였기에 마치 하나님께서 하늘에서 직접 내려오셔서 자신의 임재의 현저한 징표를 보여주신 것과 같은

효과를 거두었다고 진술한다.[283] 구약성경에서 여호와를 경외한다는 용어는 레위기에서 올바른 생활과 밀접하게 연관되어 그 동의어로 등장한다. 이 사실은 특히 레위기와 신명기에서 잘 보여준다.

"너는 귀먹은 자를 저주하지 말며 맹인 앞에 장애물을 놓지 말고 네 하나님을 경외하라. 나는 여호와이니라."(레 19:14)

너희 각 사람은 자기 이웃을 속이지 말고 네 하나님을 경외하라. 나는 너희의 하나님 여호와이니라.(레 25:17)

[18]그가 왕위에 오르거든 이 율법서의 등사본을 레위 사람 제사장 앞에서 책에 기록하여
[19]평생에 자기 옆에 두고 읽어 그의 하나님 여호와 경외하기를 배우며 이 율법의 모든 말과 이 규례를 지켜 행할 것이라.(신 17:18~19)

보울링(Bowling)은 하나님에 대한 "경외"와 "두려움"이 의로운 생활을 만들어내는 동기가 된다고 이해한다.[284] 탕유즈(唐佑之)에 의하면 경외에는 두 가지 의미가 내포된다. 첫째로 지혜서(잠언, 욥기 등)에서 경외는 도덕적 성격을 내포하는데 하나님을 경외하는 사람은 악한 일을 멀리하기 때문이다. 둘째로 신명기적 관념에서는 경외가 경배와 예배의식 행위와 경외의 태도와 행동이 내포된다.[285] 역시 츄은츄(丘恩處)에 의하면 당시 백성들에게 경외란 실재상으로 두려워하는 것이 아니라 종교상의 경외를 의미한다. 이 말은 선지자가 그들을 재촉하자 그들이 겸비한 마음으로 그의 책망을 받아들임으로 회개하여 지난번의 잘못 됨을 버리고 일어나 성전준공작업을 실시함을 의미한다.[286] 여호와 경외가 어떤 것

인지를 대표적으로 보여준 성구는 아브라함이 이삭을 바친 후에 여호와의 사자가 말한 창세기 22:12에서 나타난다고 말할 수 있다.

> …… 네가 네 아들 네 독자까지도 내게 아끼지 아니하였으니 내가 이제야 네가 하나님을 경외하는 줄을 아노라.(창 22:12)

학개 당시의 온 백성들은 여호와를 경외하였다. 이러한 자세는 후에 전해질 스가랴의 첫째 메시지(슥 1:1~6)를 그들이 용이하게 받아들일 수 있었던 소지가 되었을 것이다. 한스 볼프(Wolff)는 이 짧은 문장은 백성들이 선지자를 통해 장려된 여호와의 말씀으로 인해 자신들의 죄를 인정하고 순종한 것을 요약적으로 나타낸다고 이해한다.[287)]

셋째로, 여호와께서 교회의 지도자들과 일반 신도들의 심령을 감동시키심으로 그들이 오랫동안 중단하고 있던 사역 곧 제2성전 완공 작업에 착수하게 되었다.(14절)

드디어 우리는 학개가 전한 메시지가 어떻게 하여서 이토록 위력이 있었는지에 대해 이해하는 데에 어려움이 없게 되었다. 하나님의 영이 역사하시니 그런 결과가 나타난 것이다! 바벨론에서 포로 생활을 하던 유다와 베냐민 족장들, 제사장들과 레위사람들 그리고 그 일행이 조국으로 돌아오게 된 것도 하나님께서 그들의 심령을 감동하신 결과이었다. 학개 1:14의 "마음을 감동시키다 / 마음을 일으키다 / 마음을 부추기다"라는 표현들에서 "마음"으로 번역된 단어는 히브리어 원문에서는 "심"(心)으로 번역되는 '레브'(lēb)가 아니라 "영"(靈)으로 번역되는 '루아흐'(rûaḥ)이다. 따라서 고대역본들을 위시한 거의 모든 서구의 역본들과 일본신공동역을 따라 이 단어를 "영"으로 번역하는 것이 바람직하다. 그런데 본문은 총독 스룹바벨, 대제사장 여호수아 그리고 남은 모든 백성, 즉 당시의 유다 공동체의 구성원 전체를 언급하고 있다. 여기에는 지도자인 스룹바벨의 호칭도 12절의 "스알디엘의 아들 스룹바벨"과는 달리 1절 그대로인 "스알디엘의 아들 유다 총독 스룹바벨"이라는 호칭을 사용하여 공동체 전체가 궐기했음을 밝힌다. 이것은 후에 스가랴가 예언한 회개 운동을 연상하게 한다. 즉, 스가랴 12:12~14에서는 온 땅 각 족속, 정치 지도자들과 그들의 아내들, 종교 지도자들과 그들의 아내들 그리고 모든 남은 족속들과 그들의 아내들이 각각 따로 애통했다고 언급한다(lᵉbād. 12절[5회], 13절[4회], 14절[2회], "in private"-Unger). 하나님께서는 자신의 뜻을 이루시기 위해 선민뿐만 아니라 이방 지도자들의 "영"도 움직이셨다. 하나님은 고레스의 영을 감동시키셨고(스 1:1; 대하 36:22 -일본신개역), 앗수르 왕 디글랏빌레셋의 영을 일으키셔서 므낫세 반 지파를 추방하게 하셨고(대상 5:26 -일본신개역), 또한 메데 왕들의 영을 부추기시어 바벨론을 치게 하셨다(렘 51:1,11. 역시 사 13:17 참조. -일본신개역). 그분은 블레셋 사람과 아라비아 사람의 영도 격동시키셨다 (대하 21:16 -일본신개역). 하나님께서는 만왕의 왕이 되심으로 이스라엘 백성뿐 아니라 이방 나라의 왕들도 이처럼 뜻대로 움직이신다. 특히 하나님께서 페르시아 왕 고레스의 영을 감동시키신 결과는 참으로 놀라울 뿐이다.

> ¹바사 왕 고레스 원년에 여호와께서 예레미야의 입을 통하여 하신 말씀을 이루게 하시려고 바사 왕 고레스의 마음을 감동시키시매 그가 온 나라에 공포도 하고 조서도 내려 이르되
> ²바사 왕 고레스는 말하노니 하늘의 하나님 여호와께서 세상 모든 나라를 내게

주셨고 나에게 명령하사 유다 예루살렘에 성전을 건축하라 하셨나니 [3]이스라엘의 하나님은 참 신이시라. 너희 중에 그의 백성 된 자는 다 유다 예루살렘으로 올라가서 이스라엘의 하나님 여호와의 성전을 건축하라. 그는 예루살렘에 계신 하나님이시라.(스 1:1~3)

거듭 말하거니와 하나님의 신실한 대언자의 사역을 통해 이러한 결과가 나타난 것은 너무나도 당연한 일이라고 말하지 않을 수 없다. 최선을 다하여 사역하면서 학개가 기대한 유일한 보상이 있었다면 그것은 다름이 아닌 여호와께서 기뻐하시고 영광을 받으실 제2성전을 완공해 드리는 데에서 얻는 희열뿐이었다고 감히 말하고 싶다. 그의 기대는 헛되지 않아 드디어 제2성전 완공이라는 결실을 얻게 되었다. 이러한 의미에서 그를 능력 있는 목회자, 감화력 있는 설교가 그리고 모범적 사역자라고 부르고 싶다. 그의 사역의 결과로 첫 메시지를 전한 지 한 달도 못되는 23일 만에 성도들이 16년 동안이나 방치했던 성전 사역을 재개하는 기적적 사건이 발생한 것이다(학 1:1과 15절 비교). 4개월도 못되는 짧은 기간에 학개가 목회자적 입장에서 전한 네 번의 메시지에 힘입어 백성들은 전력을 다해 사명을 완수하여 드디어 4년 후에 제2성전을 완공하고야 말았다. 어느 면으로 보든지 학개는 과연 우리가 본받아야 할 모범적 사역자이다.

학개는 감화력 있는 설교가라는 사실도 그의 사역에서 입증되었다. 그의 고매한 인격에서 우러나오는 메시지는 온 청중의 마음을 사로잡았던 것이다. 그는 문제의 핵심을 찌르는 통찰력의 소유자이었다. 그의 화법은 간결하고 명확했으며, 그는 자신이 확신한 바를 단도직입적으로 정면 돌파하는 방법으로 뜻한 바를 설파하는 능력의 소유자이기도 했다. 그는 적절한 어휘 선택에다 웅변술까지 겸비하여 훈계 일변도로 나가지 않고

청중을 설득하고 권면하고 위로와 소망을 심어주는 점에서 탁월했다. 그
는 무엇보다도 청중의 심령을 감화시키고 사명을 고취시켜 여호와께 영
광을 돌리게 하는 최고의 동기를 부여하여 모든 계층에게 어필(appeal)
하는 능력이 있는 설교가이었다. 볼드윈(Baldwin)은 설교가 학개에 대해
이렇게 말한다. 학개는 운문을 사용하든 산문을 사용하든 간에 솔직한
태도로 말했고 단호했으며, 사람들에게 도전하는 점에서는 엘리야의 자
질을 지녔다. 그 누구도 학개의 말뜻을 잘못 이해할 리가 없었던 것은
그가 애용하는 명령형인 "살피라"(1:5,7; 2:15,18), "굳세게 하라", "일하
라"(2:4)를 줄곧 반복하기 때문이라고 볼드윈은 설명한다. 그리고 학개는
이전 선지자들의 말을 종종 인용하고 적절한 비유를 사용한다고 볼드
윈은 평가한다(1:6e).288) 한스 볼프(Wolff)는 학개가 훈계할 때조차도
그것은 구체적 행동을 위한 격려(1:8a; 2:4)가 되며 협박과 심판이 아닌
구원의 약속으로 항상 뒷받침된다(1:8b; 2:4b,6~9; 2:19)고 지적한
다.289) 학개는 단지 말씀에 의한 권면뿐만 아니라 "때"를 분별하는 판단
력과 예언이 동반하는 "표"(sign)를 제시했다(2:18~19)고 나베다니 교
지(鍋谷堯爾)는 말한다. 그러나 무엇보다도 중요한 것은 이 성전공사를
통한 하나님 나라 건설의 진리를 간파하여 그것을 메시지로 전달한 점이
라고 나베다니는 진술한다.290) 여기에 덧붙여 스톨뮬러(Stuhlmueller)
가 적절하게 지적한 바와 같이 선지자 · 설교가(*prophet-preacher*)인
학개가 성취한 바는 그의 문체의 아름다움에 의해서가 아니라 그의 설교
의 효과에 의해서 평가되지 않으면 안 될 것이다.291)

　　선지자 학개의 메시지에 감동을 받은 백성들이 오랫동안 방치했던 제2
성전 완공을 위해 궐기한 때를 가리키는 1:15의 마소라 텍스트는 아래와
같이 직역할 수 있다.

^{15a}그 때는 여섯째 달 이십사일
^{15b}다리오 왕 제이년

본문에서 날짜의 순서가 히브리어 원문으로는 일월연으로 되어 있
다. 이것은 첫째(학 1:1)와 둘째(학 2:1) 메시지(연월일)와는 다른 셋째
(학 2:10)와 넷째(학 2:20에는 연도가 없음)와 동일한 순서이다. 이 밖
에도 학개 1:15과 2:18에 일월연의 순서로 되어 있는데 특히 첫째 메
시지의 끝인 15b에 "다리오 왕 제2년에"라고 연대를 다시 언급한 것
은 이 날의 중요성을 강조하기 위해서였다고 이해할 수 있다. 이와 유
사한 순서는 민수기 1:1; 에스라 6:15; 스가랴 1:7 등에서도 찾아 볼
수 있다(히브리어 원문 참조).[292]

그러나 샤리(Chary)는 일반적으로는 날짜가 예언의 초두나 역사서
의 초두에 나타나는데 비해 예언의 끝에 위치하는 것은 본문이 유일
한 예라고 하여 이의를 제기한다.[293] 미첼(Mitchell)에 의하면 15절
은 필사자의 실수로 15a의 재건 사역이 재개한 월일과 연결된 것인데
최근에 와서야 그 과오가 지적되어 그것을 2:1에 연결하게 되었다고
말한다.[294] 일부 학자들은 15a와 관련된 내용이 상실되었거나, 2:15
~19 혹은 2:15~23을 여기에 삽입해야 한다고 주장한다.[295] 여러
역본들도 15b(히브리어 원문)의 "다리오 왕 제이년"을 2:1a에 연결시
킨다.[296] 어떤 이들은 로트슈타인(Rothstein)을 따라 1:15a를 2:15
~19와 연결한다(Wolff, Elliger, Eybers. 역시 *BHS*). 하지만 키텔
(Kittel)은 주해가들의 인위적인 손질로 인해 이와 유사한 불운을 겪은
구약의 본문은 드물다고 하며 젤린(Sellin)의 제안에 따라 이렇게 연
결하는 재기발랄한 생각을 불행한 가설(Unglückshypothese)이라고

일축했다.297) 15절이 현 위치에 놓인 데에는 저자의 의도가 있었다고 무어는(Moore)는 주장한다. 그는 1:1에서 1:24 사이의 23일간이라는 기간은 아마도 백성들이 물자를 모으고, 버려진 물건들을 치우고, 활발하게 작업을 할 준비를 하는 데에 보낸 기간이었을 것이라고 이해한다. LXX, V 및 권위가 있는 역본들이 15절을 2장과 연결시키지만 적절하지 못하다고 그는 생각하며 본문의 분명한 의도는 중단되었던 건축이 재착수된 날짜를 밝히고, 백성들이 선지자의 권면에 즉각 순종한 사실을 보여주기 위함이었다고 주장한다.298) 와이즈만(Wiseman)도 15절의 날짜는 자재와 인원을 동원하는 데에 필요한 6월 1일부터 24일까지의 기간을 나타내기 위한 것인 동시에 포도나 기타 농작물을 거두어들이는 데 필요했다고 이해한다.299) 베어회프(Verhoef)는 15b가 이중적 역할을 하는 것으로 보아 2:1을 "(다리오 왕 제이년) 일곱째 달 곧 그 달 이십일일에"로 이해한다.300) 그리고 스윈번슨(Swinburnson)은 1절과 15절을 다음과 같이 대구적(chiasmus)으로 이해한다.301)

A- [1:1] 다리오 왕 제이년
   B- 여섯째 달
      C- 곧 그 달 초하루에
      C'- [1:15] 이십사일에
   B'- 여섯째 달
A'- 다리오 왕 제이년

학개서의 연대는 기원전 520년이라는 사실이 자명한 만큼 2:18,20에서와 마찬가지로 2:1에서도 연도를 반드시 밝힐 필요가 없다고 생각

된다. 따라서 Luther, KJV, NIV, NASB, JPS, 일본문어역, 개역개정
판, 중국상제판, 중국신역본 등은 15절을 a, b로 나누지 않고 한 구절
로 받아들인다.

선지자 학개의 짧은 사역은 그야말로 알찬 사역이었다고 말하지 않
을 수 없다. 주님을 위하여 사역하는 자가 반드시 오랜 기간에 많은
일을 하여야 하는 것은 아니라는 교훈을 학개의 사역을 통해 받는다.
또한 주님의 사역자는 자신의 편의를 도모하여 사역지를 선택하기보
다는 어디까지나 주님께서 원하시는 곳으로 보냄을 받아야 한다는 교
훈도 받게 된다. 사역자는 오직 주님께서 보내시는 곳에서 맡겨진 일
에 충성을 다해 선지자 학개처럼 주님께 영광을 돌리기만 하면 되는
것이 아니겠는가!

학개서에는 메시아의 왕직을 예표하는 정치 지도자 스룹바벨과 그
의 제사장직을 예표하는 대제사장 여호수아가 등장한다. 그렇다면 "여
호와의 사자 학개"를 메시아의 선지자직을 예표하는 인물로 이해한다
고 해도 무리가 없지 않겠는가? 자기 속에 계신 "그리스도의 영"의
뜻을 받들어 섬긴 선지자 학개가 사역을 성실하게 마치고 역사의 장에
서 물러난 후에는 위대한 선지자이신 그분께서 드디어 나타나실 것이
다. 그러기에 그분이 언제 오실지를 학개도 사모하며 연구하고 부지런
히 살폈을 것이다.(벧전 1:10~11)

지금까지 학개서의 연구를 통하여 우리는 교회의 사명뿐만 아니라
사역자의 사명에 대해서도 귀한 교훈들을 얻게 되었다. 이제 주님의
나라 확장을 위한 사역자로 부름을 받은 자는 동역자를 귀하게 여기면
서 서로 협력하여 선지자 학개처럼 올바른 자세로 주님께만 영광을
돌리도록 전력을 다하여야 할 것이다.

⁵그런즉 아볼로는 무엇이며 바울은 무엇이냐? 그들은 주께서 각각 주신 대로 너희로 하여금 믿게 한 사역자들이니라.

⁶나는 심었고 아볼로는 물을 주었으되 오직 하나님께서 자라나게 하셨나니 ⁷그런즉 심는 이나 물주는 이는 아무 것도 아니로되 오직 자라게 하시는 이는 하나님뿐이니라.

⁸심는 이와 물주는 이는 한가지이나 각각 자기가 일한 대로 자기의 상을 받으리라.

⁹우리는 하나님의 동역자들이요 너희는 하나님의 밭이요 하나님의 집이니라. (고전 3:5~9)

더욱이 우리의 사역이 끼치는 영향력은 교회 안에만 국한될 것이 아니라 시대를 움직인 선지자 학개처럼 시대를 움직여 변혁시킬 수 있어야 한다는 귀한 가르침을 학개서는 우리에게 제시해준다.

제12강
사역자가 받는 보상

하나님의 신실한 일꾼인 선지자 학개의 사역을 살펴보면 구약성경의 다른 선지자들과는 달리 다음과 같은 특이한 측면들을 발견하게 된다. 이것을 통해 신실한 사역자는 이 세상에서도 하나님으로부터 보상을 받는다는 사실을 알 수 있다.

첫째로, 선지자 학개는 하나님께로부터 부여된 임무를 감당하기에 적절한 시기인 "다리오 왕 제이년 여섯째 달 곧 그 달 초하루"(학 1:1)에 임지로 보냄을 받았다.

이미 앞에서 살펴본 바와 같이 당시의 정치적 상황이나 성도들의 영적 상태에서 볼 때에 이 시기야말로 제2성전 완공 작업을 착수하기에 가장 적절했다. 적기('ēt)에 사역지로 보냄을 받는다는 것은 그 얼마나 큰 축복인가! 에스라서는 제2성전 재건의 첫 번째 공사가 시작되었을 때부터 그 공사가 어느 정도 골격을 이룬 후 중단된 때까지에 대하여 다음과 같이 묘사한다.

바사 왕 고레스의 시대부터 바사 왕 다리오가 즉위할 때까지 관리들에게 뇌물을 주어 그 계획을 막았으며.(스 4:5)

이에 예루살렘에서 하나님의 성전 공사가 바사 왕 다리오 제이년까지 중단되니라.(스 4:24.)

성전공사가 이렇게 오랜 기간 중단되었기 때문에 방치되어 있는 성전 공사에 재착수하는 내용을 다루는 에스라 5장은 다음과 같은 말씀으로 시작한다.

선지자들 곧 선지자 학개와 잇도의 손자 스가랴가 이스라엘의 하나님의 이름으로 유다와 예루살렘에 거주하는 유다 사람들에게 예언하였더니.(스 5:1)

본문 초두(히브리어 원문)의 접속사 '와우'(wāw)를 KJV, JB와 공동번역성서는 "그 때에"(then)로, 일본신개역은 "그런데"로 번역한다. 휀샴(Fensham)은 이 접속사를 의미심장한 "이 단계에"("at this stage")로 번역하여 이때야말로 하나님께서 마련하여 주신 호기임을 잘 드러내 준다.[302] 인간적으로는 절망적이어서 위기로 여겨지는 때에 여호와께서는 이러한 특별한 타이밍을 통하여 자신의 능력을 드러내실 절호의 기회로 삼으신 것이다.

정치적으로는 다리오 왕이 팔레스타인에 관여할 여유가 없었고, 종교적으로는 월삭인 이때에 여호와께서 선지자 학개를 중단된 제2성전 완공을 위해 여러 모로 고전하고 있는 귀환민에게 보내주셨다. 그리고 이를 필두로 하여 성령의 감동, 다리오 왕의 적극적 지원, 선지자 스가랴의 협조 및 온 공동체의 순종이 뒤를 이음으로 드디어 제2성전을 완공하기에 이르렀다. 이것은 오로지 주님의 은혜로 이루어진 것이다.

둘째로, 선지자 학개는 좋은 동역자인 스가랴를 만나 그와 함께 화목

하며 사역하는 복을 받았다.

동역자로서의 이들의 아름다운 사역은 놀라운 결과를 이루었는데 그 사실을 에스라서는 다음과 같이 기술한다.

> 유다 사람의 장로들이 선지자 학개와 잇도의 손자 스가랴의 권면을 따랐으므로 성전 건축하는 일이 형통한지라……(스 6:14a)

본문의 "권면을 따랐으므로"로 번역한 아람어 원문은 "예언으로 인하여"(일본신개역)로 직역할 수 있다. 다른 역본들은 각각 아래와 같이 번역했다.

> 선지자 학개와…… 스가랴의 예언의 결과로 - NEB
> 선지자 학개와…… 스가랴의 예언 활동의 덕택으로 - NJB
> 선지자 학개와…… 스가랴의 설교의 영향 하에 - NIV
> 예언의 재촉을 받아 - 일본신공동역

주님의 사역자들 중 좋은 동역자를 만나기를 원하지 않는 이가 있겠는가? 그러나 그렇게 되기가 용이하지 않으며, 설사 그렇게 된다 할지라도 끝까지 불화 없이 사역을 성공적으로 마친다는 것은 그리 간단한 일이 아님을 우리는 잘 알고 있다. 하지만 학개와 스가랴는 여러 면에서 명콤비를 이루었다. 학개는 선지자이었으나 스가랴는 선지자인 동시에 제사장 계통에 속한 점; 두 사람이 같은 보조를 맞춘 점, 즉 특히 학개가 첫 메시지의 제일성을 책망으로 시작하자(학 1:2) 스가랴도 같이 책망으로 시작했다는 점(슥 1:2); 학개가 성전 건축 자체를 직접적으로 독려한 반면에 스가랴는 건축 사역 자체를 재촉하기보다는 간접적으로 백성들 자신에게서 완전한 영적 변화를 일으키게 하는 데에 주력했다는 점;303) 두 선지자의 일곱 메시지가 타이밍과 순서 그리고 내용면에서 적절하게 배열(2+1+2+2)되었다는 점 등. 이런 점들을 생각하면 이들처럼 일정한 기간에 동일한 임무를 위해 협력하고 호흡을 맞추며 상부상조하여 목적을 달성한 예는 성경에서 찾아보기 드문 경우 중의 하나이다. 이 두 선지자가 합심하여 사역하는 그 아름다운 모습은 마치 여호수아와 갈렙, 다니엘과 그의 세 친구, 에스라와 느헤미야, 바울과 바나바의 관계처럼 너무나 아름답다. 이 모두 그들이 하나님께서 그들에게 나누어 주신 사역의 범위와 한계를 따라 각자에게 주신 은사의 분량대로 최선을 다했기에 사명을 완수할 수 있었던 것이다(고후 10:13; 엡 4:7). 학개가 스가랴보다 연장자라고 이해하는 엑셀(Excell)에 의하면 학개는 노년에 사역을 시작했고, 스가랴는 그의 청년기에 시작했다. 이런 경우처럼 늙은이와 젊은이가 거룩한 임무를 위해 동역하는 아름다운 모습을 보는 것보다 더 즐거운 일은 없다고 그는 경탄한다.304)

셋째로, 선지자 학개는 당시의 교회 지도자들과 성도들이 그의 메시지에 즉시 순종하여 불과 23일 만에 16년 동안이나 방치했던 제2성전 공사에 착수하는 기쁨을 체험했다.(학 1:15)

선지자 엘리야나 엘리사뿐만 아니라 장기간 사역한 후기 선지자에 속한 대선지자들마저도 자신들이 전한 메시지에 대한 좋은 반응을 거의 받지 못했다(사 30:10~11 참조). 엘리야는 사악한 이세벨의 살해협박을 받았을 때에 그녀를 피해 광야의 로뎀 나무 아래에 앉아서 "여호와여 넉넉하오니 지금 내 생명을 거두시옵소서. 나는 내 조상들보다 낫지 못하니이다"(왕상 19:4)라고 울부짖었다. 선지자 미가야도 아합 왕의 미움을 받아 옥고를 치르기도 했다(왕상 22:8,27. 역시 24절 참조). 엘리사는 젊은이들로부터 "대머리여 올라가라. 대머리여 올라가라"라는 조롱을 받았고(왕하 2:23), 이스라엘 왕 요람으로부터 "…… 사밧의 아들 엘리사의 머리가 오늘 그 몸에 붙어 있으면 하나님이 내게 벌 위에 벌을 내리실지로다"라는 협박을 받기도 했다(왕하 6:31). 예레미야는 매를 맞고 목에 씌우는 나무 고랑으로 채움을 당했으며(렘 20:2), 조롱거리와 치욕과 모욕거리가 되었으며(렘 20:7,8), 죽이겠다는 협박을 받았으며(렘 11:12; 26:8,11), "그를 살아 있는 자의 땅에서 끊어서 그의 이름이 다시 기억되지 못하게 하자"(렘 11:19b)라고 하여 투옥되기도 했다(렘 37:14~15). 오죽했으면 그는 "어찌하여 내가 태에서 나와서 고생과 슬픔을 보며 나의 날을 부끄러움으로 보내는고"라고 탄식했겠는가!(렘 20:18). 디어(Deere)는 애굽으로 끌려간 예레미야가 결국 그곳에서 유대인들의 돌에 맞아 사망한 듯하다고 추측한다.[305] 에스겔 역시 가시와 찔레와 함께 있으며 전갈 가운데에 거주하는 것과 같은 역경 속에서 선지자로 사역했다(겔 2:6). 그는 음악을 잘하며 고운 음성으로 사랑의 노래나 부르는 자라는 푸대접을 받기도 했다(겔 33:32). 그가 보는 모든 묵시는 사라질 것이고, 그것은 여러 날 후의 일이라 그가 멀리 있는 때에 대하여 예언한다고 백성들은 비아냥거렸다(겔 12:22,27). 선지자 아모스도 예외는 아니었다. 그는 여로보암 왕을 모반하는 자로서 왕은 칼에 죽겠고 이스라엘은 반드시 사로잡혀가겠다고 예언하는 반역자로 낙인이 찍혔다. 따라서 아모스는 유다 땅으로 도망가서 거기에서나 예언하라는 협박을 받기도

했다(암 7:10~13. 역시 2:12 참조). 백성들은 선지자 미가에 대해서도 "예언하지 말라 이것은 예언할 것이 아니거늘 욕하는 말을 그치지 아니한다"(미 2:6)라는 험한 말을 서슴없이 했다. 역시 하나님과 그의 성전에 대해 선을 행한 제사장 여호야다(대하 24:16)의 아들 스가랴가 돌에 맞아 죽은 사건도 너무나 잘 알려진 바이다. 제사장 여호야다가 베푼 은혜를 기억하지 않고 요아스 왕과 지도자들이 그의 아들 스가랴를 살해한 것은 오로지 그들이 여호와를 버렸으므로 여호와께서도 그들을 버리셨다고 전했다는 이유 때문이었다(대하 24:20~22). 이처럼 하나님이 살아 계신 것과 또 그가 자기를 찾는 자들에게 상 주시는 이심을 믿어 지사충성한 신앙의 용사들에 대해 히브리서 기자는 아래와 같이 묘사하고 있다(히 11:35~38).

> [35]······ 어떤 이들은 더 좋은 부활을 얻고자 하여 심한 고문을 받되 구차히 풀려 나기를 원하지 아니하였으며
> [36]또 어떤 이들은 조롱과 채찍질뿐 아니라 결박과 옥에 갇히는 시련도 받았으며
> [37]돌로 치는 것과 톱으로 켜는 것과 시험과 칼로 죽임을 당하고 양과 염소의 가죽을 입고 유리하여 궁핍과 환난과 학대를 받았으니
> [38](이런 사람은 세상이 감당하지 못하느니라.) 그들이 광야와 산과 동굴과 토굴에 유리하였느니라.(역시 고후 1:8~9; 11:23~27 참조)

주 예수께서는 복음전파를 위해 박해를 받는 자는 복되다고 우리에게 알려주셨다(마 5:11~12).

> [11]나로 말미암아 너희를 욕하고 박해하고 거짓으로 너희를 거슬러 모든 악한

말을 할 때에는 너희에게 복이 있나니

¹²기뻐하고 즐거워하라. 하늘에서 너희의 상이 큼이라. 너희 전에 있던 선지자들도 이같이 박해하였느니라.

여호와께서는 이사야를 통해 선지자들을 박해한 패역한 백성의 죄상을 아래와 같이 폭로하셨다.

¹⁰그들이 선견자들에게 이르기를 선견하지 말라.

선지자들에게 이르기를 우리에게 바른 것을 보이지 말라.

우리에게 부드러운 말을 하라.

거짓된 것을 보이라.

¹¹너희는 바른 길을 버리며

첩경에서 돌이키라.

이스라엘의 거룩하신 이를

우리 앞에서 떠나시게 하라 하는도다.(사 30:10~11)

따라서 유다 역사의 말기에 사역한 느헤미야는 이토록 극악무도한 이전 세대들이 "순종하지 아니하고 여호와께로 돌아오기를 권면하는 선지자를 죽여 하나님께 지은 죄"를 회개했던 것이다(느 9:26. 역시 마 23:34; 눅 13:34; 행 7:52 참조). 학개 당시의 상황을 감안할 때에 제2성전의 완공은 거의 불가능해 보였다. 하지만 학개는 여호와의 뜻에 충실하게 순종함으로 성전완공의 기쁨을 체험하게 되었다. 이것이야말로 하나님께서 맡겨주신 사명에 충성하는 사역자만이 맛보는 기쁨일 것이다. 에스라 6:13~22에는 학개뿐만 아니라 당시의 온 교회가 즐거이 하나님의 성전 봉헌식을 거행하는 동시에 이스라엘의 하나님 여호와를 찾는 자들이 즐거움으로 유월절을 지켰다고 수록되어있다.

> 즐거움으로 이레 동안 무교절을 지켰으니 이는 여호와께서 그들을 즐겁게 하
> 고 또 앗수르 왕의 마음을 그들에게로 돌려 이스라엘의 하나님이신 하나님의
> 성전 건축하는 손을 힘 있게 하도록 하셨음이었더라.(스 6:22)

**넷째로, 선지자 학개는 다른 선지자들이 경험하지 못한 특권 곧 자신
이 맡은 사역의 결실을 목격하는 특권을 누리게 되었다.**

와이즈만(Wiseman)은 학개의 공적 사역은 성경의 기록에 의하면 약
3개월에 지나지 않으나, 학개는 자신이 전한 메시지의 성취를 목격하는
몇 되지 않는 선지자 중의 하나가 되었다고 소개한다.[306] 다쯔(Dods)는
학개만큼 성공적인 선지자는 없었을 것이라고 진술하며 그를 높이 평가
한다.[307] 카슈단(Cashdan)도 학개가 스가랴와 함께 제2성전 완공의 기
쁨을 나누었을 것이라고 감탄한다.[308] 존 케슬러(John Kessler)에 의하
면 학개서에 있어서 학개는 전형적 선지자의 역할을 담당한 인물로 묘사
되어 있는데, 그것도 성공한 선지자로 그렇다는 것이다. 그의 강력한 말
은 백성들의 저항을 타파하여 여호와의 뜻을 전했고, 그를 통해 여호와께
서는 변화를 이룩하셨다고 그는 주장한다.[309]

그러나 우리가 여기에서 잊어서는 안 될 점이 있다. 학개가 사역을
시작할 당시의 백성들은 마치 에스겔서에 기록된 골짜기의 마른 뼈들
과 같았다고 말할 수 있다. 그들은 페르시아 제국의 통치하의 억압,
사회적 혼탁, 경제적 어려움 그리고 무엇보다도 선민인 그들의 성전에
대한 인식부족, 우선순위의 혼돈, 사명감의 결여, 세속주의의 팽배 등
으로 인해 제2성전 완공이라는 대업이 그들을 압도하는 불가항력적

"큰 산"(har-haggādôl)으로 보였다. 스가랴 4:7에 나타난 "큰 산아 네가 무엇이냐?"라는 표현에서 "큰 산"이라는 히브리어는 특이한 구조를 갖고 있다. 본래 관사는 명사인 "산" 앞에 붙어야 하는데도 불구하고 여기에서는 형용사 "큰" 앞에 붙어 그 위력을 절묘하게 드러낸다 ("O mountain, the great [one]").[310] 하지만 이 산이 제아무리 크다고 할지라도 여호와께서는 "네가 스룹바벨 앞에서 평지가 되리라. 그가 머릿돌을 내놓을 때에 무리가 외치기를 은총, 은총이 그에게 있을지어다 하리라"라고 약속해 주셨다.

따라서 제2성전이 기적적으로 완공된 결과는 전적으로 여호와의 은혜로 이루어진 것이라고 볼 수밖에 없다. 학개는 다만 은밀한 가운데에서 보시는 하나님 앞에서 자신에게 맡겨진 사역에 충실한 것뿐이었다. 이토록 고귀한 성역에 부름을 받은 학개가 받은 상급은 천국에서 받을 그것에 비할 바는 못 되나 현세에서 그 일부나마 미리 맛본 것이라고 생각할 수 있다.

> [2]너희 중에 있는 하나님의 양 무리를 치되 억지로 하지 말고 하나님의 뜻을 따라 자원함으로 하며 더러운 이득을 위하여 하지 말고 기꺼이 하며 [3]맡은 자들에게 주장하는 자세를 하지 말고 양 무리의 본이 되라. [4]그리하면 목자장이 나타나실 때에 시들지 아니하는 영광의 관을 얻으리라. (벧전 5:2~4)

다섯째로, 선지자 학개는 비록 짧은 기간에 어려운 사역을 맡았으나 그것을 잘 감당했다.

당시에는 여러 가지 역경으로 말미암아 제2성전 재건 공사가 16년이

나 방치되어 있었다. 경제적 어려움에 외우내환까지 겹치는 악순환 하에
서 단시일 내에 공사를 재착수하는 것은 결코 용이하지 아니하였다. 더군
다나 성전을 완공한다는 것은 거의 불가능해 보였다. 그런 상황에서도
학개는 동역자 스가랴와 함께 4년 만에 성전을 완공하여 드디어 여호와
께 봉헌예배를 드린 것이다(스 6:14 ~ 18). 성전재건 공사의 초기부터가
아닌, 선임자들인 총독 스룹바벨과 대제사장 여호수아와 귀환한 백성들
의 그 일을 위한 16년이라는 짧지 않은 시련의 기간이 지난 후인 이 시점
에 학개는 4년이라는 짧은 기간의 사역이었음에도 불구하고 이렇듯 풍성
한 결실을 거두었다. 예수께서 마태복음 20장에서 말씀하신 포도원 일꾼
들의 비유가 연상된다. 거기에 등장하는 사람들 가운데에서 특히 제11시
(오늘날의 오후 5시)부터 일을 하고도 종일 수고한 사람들이 받는 임금과
똑같은 한 데나리온을 받은 자들의 심정처럼 학개의 감회가 컸을 것이다.
이렇게 하나님께 희열을 안겨 드림으로써 그는 "학개"라는 자신의 이름
과 성역에 걸맞은 부끄러움이 없는 사역자의 삶을 산 것이다.

**여섯째로, 선지자 학개는 구약성경의 다른 곳에도 자신의 이름이 언급
되는 인물이 되었다.**

학개는 당시의 교회뿐 아니라 후대의 교회에게도 능력 있는 목회자,
감화력 있는 설교가 그리고 모범적 사역자로 인정을 받은 인물로 성경
에 남게 되었다(학 1:12; 스 5:1; 6:14. 역시 외경 에스드라 1서 6:1;
7:3; 에스드라 2서 1:40 참조). 즉, 학개는 페터슨(Petersen)이 지적한
바와 같이 자신의 책 이외에는 구약성경에 언급이 없는 대다수의 선지
자들인 아모스, 호세아, 에스겔 등과는 달리 그의 이름이 다른 책에

언급되는 특별한 은혜를 받았다.[311] 여기에는 오고 오는 세대에게 학개를 사역자의 귀감으로 보여주시려는 하나님의 뜻이 있으셨다고 보아야 할 것이다.

일곱째로, 선지자 학개는 제2성전 완공에 필요한 물질도 하나님께로부터 공급받았다.

오직 여호와의 명령에 따라 사명을 완수하겠다는 일념으로 충성하던 중 학개는 사역을 완성하기에 필요한 물질적 공급을 받게 되었다. 그는 백성들이 열악한 환경에서 고전하고 있었을 때 한 번도 그들에게 제2성전 완공에 필요한 물질적 지원에 대해 언급한 적이 없었다. 그는 다만 그들이 우선순위를 옳게 분별하여 여호와를 신뢰하며 사명을 완수하도록 하는 데에 역점을 두었을 뿐이었다. 그런데도 물질적·경제적으로 결핍함이 없이 완공사역을 마무리하게 되었다. 이것은 "은도 내 것이요 금도 내 것이니라. 만군의 여호와의 말이니라"(학 2:8)라는 말씀을 신뢰하여 맡은 일에 충성하는 사역자에게 주시는 하나님의 신실하심에 대한 보증이었다!

³…… 하나님의 성전에 대하여 이르노니……
⁴…… 그 경비는 다 왕실에서 내리라.
⁸…… 왕의 재산 곧 유브라데 강 건너편에서 거둔 세금 중에서 그 경비를 이 사람들에게 끊임없이 주어 그들로 멈추지 않게 하라.
⁹또 그들이 필요로 하는 것 곧 하늘의 하나님께 드릴 번제의 수송아지와 숫양과 어린 양과 또 밀과 소금과 포도주와 기름을 예루살렘 제사장의 요구대로 어김없이 날마다 주어

¹⁰그들이 하늘의 하나님께 향기로운 제물을 드려 왕과 왕자들의 생명을 위하여 기도하게 하라……(스 6:3~12)

이상에서 우리는 학개서에 근거하여 주인 되신 하나님께서 자신의 종 인 학개에게 허락하신 보상을 살펴보았다. 그러나 모든 사역자가 이와 동일한 보상을 받는다는 것은 아니며, 우리는 여기에서 학개가 선민의 대열에 참여하게 될 뿐만 아니라 특별히 하나님의 대변자로 선택을 받아 많은 사람을 옳은 데로 돌아오게 할 수 있도록 쓰임 받은 것(단 12:3) 자체가 그가 받은 최고의 복이었다는 점을 놓쳐서는 안 될 것이다. 학개 는 또한 이사야를 통해 약속하신 아름다운 소식을 전하는 자가 받을 축복 을 자신뿐만 아니라 공동체 전체가 받게 했다.

⁷좋은 소식을 전하며 평화를 공포하며 복된 좋은 소식을 가져오며 구원을 공포 하며 시온을 향하여 이르기를 제 하나님이 통치하신다 하는 자의 산을 넘는 발이 어찌 그리 아름다운가!
⁸네 파수꾼들의 소리로다. 그들이 소리를 높여 일제히 노래하니 이는 여호와께 서 시온으로 돌아오실 때에 그들의 눈이 마주 보리로다.
⁹너 예루살렘의 황폐한 곳들아 기쁜 소리를 내어 함께 노래할지어다. 이는 여 호와께서 그의 백성을 위로하셨고 예루살렘을 구속하셨음이라.
¹⁰여호와께서 열방의 목전에서 그의 거룩한 팔을 나타내셨으므로 땅 끝까지도 모두 우리 하나님의 구원을 보았도다.(사 52:7;10.

성경은 하나님의 참된 일꾼에게 이 세상의 그 어떤 보상과도 비교할 수 없는 "생명의 면류관"(계 2:10)이 수여될 것이라고 약속한다. 이 보상 의 가치의 고귀함은 영안이 뜨인 자만이 깨달아 안다. 그런 사역자는 세속적이고 일시적인 명리에 미련을 갖지 않고 오직 주님께서 주실 그 상을 바라보고 맡은 사명을 완수하기 위하여 희생과 손실을 감수하면서까지 충성한다(마 5:12; 6:1; 눅 6:23; 계 22:12). 참된 일꾼은 이 세상이 제공하는 그 어떤 것으로도 만족하려 하지 않고 사도 바울처럼 그리스도 예수 안에서 하나님이 주시겠다고 약속하신 상급만 바라보고 매진하여(빌 3:14) "잘하였도다. 착하고 충성된 종아······ 네 주인의 즐거움에 차여할지어다"(마 20:21)라는 주님의 음성을 듣는 것을 지고의 만족과 희열로 여긴다. 선지자 학개는 바로 그런 일꾼이었다. 이러한 일념으로 충성하는 일꾼의 모든 문제를 하나님께서 책임져 주시지 않겠는가! 어찌 그뿐이겠는가! 많은 성도들이 현세의 아무러한 보상도 없이 오히려 순교의 대열에 기꺼이 참여한 것을 교회사가 입증해 준다. 그들이 하늘에서 받을 상은 필설로 다 표현할 수 없을 것이다. 그들은 구원의 은총을 감사한 나머지 계시록에 기록된 장로들처럼 자신들의 죄를 위해 죽임을 당한 어린 양에게 관들을 벗어 드리며 존귀와 영광과 찬송을 그분에게 돌려드릴 것이다(계 4:10~11). 이것이 모든 크리스천이 지닌 보상에 대한 진정한 의의이다. 요한1서 3:1은 아버지이신 하나님께서 자녀인 우리에게 베푸신 사랑(아가페) 자체만 해도 이 얼마나 크고("How great" -NIV) 영구적인가를 잘 드러낸다.

보라 아버지께서 어떠한 사랑을 우리에게 베푸사 하나님의 자녀라 일컬음을 받게 하셨는가, 우리가 그러하도다. 그러므로 세상이 우리를 알지 못함은 그를 알지 못함이라.(요일 3:1)[312]

결론

이스라엘 민족의 역사는 선조 야곱의 생애(창 47:9)만큼이나 힘들고 고통스러웠지만(raʿîm) 그것은 선민의 순례(pèlerinage -Segond)의 역사이었다고 말할 수 있다. 이스라엘이 타민족들과 다른 점은 그들 자신이 지닌 특수성 때문이 아니라 여호와께서 지상의 모든 족속 가운데에서 그들만을 특별히 성별하여 선택하셨기 때문이라고 아모스 3:2에 밝혀준다.

내가 땅의 모든 족속 가운데 너희만을 알았나니 그러므로 내가 너희 모든 죄악을 너희에게 보응하리라 하셨나니.

하퍼(Harper)는 본문의 '야다티'(yādaʿtî. "내가 알았다")를 과거형이 아닌 현재완료형("I have chosen")으로 이해한다.[313] "알다"로 번역된 히브리어 동사 '야다'(yādaʿ)는 본문에서 특히 언약사상과 선택교리를 나타내기 위해 사용되었다. 이 단어가 하나님께서 아브라함을 선택하셨음을 나타낼 때에 사용되었고(창 18:19 "내가⋯⋯ 그를 택하였나니⋯⋯"), 예레미야 1:5에는 "구별하다"(hiqdashtîkā)와 함께 사용되었다.[314] 아모스 3:2은 목적어를 돋보이기 위해 2인칭 복수 대명사 "너희"(ʾetkem)를 동사의 접미어와 연결(yᵉdaʿtîkem. 창 18:19의 yᵉdaʿtîw 참조)하는 대신 그것을 독립 목적격으로 만들어 '에트켐("너희")'을 동사 앞으로 도치시켜 여호와의 주권적 사역을 강조한다. 이와 동일한 문장구조(raq+목적어+동사)는 창세기 24:8과 신명기 15:23a에도 등장한다.315) 동사 다음에 위치한 전치사 '민'(min)은 본래의 부분사(ursprungliche partitiv)로 이해하는 편이 좋을 것으로 생각된다 ("to distinguish from" -Harper. "aus" -Baumann). 아모스 3:2에 동사 '야다'는 하나님과 인간의 관계에서 사용되었으므로 평범한 지식을 의미하는 것이라고 생각할 수 없다. 바우만(Baumann)은 본문에서 이 동사가 "다름이 아닌 이스라엘인 그 백성들과 하나님 자신이 특별한 교제를 갖기 위해 세상의 모든 민족으로부터 분리시킨 자애에 가득 찬 선택 즉, 부르심"을 의미한다고 이해한다.316) 따라서 이 단어는 심오한 의미에서 인식("erkennen" -R. S. Cripps), 혹은 "선택"("to choose, to elect, to select")317) 또는 "선택적 은혜의 개념"(J. B. Payne)으로 이해된다. 욀러(Oehler)에 의하면 본문에서 "택하다"(bāḥar) 대신에 "알다"(yādaʻ)가 사용된 것은 측량할 수 없는 하나님의 사랑과 그의 친밀감 그리고 공로 없는 자들에게 허락하시는 선택적 은혜를 나타내기 위해서이다. 그러면 "택하다"와 "알다"의 차이는 무엇인가? 욀러는 전자에서는 은혜로운 목적을 위해 선택하시는 하나님의 자유가 강하게 부각되는 반면에 후자에서는 선택의 신적 선언이라는 특징이 나타난다고 생각한다.318) 시바스(Seebass)는 하나님과 이스라엘간의 기본적 관계에는 동사 "알다"가 사용되나 이 기본적 관계의 결과를 묘사하기 위해서는 동사 "택하다"가 사용된다고 설명한다.319) 아모스 3:2의 최초의 단어(히브리어 원문)인 '라크'(raq. "오직")는 문장 중앙이나 후미에 놓일 수도 있다. 그러나 본문에서는 그것이 전체 문장의 앞에 위치하고 또한 목적어가 동사 앞에 도치하여 강조하고 있다. 히브리어 원문의 용어선택의 특성이나 문장구조의 강조형을 감안할 때에 아모스 3:2의 초두를 "오직 너희만을 내가 알았다. 땅의 모든 족속 가운데에서"(raq ʼetkem yādaʻtî mikkōl mishpᵉḥôt)로 번역하는 것이 좋을 것으로 생각한다("tantummodo vos cognovi…." -V).
니시무라 도시아끼(西村俊昭)는 '라크'의 용법에 관한 연구에서 '라크'의
이러한 위치뿐만 아니라 그것이 본문에서 목적어 '에트켐'('etkem. "너희")과
묶인 것(raq 'etkem)의 중요성을 강조한 바가 있다.[320] 이처럼 엄청난 은혜의
수혜자들인 이스라엘 백성들에게 모세는 이렇게 말한다.

> [33]어떤 국민이 불 가운데에서 말씀하시는 하나님의 음성을 너처럼 듣고 생존하
> 였느냐?
> [34]어떤 신이 와서 시험과 이적과 기사와 전쟁과 강한 손과 편 팔과 크게 두려운
> 일로 한 민족을 다른 민족에게서 인도하여 낸 일이 있느냐? 이는 다 너희의
> 하나님 여호와께서 애굽에서 너희를 위하여 너희의 목전에서 행하신 일이라.
> (신 4:33~34)

> 이스라엘이여 너는 행복한 사람이로다. 여호와의 구원을 너 같이 얻은 백성이
> 누구냐? 그는 너를 돕는 방패시오 네 영광의 칼이시로다. 네 대적이 네게 복종
> 하리니 네가 그들의 높은 곳을 밟으리로다.(신 33:29)

미래 이스라엘의 참된 모습에 대해서도 선지자 이사야를 통해 다음과 같이
예언된 바 있다.

> [3]여호와께 연합한 이방인은 말하기를
> 여호와께서 나를 그의 백성 중에서
> 반드시 갈라내시리라 말하지 말라.
> ……
> [6]또 여호와와 연합하여 그를 섬기며
> 여호와의 이름을 사랑하며
> 그의 종이 되며

안식일을 지켜 더럽히지 아니하며

나의 언약을 굳게 지키는 이방인마다

[7]내가 곧 그들을 나의 성산으로 인도하여

기도하는 내 집에서 그들을 기쁘게 할 것이며

그들의 번제의 희생을 나의 제단에서 기꺼이 받게 되리니

이는 내 집은 만민이 기도하는 집이라 일컬음이 될 것임이라.

[8]이스라엘의 쫓겨난 자를 모으시는

주 여호와가 말하노니

내가 이미 모은 백성 외에 또 모아 그에게 속하게 하리라 하셨느니라.

(사 56:3~8)

이방 민족들이 여호와와 연합한다는 것은 물론 유다 자손과 이스라엘 자손이 연합하는 것을 전제로 한 것이다. 이 사실이 소선지서의 벽두인 호세아서에 "이스르엘의 날이 클 것이로다"라는 말씀으로 언급되었다(호 1:11). 따라서 이스라엘 민족은 이러한 특혜를 입은 만큼 책임이 막중함을 인식하여 민족적 우월감이나 배타적 자세를 버리고 선교의 사명을 감당해야 마땅했다. 그럼에도 불구하고 그들의 역사는 안타깝게도 여호와께 대한 반역으로 되풀이되었다. 하토리(Hattori)는 에스겔 20장을 근거로 하여 이스라엘의 반역과 그것에 대한 하나님의 징계 문제를 다룬 바가 있다. 에스겔서에 의하면 이스라엘은 이미 애굽에서 우상을 섬겨 여호와께 반역(8절)했고, 기적적으로 출애굽을 한 직후인 광야에서 반역(13절)했을 뿐만 아니라 약속의 땅에서조차 반역(28절)했다는 것을 알 수 있다(역시 렘 3:25 참조).[321] 이것이야말로 회복 불능의 상태가 아닌가? 더욱이 유다 왕국이 할례를 받지 못한 이방 나라에게 멸망당하고 유다의 지도자들과 백성들이 포로로 끌려

갔으니 무수한 민족들처럼 그들의 운명도 역사의 장에서 사라지는 양 생각되었다. 하지만 이스라엘이라는 나무는 비록 베임을 당할지라도 고사되지 않고 그 그루터기 곧 "거룩한 씨"가 남아 있기에(사 6:13) 상상조차 할 수 없었던 제2출애굽이라고 할 수 있는 바벨론 포로로부터의 귀환이 이루진 것이다(사 48:6~7의 '바라'[bārā'. "창조하다"]와 '하다쉬'[ḥādash. "새롭다"]의 평행법 참조). 그럼에도 불구하고 귀환한 유다 백성들은 또다시 선조들의 전철을 밟아 제2성전을 재건하라는 여호와의 명령을 거역한 것이다.

하토리(Hattori)는 선민의 반역에 관해 그들의 불순종에 하나님께서는 벌을 가하실 필요가 있으셨으나 또 한편으로는 백성들의 불순종은 언약 관계를 지키시는 하나님의 신실하심에 대치된다는 의미에서 신적 딜레마로서도 이해가 될 수 있다는 해석을 제시했다. 이것은 하나님 자신의 프로그램 안에 들어 있는 딜레마라고 그는 설명한다. 그는 훼어밴(Fairbairn)의 말을 인용하여 이것이야말로 "심판을 초월한 긍휼의 승리"라고 강조한다.[322] 유다 역사의 말엽에 이르렀는데도 회개할 줄 모르는 백성들의 불감증 때문에 하나님께서는 예레미야를 통해 고니야에 대해 "그의 자손 중 형통하여 다윗의 왕위에 앉아 유다를 다스릴 사람이 다시는 없을 것임이라"(렘 22:30)라고 맹세까지 하셨다. 그러나 학개를 통해 하나님의 딜레마는 또다시 표출되어 하나님은 스룹바벨을 인장으로 택하셨다고 확약하셨다. 여기에서 이스라엘을 저주하라는 발락의 청탁을 받았음에도 불구하고 축복을 전할 수밖에 없었던 발람의 두 번째 예언을 상기하게 된다.

야곱의 허물을 보지 아니하시며

이스라엘의 반역을 보지 아니하시는도다.

여호와 그들의 하나님이 그들과 함께 계시니

왕을 부르는 소리가 그중에 있도다.(민 23:21)

하나님께서는 애굽의 노예가 된 히브리인들이 고역으로 인해 탄식하며 부르짖는 소리를 들으셨으므로 아브라함과 이삭과 야곱에게 세운 언약을 기억하시고(zākar), 그들을 돌보시고, 그들을 유념하셨다(yādaʻ)고 출애굽기 2:23 ~25에 수록되었다. 카쑤토(Cassuto)의 견해와 같이 하나님께서 이처럼 들으시고, 돌보시고 기억하신다는 묘사들은 선민과 맺으신 언약관계에서 우러나는 하나님의 부성적 사랑을 드러낸 것이라고 말할 수 있다.[323] 구약성경의 선택교리는 이스라엘이 선택된 것이 이스라엘 역사의 초기부터 하나님이신 여호와와 선민 이스라엘의 특별한 관계에 근거한 것임을 나타낸다. 기다 겐이찌(木田献 一)는 선택은 하나님의 자유로우신 행위이며 근원적인 은혜의 표현이라고 이해한다.[324] 여호와께서는 포로 후기 이스라엘 역사의 절체절명의 상황 속에 또다시 개입하셔서 그의 대언자 학개를 통해 내가 너희와 함께하니 두려워하지 말라(학 1:13; 2:4,5)라고 말씀하시며 선민으로 하여금 예전처럼 본연의 사명을 감당하게 하셨다.

옛적에 선지자들을 통하여 여러 부분과 여러 모양으로 조상들에게 말씀하신 하나님(히 1:1)은 선지자 학개를 통하여 포로에서 귀환한 자들에게 말씀하셨다. 그 말씀의 내용은 다름이 아닌 "이 성전의 나중 영광이 이전 영광보다 크"(학 2:9)게 하실 메시아가 오셔서 속죄사역을 이루실 것에 대한 것이다. 환언하면 하나님께서는 학개와 그의 동역자 스가랴의 리더십을 통해 백성들로 하여금 제2성전을 완공하게 하셔서 그 성전에 앞으로 "싹"이신 그분이 오셔서 메시아 예언을 성취

하실 일을 위한 징검다리 역할을 하게 하신 것이다. 스가랴는 성전재
건 당시뿐만 아니라 그 이후에도 자신의 예언에서 메시아에 대해 다음
과 같이 빈번하게 언급했다. "내 종 싹"(슥 3:8. "나의 종, 메시아" -T),
"싹"(6:12. "메시아" -T), "왕, 공의로우시며 구원을 베푸심"(9:9), "그
들이 찌른 바 그"(12: 10), "죄와 더러움을 씻는 샘"(13:1), "내(여호와
의) 목자, 내(여호와의) 짝 된 자"(13:7) 등.325) 모티어(Motyer)도 학개
서의 메시아대망 사상에 대해 이렇게 논평한다. 학개서는 스룹바벨에
관한 언급으로 시작하고 스룹바벨에 대한 언급으로 끝을 맺는다(1:1;
2:23). 모티어에 의하면 학개는 비록 사역을 공적 경절일에 시작했으
나 운집한 회중보다는 다윗계통의 스룹바벨(대상 3:1,19)을 주목하고
스룹바벨을 통해 다윗의 집을 재건하시겠다고 약속하신 그분에게로
다시 돌아온다. 이러한 메시아론적 요소는 부차적인 사상의 일부가 아
니라 메시지 전체의 골격을 이루는 주된 문맥을 구성하고 있으며 선지
자 학개가 전한 메시아적 긴급성이 건축자들을 격려하도록 한 것이라
고 모티어는 강조한다.326)

　메시아에 대한 예언은 하나님께서 포로 바로 이전 시기에는 예레미
야를 통해 그 날 그 때에 내가 다윗에게서 "한 공의로운 가지"가 나게
하시겠다는 확약을 해 주셨고(렘 33:15), 포로 시기에는 에스겔을 통
해서도 알려진 터이라 학개 당시의 귀환민에게 생소하지는 않았을 것
이다. 에스겔서에는 "이스라엘"(18회)과 "유다"(15회)라는 호칭이 동
등하게 등장하여 비록 그들은 바벨론에 있는 포로민이지만 이 둘은
거시적이고 총합적 관점에서 하나의 백성으로 취급되었다.327) 에스
겔은 북쪽 이스라엘 지파들과 남쪽 유다지파가 연합하여 한 나라를
형성하여 한 임금 다윗이 다스릴 것이고 여호와의 성소가 그들 가운

데에 영원토록 있을 것이라고 예언했다(겔 37:19,22,24,26~28). 카이저(Kaiser)가 적절하게 지적한 바와 같이 이 약속의 나무는 "여인의 후예(씨)"라는 뿌리를 근거로 하여 자라날 것이었다.[328] 풀카이저(Purkiser)는 성경의 중추적 개념을 요약하면서 다른 그 어떤 주제들보다 돋보이는 것은 구원의 개념이라고 말한다. 따라서 성경은 구원에 관한 책이고, 하나님은 "구원의 하나님"이시요, 성경의 역사는 구원의 역사이고, 신약에서 성곽 밖 십자가상의 성취로 나타난 구약의 제단은 구원의 방책이며 하나님의 영 곧 성령님은 구원의 대행자이시라고 그는 논한다.[329] 이제 우리는 왜 선지자 학개가 메시지를 전할 때에 정치 지도자, 종교 지도자 그리고 남은 모든 백성 곧 한 사람도 빠짐없는 전 공동체를 언급했는지를 알 수 있다. 이것은 제2성전 완공이라는 사명을 달성하는 데에 있어서는 주역과 조역의 구분이 존재하지 않기 때문일 것이다. 그들 한 사람 한 사람이 여호와께서 맡겨 주신 성역을 완수하기 위해 부름을 받은, 없어서는 안 될 귀한 사역의 주인공이었다. 그들이 여호와께 부름을 받은 직접적 목적은 물론 제2성전 건축이었으나, 여호와께서는 그보다 더 심오한 목적을 위해 그들을 쓰신 것이다.

　　그가 이르시되
　　네가 나의 종이 되어
　　야곱의 지파들을 일으키며
　　이스라엘 중에 보전된 자를 돌아오게 할 것은
　　매우 쉬운 일이라.
　　내가 또 너를 이방의 빛으로 삼아
　　나의 구원을 베풀어서 땅 끝까지 이르게 하리라.(사 49:6)[330]

이러한 맥락에서 생각한다면, 여호와께만 영광을 돌리고 그분만을 기쁘시게 하려는 귀한 사명을 완수한 선지자 학개를 경탄해 마지않는다. 그렇다고 해서 "학개 없이는 성전도 없다"(No Haggai-no Temple)라는 식의 찬사는 금물이다. 오히려 "성전 없이는 학개도 없다"(No Temple-no Haggai)라고 말하는 것이 정도일 것이다. 왜냐하면 그에게는 오직 시편 기자와 같이 "여호와여 영광을 우리에게 돌리지 마옵소서. 우리에게 돌리지 마옵소서. 오직 주는 인자하시고 진실하시므로 주의 이름에만 영광을 돌리소서"(시 115:1)라는 간절한 소원만 있었기 때문이다.

여호와만을 1인칭과 주어로 사용하여 모든 것이 여호와의 단독사역(monergism)에 의한 것이었다고 고백한 포로귀환기의 대표적 선지자인 "여호와의 사자" 학개, 제2성전 완공사역에 학개와 함께 쌍벽을 이룬 동시에 구약예언의 정수를 제시했다고 루터(Luther)를 통해 언급된 학개의 동역자 스가랴, 하나님의 복음을 위하여 택정함을 입어 사도로 부르심을 받은 예수 그리스도의 종 바울 그리고 그 누구보다도 종교개혁 사상을 적절하게 드러냈다는 정평을 받는 19세기의 독일 신학자인 헹스텐베르크(Hengstenberg), 이들이 남긴 말로 이 강해서의 끝을 맺고자 한다.

> [5]너희가 애굽에서 나올 때에 내가 너희와 언약한 말과 나의 영이 계속하여 너희 가운데에 머물러 있나니 너희는 두려워하지 말지어다.
> [6]만군의 여호와가 이같이 말하노라.
> 조금 있으면 내가 하늘과 땅과 바다와 육지를 진동시킬 것이요
> [7]또한 모든 나라를 진동시킬 것이며
> 모든 나라의 보배(소망)가 이르리니
> 내가 이 성전에 영광이 충만하게 하리라.
> 만군의 여호와의 말이니라.(학 2:5~7)

······ 여호와께서 스룹바벨에게 하신 말씀이 이러하니라.

만군의 여호와께서 말씀하시되

이는 힘으로 되지 아니하며

능력으로 되지 아니하고

오직 나의 영으로 되느니라.(슥 4:6)

너희 안에서 행하시는 이는 하나님이시니 자기의 기쁘신 뜻을 위하여 너희에게 소원을 두고 행하게 하시나니.(빌 2:13)

하나님의 대변자는 물러가고 하나님 자신이 말씀과 행동으로써 역사 하신다. 찬양은 대변자에게 돌려지는 것이 아니다. 왜냐하면 그는 단지 하나님께서 자기에게 주신 바를 말하였을 뿐이기 때문이다. 그에게는 아무런 공적도 없다. 그는 하나님께서 자기에게 고귀한 은혜를 주셔서 자기를 하나님의 계시의 매개체로 삼으시고 방황하는 자기의 형제를 잘못된 길에서 돌아오도록 인도할 수 있게 하셨다는 사실을 감사하기만 하면 된다. '너희가 명령 받은 것을 다 행한 후에 이르기를 우리는 무익한 종이라 할지니라'(눅 17:10). 하나님께서는 자신의 종들이 전적으로 무익한 종일지라도 그들을 귀하게 여기시기에, 그들에게 요구하시는 성취의 짐을 더 가볍게 만들어주신다.[331]

■ 후주

머리말

1) 그는 에스겔이 본질적으로 선지자이라기보다는 목회자요 입법자라고 이해한 다. R. Smend, *Der Prophet Ezekiel*, KEH (Leipzig: ²1880), p. vi.

2) "······그는 독특하게도, 하나님의 거룩하심에 대해 제사장으로서 갖는 느낌과, 하나님께서 자신에게 맡기신 메시지에 대해 선지자로서 갖는 느낌과, 그분의 백성에 대한 책임감에 대해 목회자로서 갖는 느낌을, 아울러 갖고 있었다." J. B. Taylor, *Ezekiel*, TOTC (1967), p. 29.

3) J. F. Craghan, "Ezekiel: A Pastoral Theologian," *AER* 166 (1972): 22-33.

4) "그는 포로로 끌려간 땅에서 살아갈 동안에도 내내 그러한 자신의 목회 사역을 계속하였을 것이다." W. H. Brownlee, *Ezekiel 1-19*, WBC 29 (1986), p. xxxiv.

5) W. R. Roehrs, "Watchmen in Israel: Pastoral Guidelines from Ezekiel 1~3," *CJ* (1994): 6-17.

6) G. V. Smith, *The Prophets as Preachers. An Introduction to the Prophets* (Nashville, TN: Broadman & Holman, 1994).

7) J. I. Packer, "The Way of Salvation: Part II, What is Faith?" *BS* 129 (Oct.-Nov., 1972), p. 296.

8) 저서와 논문: 『시대를 움직인 선지자 학개(학개서 강해)』 재판2쇄 (수원: 합동신학대학원출판부, 2006); 『旧約聖書ハガイ書12講. 時代を動かした預言者ハガイ』(発行 合同神学大学院出版部, 発売 東京いのちのことば社流通センター, 2011 일본어); "학개 2:18과 제2성전재건." 『구약신학과 신앙』(서울: 도서출판 엠마오, 1991), pp. 168-86; "여호와의 사자 학개." 『신학정론』 제11권 2호 (수원: 합동신학대학원출판부, 1993), pp. 284-319; "여호와가 기억하신다(스가랴 1:1 이해)." 『아브라함의 하나님』(수원: 합동신학대학원출판부, 2004), pp. 150-84 등.

번역 논문: W. E. Hogg, "The Founding of the Second Temple," *PTR* 25 (1927): 457-61; R. de Vaux, "Le décrets de Cyrus et de Darius sur la reconstruction du temple." *RB* 46 (1937): 25-79; F. I. Anderson, "Who Built the Second Temple," *ABR* 6 (1958): 1-25; R. L. Alden, "Lucifer, Who or What?" *BETS* 11 (1968): 35-39; J.

C. Whitcomb, Jr., "Cyrus in the Prophecies of Isaiah," *LPOTS*, pp. 388-401; Herbert Wolf, "Desire of All the Nations in Haggai 2:7: Messianic or Not?" *JETS* 19 (1976): 97-102; J. A. Kessler, "The Shaking of the Nations: An Eschatological View," *JETS* 30 (1987): 159-66.

9) John Bright, "Haggai Among the Prophets: Reflections on Preaching from the Old Testament," *From Faith to Faith*, PTMS 31, Ed. by D. Y. Hadidion (Pittsburgh: Pickwick, 1979). pp. 219-20.

10) E. J. Young, *Isaiah Fifty-Three: A Devotional and Expository Study* (Grand Rapids: Eerdmans, 1952), p. 14.

서론
11) 학개가 사역한 4개월 미만(학 1:1의 "다리오 왕 제이년 여섯째 달 초하루"부터 2:10,20의 "다리오 왕 제이년 아홉째 달 이십사일"까지). 스가랴가 사역한 2년 1개월(슥 1:1의 "다리오 왕 제이년 여덟째 달"부터 7:1의 "다리오 왕 제사년 아홉째 달 사일"까지).

12) T. H. Robinson, *Prophecy and the Prophets in Ancient Israel* (London: Gerald Duckworth, 1979), p. 177.

13) T. V. Moore, *A Commentary on Haggai and Malachi* (NY: Robert Carter, 1856, & GSC, London: The Banner of Truth Trust, 1960), p. 47. 물론 그는 19세기에 사역을 했으므로 더욱 그러한 느낌을 가졌을 것이다. 다행히도 오늘날 학개서를 심도 있게 연구한 단행본 주석들(Baldwin, Amsler, Petersen, Wolff, J. Kessler, Boda 등)과 박사학위 논문들(R. W. Pierce, *The Unresponsive Remnant: History, Structure and Theme in Haggai* (Pasadena, CA.: Ph. D. Diss., Fuller Theological Seminary, 1984); M. Prokurat, *Haggai and Zechariah 1-8: A Form Critical Analysis* (LA., CA: Ph. D. Diss., Berkeley University, 1988); Dongyoun Ki, *The Temple, Holy War, and Kingship in Haggai: A Text-Linguistic and Inner-Biblical Study* (Deerfield, Ill: Unpublished Doctoral Diss., Trinity Evangelical Divinity School, 2001); F. Patrick, *Haggai and the Return of Yahweh* (Ph. D. Diss., Duke University, 2006)을 접할 수 있다.

14) M. J. Boda, *A Century of Haggai-Zechariah Research* (Tools for Biblical Studies; Leiden: Deo, 2003); M. J. Boda, "Majoring on the Minors: Recent Research on Haggai and Zechariah," *CBR* 2 (2003): 33-68; M. J. Boda, *Haggai, Zechariah*, NIVAC (Grand Rapids: Zondervan, 2004).

15) A. Bentzen, "Quelque remarque sur le movement messianique parmi les Juifs aux environ de l'an 520 avant Jésus Christ," *RHPR* X (1930): 493-503.

16) H. G. Mitchell, *A Critical and Exegetical Commentary on Haggai, Zechariah, Malachi and Jonah*, ICC (1971), p. 37.

17) G. Quell, *Wahre und Falshe Propheten: Versuch eine Interpretation* (Gutersloh: 1952), p. 12. 이 내용은 G. von Rad, *OTT*, vol. II, p. 279, n. 1에서 인용했음. 폰 라드 자신도 선지자 말라기가 기타 선지자들보다 못하다는 말을 할 수 없다고 말한다. 대소 선지자들은 각각 자기 시대에 적합한 인물들로서 맡은 바 사역에 전력을 다했다고 그는 이해한다. 그래서 그들 간의 차이점이란 다만 그들이 처한 상이한 영적 상황에 의해 설명된다고 그는 강조한다(ibid., p. 281).

18) T. Chary, *Les prophètes et le culte à partir de l'exil* (Paris: Desclée, 1955), p. 138.

19) J. W. Whedbee, "A Question-Answer Scheme in Haggai I: The Form and Function of Haggai 1:9~11," *BNES*, pp. 192-93.

20) K. Elliger, *Die Zwölf Kleinen Propheten*. II, ATD 25 (Göttingen: Vandenhoeck & Ruprecht, 1982), p. 84.

21) H. W. Wolff, *Dodekapropheten*. 6, *Haggai*, BKAT XIV/6 (n.p.: Neukirchener, 1986), p. 3.

22) E. C. Blackman, *Marcion and His Influence* (London: SPCK, 1948), pp. 113-24 참조.

23) E. G. Kraeling, *The Old Testament Since the Reformation* (NY: Schocken, 1969), pp. 59-67,228-38,248-50. R. Bultmann, "The Significance of the Old Testament for the Christian Faith," *The Old Testament and Christian Faith*. Ed. by B. W. Anderson (London: SCM, 1964), p. 17.

24) R. Bultmann, ibid., p. 32.

25) R. N. Whybray, "Old Testament Theology - A Non-existent Beast," *Scripture: Meaning and Method*. Ed. by B. P. Thompson (Hull: Hull University, 1987), pp. 168-70,72,76-77 참조.

26) H. L. Ellison, *The Message of the Old Testament* (Palm Springs, CA: Ronald N. Haynes, 1981), p. 11.

27) E. Böhl, *Christologie des Alten Testament oder Wichtigsten Messianischen Weissagungen* (Wien: 1892)은 권호덕 역, 『구약 속의 그리스도』(서울: 도서출판 그

리심, 2003), p. 283을 참조했음.

제1강 선지자 학개의 이름

28) 왕하 15:8; 대상 5:7; 9:37; 대하 17:7; 사 8:2 등.

29) 물론 이 이름이 성경 이외의 자료들인 히브리 인장들과 페니키아와 남아라빅 텍스트들 특히 아람어 자료들에서는 흔하게 나타난다. A. S. van der Woude, *Haggai, Maleachi.* POT (Nijkerd: Callenbach, 1982), p. 9; A. Cowley, *Aramaic Papyri of the 5th Century B. C.* (London: Oxford University, 1923), p. 256; P. A. Verhoef, *The Books of Haggai and Malachi.* NICOT (1987), p. 4 참조.

30) M. Noth, *Die Israelitischen Personennamen im Rahmen der Gemein-semitischen Namengebung* (Hildesheim, NY: Georg Loms, 1980) 참조.

31) R. Bach, "Haggai," *RGG,* III Band (Tübingen: J. C. B. Mohr, 1963), p. 23. 역시 H. W. Wolff, *Haggai,* pp. 2,21 참조.

32) 미첼도 이와 동일한 견해를 취한다(H. G. Mitchell, *Haggai,* p. 25).

33) E. W. Hengstenberg, *COOT,* II:931.

34) 박윤선, 『성경주석: 소선지서』 (서울: 영음사, 1988), p. 375. 역시 D. L. Petersen, *Haggai & Zechariah 1-8.* OTL (London: SCM, 1986), p. 17 참조.

35) C. F. Keil and F. Delitzsch, *Commentary on the Old Testament.* 25 vols., vol. 1: *The Pentateuch.* Trans. by J. Martin, 3 vols. (Grand Rapids: Eerdmans, repr. 1968), I:109.

36) C. W. Slemming, *The Bible Digest* (Grand Rapids: Kregel, 1960), p. 530.

37) "그러나 내가 너의 어렸을 때에 너와 세운 언약을 기억하고 너와 영원한 언약을 세우리라."(weˀzākartî ˀanî ˀet⁻beˀrîtî ˀôtāk ⋯) "Seulement, moi, je serai fidèle a l'alliance que j'ai conclue avec toi au temps de ta jeunesse et je la transformerai en une alliance éternelle." -Français Courant. A. Bowling, "zākar," *TWOT,* I:241-43. B. S. Childs, *Memory and Tradition in Israel.* SBT 37 (London: SCM, 1967). H. Eising, "zākar," *TDOT* (1980), 4:64-74 등 참조. 그리고 십자가에 달린 행악자 중 한 사람이 예수께 간구한 "예수여 당신의 나라에 임하실 때에 나를 기억하소서." (눅 23:42~43) 참조.

38) sheˀar yāshûb는 주어가 동사 앞에 도치된 강조적 동사문장이다. 따라서 이 이름은 남은 자 사상을 내포한 것으로서 남은 자가 반드시 돌아올 것임을 강력히 시사한다(사 7:1f.). G. F. Hasel, *The Remnant. The History and Theology of the*

Remnant Idea from Genesis to Isaiah (Berrien Springs: Andrew Univ. Monograph 5, 1974), pp. 274f. 남은 자 사상에 관해서는 특히 Yoshiaki Hattori, *The Prophet Ezekiel and His Idea of the Remnant* (Unpublished Th. D. Diss., Westminster Theological Seminary, 1968) 참조.

제2강 선지자 학개에 대한 호칭

39) J. Wellhausen, *Die kleinen Propheten überzetzt und erklärt*, 4th edition (Berlin: De Gruyter, 1963), p. 181.

40) 이 표현의 히브리어 원어는 한 단어(wayyar'ēnî)인데 직역하면 "그가 내게 보여주었다"이다. 그러나 루터(Luther)는 주어를 명시하지 않고 다만 "그리고 내게 보였다"("Und mir war gezeigt")라고 번역했고, NETB는 주어를 1인칭 단수로 보아 "다음으로 내가 보았다"("Next I saw")로 옮겼다. 이외에는 주어를 "그"(V, KJV, LutherR, Segond, NRSV, NIV, 일본문어역, JB[난외주는 yahweh]) 또는 "여호와"(LXX, TEV, TOB, 개역성경, 공동번역성서, 개역개정판, 중국신역본)로 번역했다.

41) S, *BHS*, LutherR, ZB, TEV, TOB, NJPS -"But [the angel of] Yahweh…", JB - "The angel of Yahweh … 'May the LORD rebuke you, Satan….'" 등.

42) 동사 gā'ar("책망하다")가 저주 형식에 사용된다고 주장하는 A. A. MaCintosh, "A Consideration of Hebrew gā'ar," *VT* 19 (1968): 477 참조.

43) H. C. Leupold, *Exposition of Zechariah* (Grand Rapids: Baker, 1971), pp. 67-68.

44) 창 18:14,22. 역시 18:13,17,19,20,26,33절 참조.

45) E. W. Hengstenberg, *COOT.* I:80-91; G. Vos, *Biblical Theology: Old and New Testaments* (Grand Rapids: Eerdmans, 1948), pp. 72-73; W. G. MacDonald, "Christology and 'The Angel of the Lord'," *CIBPI*, pp. 324-35; G. H. Juncker, *Jesus and the Angel of the Lord: An Old Testament Paradigm for New Testament Christology* (Deerfield, Ill: Unpublished Doctoral Diss., Trinity Evangelical Divinity School, 2001); J. A. Borland, *Christ in the Old Testament* (Chicago: Moody, 1978) 참조.

46) W. C Kaiser, Jr., "The Promise of the Arrival of Elijah in Malachi and the Gospel," *GTJ* 3 (1982): 225.

47) John Calvin, *Commentaries on the Twelve Minor Prophets*, vol. 15 (Grand Rapids: Baker, 1979), p. 344.

48) M. Henry, *Matthew Henry's Commentary in One Volume*. Ed. by L. F. Church (Grand Rapids: Zondervan, 1974), p. 1171. 그가 인용한 시 74:9의 원문의 강조형은 다음 역본들이 잘 반영했다.

"Unser Zeichen sehen wir nicht und kein Prophet predigt mehr, und keiner ist bei uns, der weiss wie lange." (Luther)

"Our own emblems are nowhere to be seen; there are no prophets left now none can tell how long we must endure." (M. R. Knox)

49) P. A. Verhoef, *The Books of Haggai and Malachi*, p. 3.

50) E. B. Pusey, *The Minor Prophets*. Vol. 2 (Grand Rapids: Baker, 1953), p. 306.

제3강 선지자 학개의 인격

51) 볼드윈은 학개의 부친 이름이 빠지고 학개만 소개된 데에 대해 다음과 같이 설명한다. 즉, 그의 부친은 이미 잊혔고, 선지자들이 거의 없어서 "선지자"라는 용어 자체로도 통하기에 충분하고 또한 작은 유다 공동체에서는 학개가 잘 알려진 존재이기 때문에 그러하다. J. G. Baldwin, *Haggai-Zechariah-Malachi. An Introduction and Commentary*. TOTC (Downer's Grove: Inter-Varsity, 1972), p. 27.

52) 지요자끼 히데오(千代崎秀雄), "ハガイ書,"『新聖書註解』(いのちのことば社, 1974 일본어), p. 617. 베어회프(Verhoef)는 학개가 제1성전을 보았다고 주장하는 학자들로 Van Hoonacker, Mitchell, Elliger, Ackroyd를 그리고 못 봤다고 주장하는 학자들로 Von Orelli, André, Marti, G. A. Smith, Sellin, Junker, Deissler 들을 제시한다(*The Books of Haggai and Malachi*, p. 6, n. 14).

53) A. van Hoonacker, *Les douze petits prophètes*. Études Bibliques (Paris: Gabalda, 1908), p. 546.

54) 츄은추(丘恩處), "哈該書."『哈該書·撒迦利亞西·瑪拉基書. 中文 聖經注釋』第二六卷, 基督教文藝出版社, 1988 중국어, pp. 9-10.

55) D. Winton Thomas, "The Book of Haggai: Introduction and Exegesis," *IB*, vol. 6 (1956), p. 1037.

56) R. K. Harrison, *Introduction to the Old Testament* (Grand Rapids: Eerdmans, 1994), p. 538.

57) 일부 학자들은 학개서의 3인칭 사용이 본서가 다른 사람에 의해 편찬된 것을 분명히 나타내거나(B. S. Childs, *Introduction to the Old Testament as Scripture*

[Phila.: Fortress, 1979], p. 467), 선지자 자신이 현재 형태의 저자가 아님을 암시하는 것(D. Winton Thomas, "The Book of Haggai: Introduction and Exegesis," p. 1037)이라고 주장한다. 학개의 말을 들었거나 그 내용을 입수한 어떤 사람에 의해 본서가 기록되었다고 주장하는 학자들도 있다(J. Bright, "Aggée: Un exercice en herméneutique," *ETR* 44 [1969-No1, p. 7]). 그러나 소긴(J. A. Soggin)은 저자가 더 큰 객관적 인상을 주려고 3인칭을 사용했을 가능성을 배제할 수 없다고 주장한다 (*Introduction to the Old Testament*. ET, OTL [London: SCM, 1976], p. 325.).

58) H. W. Wolff, *Haggai*, p. 67.

59) 일본신공동역, 개역성경, 개역개정판, 중국신역본.

60) H. W. Wolff, *Haggai*, pp. 67,71.

61) R. J. Sim, "Notes on Haggai 2:10-21," *JOTT* 5 (1992): 25-26.

62) 학 1:1,2,3,5,7,8,9,12,13; 2:1,4(3회),6,7,8,9(2회),10,11,14,17,20,23(3회). R. L. Alden, *Haggai*, EBC (1985), 7:574 참조.

63) M. Perry, M. Pickering, eds., *The Dramatized Bible* (Simson, England: Bible Society, 1989) 참조.

64) 박윤선, 『성경주석: 소선지서』, p. 379.

제4강 학개서의 역사적 배경

65) 베스터만은 "현대 구약 학자들 간에 출애굽 사건은 근본적으로 중요하다는 데에 전적으로 합의한다"라고 주장했다. C. Westermann, "The Way of the Promise Through the Old Testament," *OTCF*, p. 200, n. 1.

66) 창 4:26; 12:8; 13:4; 22:14 "여호와 이레"; 32:9; 49:18 등.

67) J. Alec Motyer, "The Revelation of the Divine Name," *TSF* (Leicester, 1959). L. Eslinger, "Knowing YAHWEH: Exod 6:3 in the Context of Genesis 1 – Exodus 15," *Literary Structure and Rhetorical Strategies in the Hebrew Bible*. Ed. by L. J. de Regt et al. (Van Gorcum: Eisenbrauns, 1996), pp. 188-98 참조.

68) 수 4:21~24; 사 4:2,6; 10:24~27; 11:11~16; 40:3f.; 43:16~21; 렘 23:7; 30:10; 겔 20:33~44; 호 2:14~15; 미 6:3~5 등.

69) F. B. Dilley, "Does the 'God Who Acts' Really Act?" *ATR* 47 (1983): 66-80 참조.

70) "…… 이삭에게서 나는 자라야 네 씨라 부를 것임이니라"(kî beyiṣḥāq yiqqārē' lekā zāra' -창 21:12b).

71) 아브라함을 높인 내용들은 *The Talmud of Babylonia*, Vol. XIX. B. Bavli Qiddushin 4:14. Trans. J. Neusner (Atlanta, Ga.: Scholars, 1992), p. 176; Kiddushin, 4.14, *The Mishinah*. Trans. H. Danby (London: Oxford University, 1964), p. 329 참조. 그리고 하란을 떠나라는 시험을 포함하여 열 번의 시험을 아브라함이 성실하게 통과했다고 자랑하는 내용은 *Hebrew-English Edition of the Babylonian Talmud, Aboth*. Trans. J. Israelstam (London: Soncino, 1988), p. 12b, C(6); *Aboth* 5.3, *The Mishinah*, p. 455; J. Bauker, *The Targum & Rabbinic Literature: An Introduction to Jewish Interpretations of Scripture* (Cambridge: Cambridge University, 1969), pp. 228-29 참조.

72) J. L. Thompson, "The Immoralities of the Patriarchs in the History of Exegesis: A Reappraisal of Calvin's Position," *CTJ* 26 (1991): 9-46.

73) 3세라는 숫자는 히브리어 원문 창세기 26:5("이는 아브라함이 내 말을 순종하고 내 명령과 내 계명과 내 율례와 내 법도를 지켰음이니라 …….")의 첫 단어인 "이는"('ēqeb, 70+100+2=172)이라는 단어의 자음을 숫자로 계산(gematria)하여 얻은 것이다. 아브라함이 175세에 별세했다고 했으니 그런 숫자가 나온 것이다. J. H. Sailhamer, "The Mosaic Law and the Theology of the Pentateuch," *WTJ* 53 (1991): 251.

74) *The Talmud*. Trans. H. Polano (London: & NY: Frederick Wane, repr. 1978), pp. 34f. 특히 44-45 참조.

75) 아브라함의 씨족이나 그의 가족 식구들에게 그러한 교리의 발전을 선호하는 경향이나 성향이 있었다고는 말할 수 없기 때문이라는 것이 세갈의 생각이다. 아브라함의 집안은 신앙과 경배에 있어서 그들의 이웃이나 다를 바가 없었다(수 24:2). 우르와 하란은 월신(月神) 숭배의 중심지였으니 그의 가족 식구들도 월신을 섬겼을 것이고, 그의 부모의 이름도 이와 관련이 있을 것으로 그는 생각한다. 가족의 이러한 우상숭배가 그로 하여금 메소포타미아를 떠나 가나안에 정착하게 만든 진정한 이유였을 것이라고 세갈은 이해한다. 아브라함의 새로운 신앙이 그로 하여금 이방 친척들과 계속해서 함께 살 수 없게 만들었을 것이라고 그는 주장한다. M. H. Segal, "Abraham the Founder of Israel's Monotheism," *The Pentateuch: Its Composition and Its Authorship and Other Biblical Studies* (Jerusalem: Magnes, The Hebrew University, 1967), pp. 126-27.

76) J. L. Thompson, "The Immoralities of the Patriarchs," pp. 45-46 참조.

77) Tertullian, *Against Marcion* 5.11,17 (ANF 3:454,466).

78) Origen, *First Principles* 1,5 (ANF 4:259).

79) John Milton, *Paradise Lost and Other Poems*. Ed. by *M. Kelley* (NY: Walter J. Black, 1943), pp. 247,324-25.

80) J. Alec Motyer, *The Prophecy of Isaiah: An Introduction & Commentary* (Downers Grove, Ill: IVP, 1993), p. 144. 신화론을 반대하는 견해에 대해서는 H. C. Leupold, *Exposition of Isaiah, Chapters 1-13* (Grand Rapids: Baker, 1968), 1:259 참조. JB는 사 14:12a의 난외주에서 이 부분은 페니키아(Phoenician) 신화와 유사한 표현들을 내포하고 있다고 진술한다. NJB도 난외주에서 12~15절이 페니키아의 모델에 근거한 것 같이 보인다고 설명한다. 여하튼, 그 구절들이 Ras-Shamra 시(詩)들과의 몇몇 접촉점이 있음을 시사한다. 샛별과 새벽은 두 신들이고, 집회의 산은 희랍신화에 나타나는 올림포스 산과 같이 신들이 모이곤 하던 곳이라고 알려졌다. 한국의 천주교와 개신교의 일부 신학자들이 공동으로 번역한 공동번역성서가 "웬일이냐, 너 새벽 여신의 아들 샛별아, 네가 하늘에서 떨어지다니!……"라고 옮겼는데 이것도 신화론적으로 치우친 해석의 일환이라고 말할 수 있을 것이다.

81) E. J. Young, *The Book of Isaiah, Chapters I~XVIII* (Grand Rapids: Eerdmans, 1965), I:440, n. 77과 441, n. 78 참조.

82) R. L. Alden, "Lucifer, Who or What?," p. 38

83) R. Youngblood, "The Fall of Lucifer (in More Ways Than One)," *The Way of Wisdom. Essays in Honor of Bruce K. Waltke*. J. I. Packer & S. K. Soderlund eds. (Grand Rapids: Zondervan, 2000), p. 175.

84) J. B. Pritchard, *ANET*, p. 316.

85) R. de Vaux, "Le décrets de Cyrus et de Darius," pp. 41-42.

86) J. B. Pritchard, *ANET*, pp. 314-16 참조.

87) *The Works of Josephus: Complete and Unabridged*. Trans. W. Whiston (Peabody, MA: Hendrickson, 1987), p. 286.

88) J. C. Whitcomb, Jr., "Cyrus in the Prophecies of Isaiah," *LPOTS*, pp. 400-401.

89) 그는 캄비세스의 친동생 바르디야(Bardiya)의 이름으로 또는 스메르디스로 사칭했다 하여 pseudo-Smerdis라고도 불린다.

90) A. S. Shahrazi, "The 'One Year' of Darius Re-examined," *BSOAS* 35 (1972), 특히 pp. 612-14 참조.

91) R. D. Wilson, *Studies in the Book of Daniel* (Grand Rapids: Baker Paperback Edition, 1979), pp. 160f.,200f.,221f. 참조.

제5강 선지자 학개 당시의 영적 상태

92) D. M. Warne, *The Origin, Development and Significance of the Concept of the Remnant in the Old Testament*, Unpublished Ph. D. Diss., Faculty of Divinity (University of Edinburgh, 1958), p. 116.

93) T. V. Moore, *A Commentary on Haggai and Malachi*, pp. 31-32.

94) J. B. Taylor, *Ezekiel: An Introduction and Commentary*, TOTC (1969), p. 24.

95) E. Bickerman, "The Historical Foundations of Postbiblical Judaism," A. Finkelstein, *The Jews*, vol. I (1949), p. 71. 이 내용은 T. A. Busink, *Der Tempel von Jerusalem, von Salomo bis Herodes II, chap. X: Der Tempel Serubbabels* (Leiden: Brill, 1980), p. 783에서 인용했음.

96) 어떤 학자는 제2성전 지대를 놓은 연대를 기원전 537년으로 이해한다. 역시 이 지대를 놓은 후부터 학개가 사역을 시작한 때까지의 기간을 16년이 아닌 15년으로 이해하는 학자도 있다.

97) 지오자끼 히데오(千代崎秀雄), 상게서, p. 618.

제6강 선지자 학개 당시의 교회에게 주신 메시지들

98) 예를 들면, 사 1:1; 렘 1:2; 호 1:1; 미 1:1; 습 1:1 등.

99) John Kessler, "The Second Year of Darius and the Prophet Haggai," *Transeuphrates* 5 (1992): 67.

100) 이때부터 약 오백여년 후인 바로 이 장막절 마지막 날에 예수께서 유대인들에게 하신 말씀을 우리는 기억하고 있다. 이 절기의 7일 동안에는 매일 실로암 못의 물을 떠다가 제단 옆의 은그릇에 붓는 의식이 있었다. 명절 끝날인 제8일에는 그러한 의식이 없었으나 예수께서 이렇게 말씀하셨다. "…… 누구든지 목마르거든 내게로 와서 마시라. 나를 믿는 자는 성경에 이름과 같이 그 배에서 생수의 강이 흘러나오리라……."(요 7:37~38)

101) T. W. Chambers, *The Book of Zechariah*, LCHS, 7:22. 그는 "월"이 연대적 요소에서는 월삭을 뜻하지 않는다고 주장한다. 본문에 월만 있고 "일"이 없다는 점에 대해서는 졸고 윤영탁, "주가 기억하신다(슥 1:1 이해)," 『아브라함의 하나님』, pp. 150-84 참조.

102) "우리가 사로잡힌 지 열두째 해 열째 달 다섯째 날에 예루살렘에서부터 도망하여 온 자가 내게 나아와 말하기를 그 성이 함락되었다 하였는데."

103) P. Joüon, *Grammaire de l'hébreu biblique.* §116b, A1의 "revenez a moi et (consécution) je reviendrai." 참조. 주옹은 슥 1:3에서도 말 3:7처럼 몇몇 필사본들과 같이 wᵉʾāshûbâ로 읽을 것을 제안하고 렘 33:3의 "너는 내게 부르짖으라. 내가 네게 응답하겠고⋯⋯"라는 말씀을 예로 제시한다.

104) 영어로는 "As for your ancestors, ⋯ and as for the prophets, ⋯"라고 이해하는 것이 바람직하다.

105) '아크'의 용례에 관해서는 N. H. Snaith, "The Meaning of Hebrew אך," *VT* 14 (1914): 221-25 참조.

106) "Dried is the grass, faded the flower ⋯⋯." J. A. Alexander, *The Prophecies of Isaiah* (Grand Rapids: Zondervan), pp. 98-99.

107) G. L. Robinson, "The Book of Zechariah." *ISBE* (1939), V:3136.

108) 하토리 요시아끼(服部嘉明), "ゼカリヤ書,"『旧約聖書講解』第19卷, 小豫言書 (2), 服部嘉明, 鍋谷堯爾, 江副榮一, 原拓也著(聖文舍 1986 일본어), pp. 204-205. 역시 A. S. van der Woude, "Seid nicht Wie eure Väter! Bemerkungen zu Sacharja 1. 5 und seinem Kontext," *Prophecy: essays presented to Georg Fohrer on his sixty-fifth birthday 6 September 1980.* Ed. by J. A. Emerton (Berlin · NY: 1980), p. 165.

109) 주옹(Joüon)은 haʿôd의 의문사 hă가 감탄적 뉘앙스를 지닌 것으로 보아 "참으로 씨앗이 여전히 창고에 있구나!"로 해석한다. 주옹(P. Joüon) - 무라오까(T. Muraoka),『성서 히브리어 문법』, 김정우 역 (서울: 도서출판 기혼, 2012), p. 669, §160 d 참조.

110) Keil, Pusey, Moore, 하토리(服部嘉明), NRSV, 일본신공동역, 일본신개역, 개역개정판, 중국상제판 등.

111) LXX, V, KJV, JPS, Calvin, Hengstenberg, Baldwin, 박윤선 등.

112) 이 문제에 대한 의견이 분분한 만큼 스미스는 "벧엘 혹은 바벨론"에서 파견된 사람들이라고 진술했다. R. L. Smith, *Micah-Malachi.* WBC 32 (1984), p. 220.

113) M. F. Unger, *ZECHARIAH: The Prophet of Messiah's Glory* (Grand Rapids: Zondervan, 1963), p. 124 참조.

제7강 선지자 학개의 첫째 메시지

114) 렘 1:1은 "⋯⋯ 예레미야의 말이라"로 시작하고 나서 2b에서는 "⋯⋯ 여호와의 말씀이 예레미야에게 임하였고"로 소개된다(ʾăsher hāyâ⋯ʾel). 따라서 LXX은 1

절을 "하나님의 말씀, 그것이 예레미야에게 임하였다."(Tò ῥῆμα τοῦ θεοῦ, ὃ ἐγένε
το ἐπὶ Ἰερεμίαν)로 이해했다. 역본들은 NIV, NJPS, REB, 개역개정판 등과 같이 두
절을 분리하여 이해하거나 KJV, RSV, NASB처럼 원문의 ⁱašher를 "to whom"으로
해석하여 두 절을 연결하기도 한다.("The words of Jeremiah…; To whom the word
of the LORD came….")

115) A. van Selms, "How Do Books of the Bible Commence?" *Biblical Essays*
(Potchefstroom, 1966), p. 141.

116) "… la parole de Jahvé se fit [entendre] par l'organe le Haggée le prophète
…." A. van Hoonacker, *Les douze petits prophètes*, p. 551.

117) K. Budde, "Zum Text der drei letzten kleinen Propheten," *ZAW* 26 (1906):
8-10 참조. 그러나 LXX, V, Luther, KJV, NJPS, 일본문어역, 일본구어역, 중국신역본
등으 원문 그대로를 받아드린다.

118) D. L. Petersen, *Haggai & Zechariah 1-8*, p. 61.

119) J. Alec Motyer, "Haggai," *The Minor Prophets: An Exegetical & Expository
Commentary*. Ed. by T. E. McComiskey (Grand Rapids: Baker, 1998). 3:973.

120) T. Laetsch, *Bible Commentary: The Minor Prophets* (MO: Concordia, 1956),
p. 17의 호 1:1 주해 참조.

121) L. J. Wood, *The Prophets of Israel* (Grand Rapids: Baker, 1979), pp. 367-68.

122) 분노를 나타내는 히브리어는 명사 qeṣep, 'ap, ḥēmâ, ḥārôn, 'ebrâ 그리고
동사 qāṣap, zā'am, kā'as, rāgaz, ḥārâ, 'ābar(Hithpael) 등이 있다. 이 단어의 명사
qeṣep가 동사 "책망하다…… 징계하다"(시 38:1[2])와 "책망하다"(시 54:9), "치다"(사
60:10)와 함께, 그리고 동사 qāṣap는 "욕되게 하다"(사 47:6), "치다…… 얼굴을 가리
다"(사 57:17)와 함께 사용되기도 한다.

123) E. W. Hengstenberg, "Interpreting the Book of Job," *Commentary on
Ecclesiastes* (Edinburgh: T. & T. Clark, 1869), p. 339. 하나님의 징계에 관하여는
Yoshiaki Hattori, *The Prophet Ezekiel and His Idea of the Remnant*, pp. 289-92
참조.

124) G. van Groningen, "qāṣap," *TWOT*, 2:808.

125) 하토리 요시아끼(服部嘉明), 상게서, pp. 204-205.

126) 모티어는 학 1:6을 주해하면서 그들이 환경적·경제적으로 어려운 시기를
통과했다(Noth, Bright, Wolff, Petersen, Japhet 등)는 기존 입장이 수정되어야 한다
고 주장한다. 그는 그들의 소유가 기대에 미치지 못하여 원하는 바를 성취하지 못한

데에 문제가 있었다고 이해한다(J. Alec Motyer, "Haggai," pp. 976-77.).

127) A. P. Ross "Jacob at the Jabbok, Israel at Peniel, Studies in the Life of Jacob, Part 2," *BSac* 142 (1985): 351.

128) E. Cashdan, "Haggai," *The Twelve Prophets*, SBB, p. 256. H. Tadmor, "The Appointed Time Has Not Yet Arrived: The Historical Background of Haggai I:2," *Ki Baruch Hu: Ancient Near Eastern, Biblical, and Judaic Studies in Honor of Baruch A. Levine*. Ed. by R. Chazan (Winona Lake: Eisenbrauns, 1999), 특히 pp. 403-406 참조.

129) P. R. Bedford, "Discerning the Time: Haggai, Zechariah and the 'Delay' on the Rebuilding of the Jerusalem Temple," *The Pitcher is Broken*. Ed. by. S. W. Holloway & L. K. Hendy, JSOTSup 190 (1995), 특히 pp. 74-75 참조. 그도 예레미야가 언급한 70년은 문자적이 아닌 대략적으로 이해되어야 한다고 이해한다(p. 81).

130) K. M. Craig Jr., *Forming Prophetic Literature: Essays on Isaiah and The Twelve, in Honor of John D. Watts*. Ed. by James D. Watts and P. R. House, JSOTSup 235 (1966), 특히 pp. 225-28 참조.

131) YHWH와 s^eḇā'ôt의 참고자료는 H.-J. Zobel, "צבאות s^eḇā'ôt," *TDOT* (2003), 12:215-17 참조.

132) J. P. Ross. "JAHWEH ṢEBĀ'ÔT in Samuel and Psalms," *VT* 17 (1967), 특히 pp. 89와 90의 각주 참조.

133) T. N. D. Mettinger, "YHWH SABAOTH - The Heavenly King on the Cherubim Throne," *Studies in the Period of David and Solomon and Other Essays*. Ed. by T. Ishida (Winnona Lake: Eisenbrauns, 1982), p. 135. Zobel은 이 견해의 지지자로 A. S. van der Woude, "צבא ṣāḇā' army," *TLOT*, 2:1045를 제시한다("צבאות s^eḇā'ôt," p. 222.).

134) A. S. van der Woude, "צבא ṣāḇā' army," 2:1045.

135) "all bodies, multitudes, masses in general, the content of all that exists in heaven and in earth." W. Eichrodt, *TOT*, 1:193-94.

136) J. E. Hartley, "צבא ṣāḇā'," *TWOT*, 2:750-51.

137) J. Alec Motyer, "Haggai," p. 974. 이것은 Van der Woude의 견해와 유사하다 ("צבא ṣāḇā' army," p. 1045.).

138) R. Kasher, "Haggai and Ezekiel: The Complicated Relations between the

Two Prophets," *VT* 59 (2009): 579-81 참조.

139) "이 백성"은 학 2:14; 사 29:13; 렘 35:16을 참조하고, "내 백성"은 사 40:1; 겔 37:12,13; 슥 8:7; 13:9을 참조하고, 호 1:9; 2:1,23과 비교하라.

140) J. Alec Motyer, "Haggai," p. 974.

141) 모티어는 "시기"를 적기("the right time, the right moment")로 이해하고 다음과 같이 사역했다. "… This people says: The right time has not come, the right time for the LORD's house to be built." Motyer, "Haggai," pp. 972,974와 KJV 참조.

142) 수정안들을 소개한 H. G. Mitchel, *Haggai*, p. 51과 *BHS*참조. 그러나 마이어스는 이것을 수사학적 표현으로 간주한다(C. L. Meyers & E. M. Meyers, *Haggai, Zechariah 1-8: A New Translation with Introduction and Commentary*, AB, 25B [NY: Doubleday, 1987], pp. 19-20.).

143) 세공(Segond)은 1:3의 초두(히브리어 원문)의 '와예히'(wayᵉhî)를 "그런 까닭에……"로 번역했다.

144) 이 의문사는 저자가 강조하고자 하는 품사들과 연결된다. 예를 들면, 흔히 나타나는 다양한 동사형(hᵃshōmēr -창 4:9 등) 그리고 명사(hᵃshālôm -왕하 5:21; 9:11)나 대명사(주격 ha'attā -창 27:21 혹은 목적격 hᵃ'ōtî -겔 7:19?), 부사(ha'ôd -창 45:3; 학 2:19, hᵃgam -삼상 10:11), 전치사(hᵃmin -창 3:11; hᵃkî -창 27:36; 삼상 9:1) 등이 있다.

145) T. V. Moore, *Commentary on Haggai and Malachi*, pp. 57-58.

146) T. Laetsch, *The Minor Prophets*, p. 384.

147) M. Henry, *Matthew Henry's Commentary*, p. 1171.

148) H. W. Wolff, *Haggai*, pp. 25-26.

149) F. I. Anderson, "Who Built the Second Temple," pp. 25-26.

150) S. Amsler의 견해(*Aggée-Zecharie 1-8. Commentaire de l'Ancien Testament* 11 [Neuchatel: Delachaux & Niestlé, 1981], p. 22)는 John Kessler, "Reconstructing Haggai's Jerusalem: Demographic and Sociological Considerations and the Search for an Adequate Methodological Point of Departure," L. L. Grabbe & R. Haad, eds., *Every City Shall be Forsaken: Urbanism & Prophecy in Ancient Israel & the Near East*, JSOTSup, 330 (Sheffield: Sheffield Academy, 2001), p. 150에서 인용했음. 존 케슬러의 pp. 149-50도 참조.

151) A. van Hoonacker, *Les douze petits prophètes*, p. 553.

152) E. W. Hengstenberg, *COOT*, II:831.

153) L. W. Batten, *A Critical and Exegetical Commentary on The Books of Ezra and Nehemiah*, ICC (1972), p. 118. 역시 T. A. Busink, *Der Tempel von Jerusalem*, pp. 776-809 참조. 부징크는 제1성전이 훼손되고 폐허는 되었으나 메소포타미아의 건축방식과 스 6:3 등을 근거로 하여 옛 기초는 보존되었다고 주장한다. 츄은츄(丘恩處)도 "이"라는 단어는 어떤 것이 눈앞에 있어서 볼 수 있을 뿐만 아니라 그것을 손으로 가리켜 사람들이 볼 수 있는 정황을 나타낸다고 이해한다("哈該書," pp. 25-26.).

154) K. M. Craig, Jr., *Forming Prophetic Literature*, p. 227.

155) 니시 미쯔루(西滿),『わかりやすいい旧約聖書の思想と概說』<下> (いのちのことば社, 2001 일본어), p. 262.

156) P. P. Saydon, "The Meanings and Uses of the Particle את," *VT* 14 (1964): 207.

157) V. P. Hamilton, "shûb," *TWOT*, 2:909. 백성들이 학개를 통한 여호와의 예언의 말씀을 듣고 심령이 감동을 받아 회개하고 건축공사를 위해 궐기한 내용을 다룬 한스 볼프(H. W. Wolf)의 논문에서 '슈브'(shûb)에 대한 진술 참조("Das Thema 'Umkehr' in der alttestamentlichen Prophetie," *ZTK* 48 [1951]: 131f.). 역시 W. Holladay, *The Root ŠÛBH in the Old Testament* (Leiden: Brill, 1958) 참조.

158) R. L. Alden, "Haggai," p. 569.

159) J. Bright, "Haggai Among the Prophets," p. 224. 푸린스루는 학개서의 일부분을 다루면서, 구문론적으로 볼 때에 학 1:4~11의 구조가 점층적으로 되어 있기 때문에 8절이 중심이 아니라 11절에서 그 절정을 이룬다고 이해한다. W. S. Prinsloo, "The Cohesion of Haggai 1:4~11," *Wünschet Jerusalem Frieden: Collected Communications to the XIIth Congress of the International Organizations for the Study of the Old Testament*. Ed. by M. Augustin (NY: Verlag Peter Lang), p. 339.

160) J. Bright, "Haggée," p. 12.

161) 박윤선,『성경주석: 소선지서』, pp. 379-80.

162) 김희보,『구약 학개·말라기 註解』(서울: 총신대학출판부, 1982), p. 3.

163) I. H. Eybers, "The Rebuilding of the Temple According to Haggai and Zechariah," *OTWSA* (1975), pp. 15,18. 젤린은 학개서에 수록된 말씀의 그 어느 부분에서도 성전건축과 직접 관련이 되지 않는 것은 없다고 말했다. E. Sellin, *Das Zwölf-prophetenbuch*, KAT (Leipzig-Erlangen: A. Deichertsche Verlagsbuchhandlung,

1922), p. 395. 이 내용은 Eybers의 p. 15에서 인용했다.

164) 레 7:18; 19:7; 22:23; 호 8:13; 암 5:22; 미 6:7. H. W. Wolff, *Haggai*, p. 45. 학 1:8 분문의 "내가 영광을 받으리라"라는 표현은 마소라 텍스트에는 히브리어의 다섯이라는 수를 가리키는 끝 자음 '헤'(ㄱ)가 생략된 한 단어인 '웨에카베다' (wᵉˈekkābedâ)로 기록(Ketib)되었으나 읽기(Qere)는 '헤'가 있는 '웨에카베다-' (wᵉˈekkābedâ)로 읽으라고 되어 있다. 후기 탈무드(Yoma, f. 21, c. 2)와 유대인학자들(Kimchi 등)은 이렇게 '헤'가 빠진 것이 제2성전에 다섯 가지가 결여되었음을 나타낸다고 설명한다(1. 언약궤; 2. 제단 불; 3. '쉐키나' 영광; 4. 성령; 5. 우림과 둠밈). 이로 인해 주의 영광이 성전에 돌아오지 못한다고 그들은 주장한다. 그러나 그들은 요 1:14과 2:19("너희가 이 성전을 헐라 내가 사흘 동안에 일으키리라."), 2:21("그러나 예수는 성전 된 자기 육체를 가리켜 말씀하신 것이라.") 그리고 마 12:6("성전보다 더 큰 이가 여기 있노라.")에 수록된 말씀을 이해하지 못한 것이다.

165) T. Laetsch, *The Minor Prophets*, p. 384.

166) T. V. Moore, *Commentary on Haggai and Malachi*, p. 91.

167) T. V. Moore, ibid., p. 61.

168) 시 40:6~8; 미 6:6~8; 눅 24:44; 요 4:34; 히 10:5~10 참조.

169) "Sacrifice and offering You did not desire;
　　My ears You have opened;
　　Burnt offering and sin offering You did not require.
　　Then I said, 'Behold, I come;
　　In the scroll of the Book it is written of me.
　　I delight to do Your will, O my God,
　　And Your law *is* within my heart.'"(NKJV, 이탤릭체는 히브리 원문에 없음.)

제8강 선지자 학개의 둘째 메시지

170) M. Henry, *Matthew Henry's Commentary*, p. 1172.

171) "이것이 너희 눈에 보잘것없지 아니하냐?"(hᵃˈlôˈ kāmōhû kᵉˈayin)는 직역하면 "is not the like of it like nothing?"인데 모티어는 Is it not absolutely nothing in your eyes?로 번역했다(J. Alex Motyer, "Haggai," p. 985). 일본문어역은 "그 성전에 비교하면"이라고 의역했다.

172) H. Freedman, "The Book of Genesis," *The Soncino-Chumash: The Five Books of Moses with Haphtoroth*, SBB (1981), p. 13 참조.

173) M. G. Kline, "Genesis," *NBC*, p. 85.

174) U. Cassuto, *A Commentary on the Book of Genesis*, Part One. *From Adam to Noah*. Trans. Israel Abrahams (Jerusalem: Magnes, 1978), p. 147.

175) M. F. Unger, *ZECHARIAH: Prophet of Messiah's Glory*, pp. 77-78.

176) 탕유즈(唐佑之). "哈該書," 『哈該書·撒迦利亞西·瑪拉基書, 十二先知書(四), 天道聖經注釋』 天道書樓, 제3판, 1995, p. 70.

177) M. Henry, *Matthew Henry's Commentary*, p. 1172.

178) H. D. Preuss, "··· ich will mit dir sein!" *ZAW* 80 (1968): 139-73 참조.

179) C. L. Feinberg, *The Minor Prophets* (Chicago: Moody. 1951), pp. 241-42.

180) 'ᵃnōkî 'ehyeh / 'ᵃnî 'ehyeh("et moi, je deviendrai···" -TOB); 렘 11:4; 24:7; 30:22; 32:38; 겔 11:20; 14:11; 36:28; 37:23 참조.

181) 'attem tihyû. 레 26:12("pour vous, je serai··· et pour moi, vous serez···" -TOB); 렘 7:23("et vous, vous deviendrez···" -TOB) 참조.

182) hēmmâ yihyû. 렘 31:33("et eux, ils deviendront···" -TOB); 겔 37:27 참조.

183) "according to the word"(Luther, KJV, NRSV, 일본신개역, 공동번역성서); "As for the promise"(NASB); "The word"(V, JSP, 일본문어역, "The very thing" - Motyer); "Der Bund"(독일어 NJB -"그 언약"), "이것이 [그] 말씀이다···"(Joüon, §125j - 그는 겔 43:7; 슥 7:7; 행 10:36을 예로 제시함); 생략(LXX은 5aα를 생략) -이는 역자들의 이해력 부족 때문이다. -Motyer. 역시 NEB와 REB; JB와 NJB[a gloss], Moffatt은 괄호로 표시; 수정안(*BHS*의 zo't habbᵉrît - "이것은 언약이다.") -이 안을 뒷받침할 사본의 근거가 없다. 일본신공동역 "ここに,······契約がある"("여기에, ······契約이 있다.") 참조.

184) P. P. Saydon, "The Meanings and Uses of the Particle את," p. 202.

185) 지오자끼 히데오(千代崎秀雄), 상게서, p. 621. 그는 여기에서 "~을 기억 하여"를 보충하여 이해할 것을 제안했다. 그러나 이미 카일(Keil)이 그러한 견해 (Ewald, Hengstenberg)는 극히 독단적이라고 평한 바가 있다(C. F. Keil and F. Delitzsch, *Biblical Commentary on the Old Testament*, 25 vols., vol. 25, *The Twelve Minor Prophets*, 2 vols. (repr. 1969), 2:188.

186) P. R. Ackroyd, "Some Interpretative Glosses in the Book of Haggai," *JJS* 7 (1956): 163.

187) M. H. Woudstra, "The Everlasting Covenant in Ezekiel 16:59~63," *CTJ* 6 (1971): 22-48 참조.

188) H. W. Wolff, *Haggai*, p. 64.

189) J. Bright, *A History of Israel*, 3rd ed. (Phila.: Westminster, 1993), p. 370.

190) P. A. Verhoef, *The Books of Haggai and Malachi*, pp. 27-28, 특히 n. 16.

191) J. A. Kessler, "The Shaking of the Nations: An Eschatological View," p. 159.

192) J. A. Kessler, "The Shaking of the Nations," pp. 161,165.

193) 이 특이한 히브리어 표현에 관해서는 P. R. Aackroyd, *Exile and Restoration*, OTL, 2nd ed. (London: SCM, 1972), pp. 153-54와 P. A. Verhoef, *The Books of Haggai and Malachi*, pp. 101-102 참조.

194) 크라우제(Krause)는 루터가 1532년에 "모든 이방의 위로(Trost)"로 번역한 것이 그릇되었다고 주장한다. 그래서 그는 1892/94의 루터개정판(LutherR)의 "모든 나라의 보배(aller Heiden Bestes)"라는 번역을 선호한다. G. Krause, "'Aller Heiden Trost' Haggai 2, 7," *Solange es heute heisst. Festgabe für R. Hermann* (Berlin: 1957), pp. 170-78 참조.

195) E. W. Hengstenberg, *COOT*, II:942-43 참조.

196) J. Calvin, *Commentaries on the The Twelve Minor Prophets*, vol. 15, 학 2:7 주해 참조.

197) R. K. Harrison, *Introduction to the Old Testament*, p. 946. NEB는 "영광"을 난외주에서는 "혹은 '부'(富)"로 이해할 수 있다고 제안했다.

198) J. Wellhausen은 이 단어가 8절의 은과 금을 가리키므로 복수로 수정할 것을 제안한다(*Die kleinen Propheten überzetzt und erklärt*, p. 175.).

199) Herbert Wolf, "Desire of All the Nations in Haggai 2:7: Messianic or Not?," p. 101.

200) 박윤선, 『성경주석: 소선지서』, p. 385.

201) GKC, §133a 참조. 본문의 "~보다 크리라"와 "이 곳"을 문장 초두에 도치시킨 모티어와 반 후낵커의 사역이 원문의 의도를 잘 드러낸다(역시 LXX, V).

"Greater will be the glory of this latter house than that of the former, says the LORD of hosts, and in this place I will give peace…." -Motyer.

"Plus grand sera la gloire de cette dernière maison que de la première… et dans ce lieu je donnerai la paix!…." -Van Hoonacker.

202) G. L. Archer, *A Survey of Old Testament Introduction*, rev. ed. (Chicago: Moody, 1974), p. 423. 헹스텐베르크(E. W. Hengstenberg), 엉거(M. F. Unger) 그리고 카이저(W. C. Kaiser Jr.)는 본문을 메시아를 가리키는 성구로 제시한다.

203) E. Henderson, *The Twelve Minor Prophets*, TC (Grand Rapids: Baker, repr. 1980), pp. 355-57.

제9강 선지자 학개의 셋째 메시지

204) T. V. Moore, *Commentary on Haggai and Malachi*, p. 84.

205) J. W. Rothstein, *Juden und Samaritaner: Die grundlegende Scheidung von Judentum und Heidentum*. BWANT 3 (Leipzig: J. C. Hinrichs, 1908), pp. 34-41. 역시 그러한 문제점을 제기한 E. Sellin, *Studien zur Entstehungsgeschichte der Jüdischen Gemeinde nach dem babylonischen Exil* (Leipzig, 1900-1901), 2:50f. 로트슈타인의 견해를 이어받은 E. Eissfeldt, *The Old Testament: An Introduction* (Oxford and NY: 1965 ET), p. 427; E. Winton Thomas, "The Book of Haggai," pp. 1043,1046 등 참조. 로트슈타인의 견해 대한 평가는 P. A. Verhoef, *The Books of Haggai and Malachi*, pp. 112-14 참조.

206) E. A. Speiser, "'People' and 'Nation' of Israel," *JBL* 78 (1960): 153-63. 그에 의하면 '고이'는 "여호와"나 인명과는 함께 사용되지 않으며 "나의 백성"과 같은 선민적 용례도 없고, 땅과 관련해서 7회(창 10:5,20,31,32; 출 33:13,14,15) 사용되며 종종 왕국과 연결되어 사용되었다(왕상 18:10; 렘 18:7,9; 대하 32:15; 출 19:6; 단 8:22; 삼상 8:20).

207) R. de Vaux, *The Early History of Israel*. Trans. D. Smith (Phila.: Westminster, 1978), pp. 153-55.

208) R. E. Clements, "gôy," *TDOT* (1975), 2:426-29.

209) BDB, p. 156.

210) D. R. Hildebrand, "Temple Ritual: A Paradigm for Moral Holiness in Haggai II 10~19," *VT* 39 (1989): 161-62.

211) K. Koch, "Haggais unreines Volk," *ZAW* 79 (1967): 52-66 참조. 그러나 그는 성전은 폐허가 되었는데 제단만 마련한 것이 백성들의 불결한 원인이라고 이해한다.

212) J. Alec Motyer, "Haggai," pp. 974,996. 역시 H. G. May, "'This People' and 'This Nation' in Haggai," *VT* 18 (1968): 190-97 참조.

213) P. A. Verhoef, *The Books of Haggai and Malachi*, pp. 112f. 참조. 로트슈타인의 견해를 심도 있게 비판한 R. Pfeil, "When Is a Gôy a 'Goy'? The Interpretation of Haggai 2:10~19," *A Tribute to Gleason Archer*. Ed. W. C. Kaiser, Jr., & R. F. Youngblood (Grand Rapids: Moody, 1986), pp. 261-78 참조.

214) A. Cody, "When Is the Chosen People Called a 'Goy'?" *VT* 14 (1964): 2.

215) H. G. May, "'This people' and 'This nation' in Haggai," *VT* 18 (1968): 190-97, 특히 pp. 192-93,96 참조.

216) T. N. Townsend, "Additional Comments on Haggai II 10~19," *VT* 18 (1968): 559-60, 특히 p. 559 참조.

217) "So is this people, and so is this nation before me saith the LORD; and so is every work of their hands."(KJV. 역시 Segond, NASB, JB 참조).

218) P. A. Verhoef, *The Books of Haggai and Malachi*, p. 119.

219) B. S. Childs, *Introduction to the Old Testament as Scripture*, p. 464.

220) 졸고, 윤영탁, "학개 2:18과 제2성전 재건," pp. 168-86 참조.

221) LXX, T, KJV, Luther, Segond, NETB, 일본문어역, 개역개정판, 중국상제판, 중국신역본 등. 키텔도 학 2:15,18의 '마알라'를 "이전"(rückwärts)으로 이해한다 (Rud. Kittel, "Haggai und die Wiederaufnahme der Arbeit," p. 451.).

222) JPS, Moffatt, JB, NRSV, TEV, 공동번역성서, 일본신공동역, 일본구어역, NASB, NIV, ESV, 일본신개역 등.

223) J. Wellhausen, *Die kleinen Propheten überzetzt und erklärt*, p. 176. 그는 삼상 16:13; 30:15를 수정안의 근거성구로 제시한다.

224) P. A. Verhoef, The Books of Haggai and Malachi, p. 121과 n. 32 참조.

225) A. van Hoonacker, *Les douze petits prophètes*, p. 573.

226) A. Petitjean, "La mission de Zorababel et la reconstruction du temple, Zach. III. 8~10," *ETL* 42 (1966): 58-59, 특히 59, n. 74 참조. T. V. Moore도 이와 같다.

227) E. B. Pusey, *The Minor Prophets*, p. 318. 그는 열넷 성경 구절들을 이러한 예로 들고 있다. 그러나 그는 학 2:18b의 성전기초를 놓은 때를 6월 24일로 이해한다.

228) BDB는 lᵉmin-hayyôm 'ᵃsher의 용례로 학 1:18과 신 4:32; 9:7; 삼하 7:11; 렘 7:25을 제시한다(p. 583). 하지만 p. 1125에서는 "(β처럼)앞으로"가 더 그럴듯하다고 수정했다.

229) J. M. P. Smith, *A Critical and Exegetical Commentary on the Book of*

Malachi, ICC (repr. 1961), p. 74.

230) A. van Hoonacker, *Les douze petits prophètes*, pp. 567-71.

231) "consider… what you have experienced in the past." P. F. Bloomhardt, "The Poem of Haggai," pp. 161,172-73,187-88.

232) A. Petitjean, "La mission de Zorababel et la reconstruction du temple," p. 58, n. 73. A. van Hoonacker, *Les douze petits prophètes*, pp. 571-72.

233) C. F. Keil and F. Delitzsch, *The Twelve Minor Prophets*, 2:205-206.

234) "Look back… look back from the time." P. R. Ackroyd, "Studies in the Book of Haggai," *JJS* 3 (1952): 2, n. 1,7.

235) J. Wellhausen, *Die kleinen Propheten überzetzt und erklärt*, p. 177.

236) R. K. Harrison, *Introduction to the Old Testament*, p. 946. 이 주장은 이미 R. H. Pfeiffer에 의해 제기되었다(*Introduction to the Old Testament* [NY & Evanston: Harper & Row, 1948], p. 176). 훼르난데스(Fernández)는 "여호와의 전에 돌이 돌 위에 놓이지 아니하였던 때"(2:15)가 1:15의 6월 24일을 가리키는 것으로 생각한다. 그런데 이것이 6월 24일이 하나님의 징계가 끝난 날, 축복의 시작인 성전의 기초를 놓던 날로 기록되었다는 해석이다. 바로 6월 24일인 성전에 시멘트를 붓던 날을 성전기초를 놓은 날로 정정하여 진정한 출발의 날로 제시한 것이라는 주장을 그는 펴고 있다. 이렇게 해서 훼르난데스는 에스라 3:4,5의 역사성을 부정하고 제2성전의 건축에 유일한 날로서 다리오 왕 제2년만을 인정한 것이다. A. Fernández, "El Profeta Ageo 2, 15~18 y la Fundación del Segundo Templo," *Biblica* 2 (1941): 206-15 참조. 훼르난데스의 스페인어 논문을 이해하는 데에는 나사렛대학교의 박철우 교수의 도움을 받았다.

237) P. F. Bloomhardt, "The Poem of Haggai," *HUCA* 5 (1928): 176.

238) A. van Hoonacker, *Les douze petits prophètes*, p. 573.

239) R. H. Pfeiffer, *Introduction to the Old Testament*, p. 821.

240) N. H. Baynes, "Zerubbabel's Rebuilding of the Temple," *JTS* 25 (1924): 특히 155-56 참조.

241) D. Jones, "The Cessation of Sacrifice After the Destruction of the Temple in 586 B. C.," *JTS*, n. s. 14 (1963): 12-13.

242) P. R. Bedford, "*Discerning the Time*," pp. 91-92 참조.

243) S. R. Driver, *An Introduction to the Literature of the Old Testament* (Cleveland & NY: Meridian Books World, 1956), p. 514.

244) P. R. Ackroyd, "Studies in the Book of Haggai," *JJS* (3/1, 1952): 1-2 그리고 2, n. 1 참조.

245) T. Chary, *Les prophètes et le culte à partir de l'exil*, 특히 pp. 118-24 참조.

246) E. Mosis, "יסד," *TDOT* (1990), 6:116. 따라서 그는 움베르(Humbert)가 사 28:16에서 이 동사가 모퉁이 돌이 견고하게 맞추어졌다는 뜻으로 사용되었다는 주장을 반박했다. 그는 여기에서도 단순히 모퉁이 돌을 놓는 행동을 언급할 뿐이고 구조물 전체를 말하는 것은 아니라고 주장한다(p. 113). P. Humbert, "Note sur YĀSAD et ses dérivés," *Hebräische Wortforschung. Festschrift W. Baumgartner*. SVT 16 (1967), pp. 135-42.

247) W. E. Hogg, "The Founding of the Second Temple," p. 458.

248) F. I. Anderson, "Who Built the Second Temple?" pp. 13-22. 하지만 그는 학 2:18의 "오늘" 및 "9월 24일"을 "여호와의 전 지대를 쌓던 날"과 동일시한다. 지오 자끼 히데오(千代崎秀雄)는 6월 24일을 공사를 착수한 날로 그리고 9월 24일을 정초식(定礎式)을 거행한 날로 이해한다면 설명이 된다고 이해한다(상게서, p. 623).

249) A. Gelston, "The Foundation of the Second Temple," *VT* 16 (1966): 232-35.

250) J. G. Baldwin, *Haggai-Zechariah-Malachi*, p. 53.

251) J. B. Pritchard, *ANET*, pp. 339f.,356.

252) J. S. Wright, *The Building of the Second Temple* (London: Tyndale, 1958), pp. 7,15. 그는 학 2:18b의 기초를 놓은 때가 1:15의 날짜와 동일하다고 생각하는데 이것은 E. B. Pusey의 견해와 같다.

253) E. J. Wiseman, "Haggai," *NBC*, p. 784.

254) F. C. Fensham, *The Books of Ezra and Nehemiah*, NICOT (1982), pp. 61-62.

255) E. Cashdan, *Haggai*, p. 263.

256) W. C. Kaiser, Jr., "Haggai 2:15~19," *Mastering the Old Testament*, vol. 21, General Editor L. J. Ogilive / *A Book-By-Book Commentary by Today's Great Bible Teachers. Micah-Malachi*, W. C. Kaiser, Jr. (Dallas, London, Vancouver, Melbourne: Word, 1992) 참조.

257) LXX, RSV, JB, "날부터"(일본신공동역, 일본구어역), Petersen, Unger 등이 그렇게 번역한다. Unger는 이 날을 기원전 536년으로 이해한다(*ZECHARIAH: Prophet of Messiah's Glory*, p. 140.).

258) E. J. Wiseman, "Haggai," p. 784.

259) "Consider carefully from today and backward… to (the time) from the day the Temple of YHWH was founded (until now)."(E. H. Merrill)

"Think carefully about the past from today, the twenty-fourth day of the month, to the day work on the temple of the LORD was resumed, think about it."(NETB)
그러나 그는 15절에서 "얼마 되지 않은 과거(recent past)"로 번역했다.

你們要追想此日以前, 就是從這九月二十四日起, 追想到立耶和華殿根基的日子(중국상제판).

"なんぢらこの日より以前のことを憶念みよ, 即9月24日よりエホバの殿の基を置し日までをおもいみよ。"(日本文語譯)

제10강 선지자 학개의 넷째 메시지

260) T. V. Moore, *Commentary on Haggai and Malachi*, pp. 88-89.

261) H. G. Wolff, *Haggai*, p. 39.

262) J. G. Baldwin, *Haggai-Zechariah-Malachi*, p. 136.

263) T. J. Lewis, "The Mysterious Disappearance of Zerubbabel," *Seeking On the Wisdom of the Ancients. Essays Offered to Honor M. V. Fox on the Occasion of His Sixty-fifth Birthday*, eds., R. L Troxel-K. G. Friebel-D. R. Magary (Winona Lake, IN: 2005), pp. 301,308-14; Greg Goswell, "The Fate and Future of Zerubbabel in the Prophecy of Haggai," *Biblica* 91 (2010): 77도 참조. '알'을 주로 LXX의 "오른쪽에"를 따라 "옆에"로 번역한 역본들은 JB, NJB, Moffatt, NRSV, REB, 공동번역성서, 일본신개역, 일본신공동역, 일본구어역 등이다.

264) Calvin, Luther, Keil, 박윤선. V, KJV, Segond, NIV, NASB("Thus, He will be a priest on His throne…"), 일본문어역, 중국상제판, 중국신역본("他必坐在寶座上執掌王權").

265) S. Japhet, "Sheshbazzar and Zerubbabel - Against the Background of the Historical and Religious Tendencies of Ezra-Nehemiah," *ZAW* 94 (1981): 71.

266) R. L. Pratt, Jr. "Sheshabazzar," *ISBE* (1988), 4:475.

267) J. Lust, "The Identification of Zerubbabel with Sheshbazzar," *ETL* 69 (1987): 90-95 참조. 러스트는 이 견해의 지지자로 Tirinus, Cornelius a Lapids,

Lyranus, Dionysius, Abraham Ibn Ezra, Van Hoonacker, Gunnebeg 등을 제시한다.

268) F. C. Fensham, *The Books of Ezra and Nehemiah*, p. 46. 역시 탕유즈(唐佑之), "哈該書," pp. 41-42와 P. R. Bedford, *Discerning the Time,* p. 90, n. 36 참조. 베드포드는 두 인물을 동일인으로 보는 견해로 Lust, M. Saebø를 그리고 둘이 서로 다른 인물이라는 견해로 Y. Kaufmann, S. Japhet, Williamson, Rudolph를 제시한다.

269) H. G. M. Williamson, *Ezra, Nehemiah*, WBC 16 (Waco, Texas: 1985), p. 17.

270) J. Lust, "The Identification of Zerubbabel with Sheshbazzar," p. 91. 반 후낵커(Van Hoonacker)의 의하면 "스룹바벨"이라는 이름이 히브리어 동사 '자라브'(zārab)를 근거한 유다 이름일 가능성이 있다는 것이다. 그는 '자라브'(욥 6:17. "따뜻하다")가 시리아어에서는 "억압하다"로 알려져 있기 때문에 그의 이름을 "바벨론을 억압하라"라는 뜻으로 이해할 수 있다고 생각한다. A. van Hoonacker, *Zorobabel et le second temple* (Gent-Leipzig, 1892), pp. 42-46은 Lust, ibid., p. 91, n. 6을 그리고 역시 반 후낵커의 *Les douze petite prophètes*, pp. 541-43 참조. 히브리어 zārab("억압하다")는 *HALOT*, 1:297 참조.

271) S. Japhet, "Sheshbazzar and Zerubbabel II," pp. 218-29 참조.

272) J. Lust, "The Identification of Zerubbabel with Sheshbazzar," pp. 90,92 참조.

273) Herbert Wolf, "Desire of All the Nation in Haggai 2:7," pp. 101-102.

274) M. Henry, *Matthew Henry's Commentary*, p. 1174.

275) S. Japhet, "Sheshbazzar and Zerubbabel," p. 77.

276) J. Bright, "Haggée," p. 8.

277) 나베다니 교지(鍋谷堯爾), "ハガイ書,"『旧約聖書講解, 小預言書』, 第19卷(2), (1986 일본어), p. 177.

278) K. Seybold, "Königserwartung bei den Propheten Haggai und Sacharja," *Judaica* 28 (1972): 70.

제11강 능력 있는 목회자, 감화력 있는 설교가, 모범적 사역자(학 1:12-15)

279) H. W. Wolff, *Haggai*, pp. 13,15.

280) M. Henry, *Matthew Henry's Commentary*, p. 1172.

281) W. A. VanGemeren, *Interpreting the Prophetic Word* (Grand Rapids: Zondervan, 1990), p. 32.

282) LXX, V, KJV, Luther, JB, 일본문어역, 일본신개역, 일본구어역, 개정표준역, 중국상제판.

283) J. Calvin, *Commentaries on the Twelve Prophets*, p. 344.

284) A. Bowling, "yārē'," *TWOT*, 1:399-401 참조.

285) 탕유즈(唐佑之), "哈該書," p. 67.

286) 츄은추(丘恩處), "哈該書," p. 45.

287) H. W. Wolff, *Haggai*, p. 32.

288) 이전 선지자들의 말을 인용한 예는 학 1:6은 호 4:10; 미 6:15를 그리고 학 1:11은 호 2:9 등 참조. J. G. Baldwin, *Haggai-Zechariah-Malachi*, p. 31.

289) H. W. Wolff, *Haggai*, p. 21.

290) 나베다니 교지, 상게서, p. 177

291) C. Stuhlmuller, *Rebuilding with Hope: A Commentary on the Books of Haggai and Zechariah*, ITC (Grand Rapids: Eerdmans, 1988), pp. 15,35. M. J. Boda, "Haggai: Master Rhetorician," *TynBul* 51 (2000): 295-304 참조.

292) 졸고, 윤영탁, "여호와가 기억하신다(스가랴 1:1 이해)," 『아브라함의 하나님』, pp. 50-184 참조.

293) T. Chary, *Les prophètes et le culte à partir de l'exil*, pp. 128-30.

294) H. G. Mitchell, *Haggai*, p. 58.

295) 1:15a를 2:15~19과 연결할 것을 주장하는 로트슈타인(Rothstein)과 그의 추종자들(Thomas, Jones)의 견해를 분석하고 반박한 J. Alec Motyer, "Haggai," pp. 983-84 참조.

296) NRSV, JB, NEB, *BHS*, 일본신개역, 일본신공동역, 일본구어역, 공동번역성서.

297) Rud. Kittel, "Haggai und die Wiederaufnahme der Arbeit," p. 452.

298) T. V. Moore, *Commentary on Haggai and Malachi*, p. 65.

299) D. J. Wiseman, "Haggai," p. 783. 역시 J. G. Baldwin, *Haggai-Zechariah-Malachi*, p. 43 참조.

300) P. R. Verhoef, *The Books of Haggai and Malachi*, p. 89, 특히 p. 93. 역시 그의 "Notes on the Dates in the Book of Haggai," *Text and Context: Old Testament & Semitic Studies for F. C. Fensham*. Ed. by W. Claasem, JOSTSup. 48 (JOST, 1988), 특히 pp. 261-64 참조.

301) B. W. Swinburnson, "The Rhetoric of the Post-Exilic Prophetic Reversal: Chiasmus in Haggai 1:1~15: A Structural & Biblical-Theological Analysis," *Kerux*

23 no 3 D (2008). 특히 pp. 62-64; E. Assis, "To Build or Not to Build: A Dispute between Haggai and His People (Hag 1)," *ZAW* 119 (2007): 520-21 참조.

제12강 사역자가 받는 보상

302) F. C. Fensham, *The Books of Ezra and Nehemiah*, p. 77.

303) E. W. Hengstenberg, *COOT*, II:955.

304) J. S. Excell, *The Biblical Illustrators* (Grand Rapids: Baker, 1973), p. iv.

305) D. W. Deere, "Jeremiah," *WBE* (1975), I:896.

306) D. J. Wiseman, "Haggai," p. 781.

307) M. Dods, *The Post-Exilian Prophets: Haggai, Zechariah, Malachi* (Edinburgh: T. & T. Clark, 1879), p. 44. 이 내용은 G. L. Archer, *A Survey of Old Testament Introduction*, p. 423에서 인용했음.

308) E. Cashdan, *Haggai*, p. 254.

309) John Kessler, "Building the Second Temple," p. 249. The Book of Haggai, pp. 254-55 참조.

310) M. F. Unger, *ZECHARIAH: Prophet of Messiah's Glory*, p. 76.

311) D. L. Petersen, *Haggai & Zechariah 1~8*, p. 17.

312) "How great is the love the Father has lavished on us, that we should be called children of God! And that is what we are! The reason the world does not know us is that it did not know him."(NIV)

결론

313) W. R. Harper, *A Critical and Exegetical Commentary on Amos and Hosea*, ICC (1973), p. 68.

314) 하밀톤(Hamilton)은 창 18:19의 동사 yāda'를 "언약을 맺다"("I have covenanted with him")로 번역한다. V. P. Hamilton, *The Book of Genesis Chapters 18~50*, NICOT (1995), p. 14. 이 동사 yāda'는 "선택하다"로 창 18:19(Aalders, Westermann, 일본신개역, 일본신공동역, 개역개정판) 뿐만 아니라, 역시 암 3:2(일본신개역, 일본신공동역)와 렘 1:5(Bright)에서 동일하게 번역되었다.

315) 창 24:8("······ 오직 내 아들을 데리고 그리로 가지 말지니라.")의 히브리어 원문에서 '라크'는 하반절의 초두에 위치하였다. 결국 신 15:23a의 금령("오직 피는 먹지 말고")만 암 3:2와 동일한 구조로 되어 있다. 내용 면에서 유사한 신 10:15의

히브리어 원문에서도 '라크'가 문장 초두에 위치했다("여호와께서 오직 네 조상들을 기뻐하시고[ḥashaq] 그들을 사랑하새['āhab] 그들의 후손 너희를 만민 중에서 택하셨음이[bāḥar] 오늘과 같으니라."). 역시 시 88:18[원문은 19]에서 'āhab와 yāda'가 그리고 신 7:7; 10:15에서는 ḥashaq와 bāḥar가 평행법으로 사용되었다.

316) E. Baumann, "yāda' und seine Derivat," *ZAW* 28 (1908): 특히 32-35. 역시 H. W. Wolff, *A Commentary on the Books of the Prophets Joel and Amos*, Hermeneia. Trans. by W. Janzen et al. (Phila.: Fortress, 1977), pp. 176-77 참조.

317) Kimchi, Keil, Baumann, Harper, M. Held, Wolff, NIV, NETB, 일본신개역, 일본신공동역.

318) G. F. Oehler, *Theology of the Old Testament* (Grand Rapids: Zondervan, 1883), p. 177.

319) H. Seebass, "bāḥar," *TDOT*, (1975), 2:87.

320) 니시무라 도시아끼(西村俊昭), "RAQの用法について,"「聖書學の方法と課題」, 日本聖書學研究所編, 聖書學論集 5 (山本書店刊, 1967 일본어), pp. 79-80; F. H. Seilhamer, "The Role of Covenant in the Mission and Message of Amos," *A Light Upon My Path, Old Testament Studies in Honor of J. M. Meyer*, ed. H. N. Bream et al. (Phila.: Temple University, 1974), p. 441; H. W. Wolff, *A Commentary on the Books of the Prophets Joel and Amos*, pp. 176-77; 윤영탁, 「아브라함의 하나님」, pp. 22-26,73 참조.

321) Yoshiaki Hattori, "Divine Dilemma in Ezekiel's View of the Exodus: An Exegetical Study of Ezekiel 20:5~29," *LPOTS*, pp. 413-24.

322) Yoshiaki Hattori, ibid., p. 420.

323) U. Cassuto, *A Commentary on the Book of Exodus*. Trans. by Israel Abrahams (Jerusalem: Magnes, The Hebrew University, 1967), pp. 28-29.

324) 기다 겐이찌(木田献一), 「選びの信仰の起源」, 聖書學の方法と課題, 日本聖書學研究所編. 聖書學論集 5 (山本書店刊, 1967 일본어), p. 48.

325) 이 성구들은 윌슨이 제시한 것이다. R. D. Wilson, "The Influence of Daniel," *PTR* (July, 1923): 554. 그가 메시에 대한 이름, 호칭 그리고 관련된 성구들과 자료들을 구약성경과 이외의 문헌 그리고 신약성경 전반에 걸쳐서 제시한 pp. 553-63 참조.

326) J. Alec Motyer, "Haggai," p. 964.

327) W. Zimmerli, "Israel in Buche Ezekiel," *VT* 8 (1958): 75-90 참조.

328) W. C. Kaiser, Jr., "The Eschatological Hermeneutics of Ephangelism:

Promise Theology," *JETS* 13/2 1971): 92-99 참조.

329) W. T. Purkiser et al., *God, Man and Salvation: A Biblical Theology* (Grand Rapids: Baker, 1977), pp. 88-99.

330) E. J. Young, *The Book of Isaiah, Vol. III, Chapters XL-LXVII* (Grand Rapids: Eerdmans, (1972), p. 276 참조.

331) E. W. Hengstenberg, "Interpreting the Book of Job," p. 112.

■ 참고문헌

Ackroyd, P. R. *Exile and Restoration*. OTL, 2nd ed. London: SCM, 1972.

.... "Some Interpretative Glosses in the Book of Haggai." *JJS* 7 (1956): 163-67.

.... "Studies in the Boook of Haggai." *JJS* 3/1 (1952): 1-13.

Alden, R. L. "Haggai." *EBC* (1985), 7:569-91.

.... "Lucifer, Who or What?" *BETS* 11 (1968): 35-39.

.... "이사야 14:12에 나타난 '계명성'(Lucifer)의 이해." 윤영탁 역편, 『구약신학논문 선집』. 수원: 합동신학대학원출판부, 2012, pp. 381-88.

Alexander, J. A. *The Prophecies of Isaiah*. Grand Rapids: Zondervan, 1974.

Amsler, S. *Aggée-Zecharie 1-8. Commentaire de l'Ancien Testament* 11. Neuchatel: Delachaux & Niestlé, 1981.

Anderson, F. I. "Who Built the Second Temple?" *ABR* 6 (1958): 1-25.

Archer, G. L. *A Survey of Old Testament Introduction*. Rev. ed. Chicago: Moody, 1974.

Assis, E. "To Build or Not to Build: A Dispute between Haggai and His People (Hag 1)." *ZAW* 119 (2007): 514-27.

.... "Composition, Rhetoric and Theology in Hagga 1:1-11." *JHS* 7 (2007): 1-11.

Bach, R. "Haggai." *RGG*, III Band. Tübingen: J. C. B. Mohr, 1963, pp. 24-25.

Baldwin, J. G. *Haggai-Zechariah-Malachi. An Introduction and Commentary*. TOTC. Downer's Grove: Inter-Varsity, 1972.

Batten, L. W. *A Critical and Exegetical Commentary on The Books of Ezra and Nehemiah*. ICC., 1972.

Bauker, J. *The Targum and Rabbinic Literature: An Introduction to Jewish Interpretations of Scripture*. Cambridge:

Cambridge University, 1969.

Baumann, E. "yāda' und seine Derivat." *ZAW* 28 (1908): 32-35.

Baynes, N. H. "Zerubbabel's Rebuilding of the Temple." *JTS* 25 (1924): 154-60.

Bedford, P. R. "Discerning the Time: Haggai, Zechariah and the 'Delay' on the Rebuilding of the Jerusalem Temple." *The Pitcher is Broken*. Ed. by. S. W. Holloway & L. K. Hendy, JSOTSup 190 (1995), pp. 71-94.

Bentzen, A. "Quelque remarque sur le movement messianique parmi les Juifs aux environ de l'an 520 avant Jésus Christ." *RHPR* X (1930): 493-503.

Bickerman, E. "The Historical Foundations of Postbiblical Judaism." A. Finkelstein, *The Jews*, vol. I (1949), pp. 23-28.

Blackman, E. C. *Marcion and His Influence*. London: SPCK, 1948.

Bloomhardt, P. F. "The Poem of Haggai." *HUCA* 5 (1928): 153-95.

Boda, M. J. *A Century of Haggai-Zechariah Research*. Tools for Biblical Studies; Leiden: Deo, 2003.

.... "Haggai: Master Rhetorician." *TynBul* 51 (2000): 295-304.

.... *Haggai, Zechariah*. NIVAC. Grand Rapids: Zondervan, 2004.

.... "Majoring on the Minors: Recent Research on Haggai and Zechariah." *CBR* 2 (2003): 33-68.

Böhl, E. *Christologie des Alten Testament oder Wichtigsten Messianischen Weissagungen*. Wien: 1892.

.... 권호덕 역, 『구약 속의 그리스도』. 서울: 도서출판 그리심, 2003.

Borland, J. A. *Christ in the Old Testament*. Chicago: Moody, 1978.

Bowling, A. "yārē'." *TWOT*, 1:399-401.

.... "zākar." *TWOT*, I:241-43.

Bright, J. "Aggée: Un exercice en herméneutique." *ETR* 44 (1969-No1): 3-25(tr. D. Lys).

.... "Haggai Among the Prophets: Reflections on Preaching from the Old Testament." *From Faith to Faith*. PTMS 31. Ed. by D. Y. Hadidion. Pittsburgh: Pickwick, 1979, pp. 219-34.

.... *A History of Israel.* 3rd ed. Phila.: Westminster, 1993.

Budde, K. "Zum Text der drei letzten kleinen Propheten." *ZAW* 26 (1906): 1-28.

Bultmann, R. "The Significance of the Old Testament for the Christian Faith." *The Old Testament and Christian Faith.* Ed. by B. W. Anderson. London: SCM, 1964, pp. 8-48.

Busink, T. A. *Der Tempel von Jerusalem, von Salomo bis Herodes II, chap. X: Der Tempel Serubbabels.* Leiden: Brill, 1980.

Calvin, J. *Commentaries on the Twelve Minor Prophets.* Vol. 15. Grand Rapids: Baker, 1979.

Cashdan, E. *Haggai. Introduction and Commentary.* The Twelve Prophets, SBB. London: 1970, pp. 253-64.

Cassuto, U. *A Commentary on the Book of Genesis.* Part One. *From Adam to Noah.* Trans. by. Israel Abrahams. Jerusalem: Magnes, 1978.

.... *A Commentary on the Book of Exodus.* Trans. by Israel Abrahams. Jerusalem: Magnes, The Hebrew University, 1967.

Chambers, T. W. *The Book of Zechariah.* Lange's Commentary on the Holy Scriptures, vol. 7. Grand Rapids: Zondervan, 1960.

Chary, T. *Les prophètes et le culte à partir de l'exil.* Paris: Desclée, 1955.

Childs, B. S. *Introduction to the Old Testament as Scripture.* Phila.: Fortress, 1979.

.... *Memory and Tradition in Israel.* SBT 37. London: SCM, 1967.

Clements, R. E. "gôy." *TDOT* (1975), 2:426-29.

Cowley, A. *Aramaic Papyri of the 5th Century B.C.* London: Oxford University, 1923.

Craghan, J. F. "Ezekiel: A Pastoral Theologian." *AER* 166 (1972): 22-33.

Craig Jr., K. M. *Forming Prophetic Literature: Essays on Isaiah and The Twelve, in Honor of John D. Watts.* Eds. by James D. Watts and P. R. House, JSOTSup 235, 1966.

Danby, H. Trans. by, *The Mishinah.* London: Oxford University, 1964.

Deere, D. W. "Jeremiah." *WBE* (1975), I:894-97.

Dilley, F. B. "Does the 'God Who Acts' Really Act?" *ATR* 47 (1983): 66-80.

Dods, M. *The Post-Exilian Prophets: Haggai, Zechariah, Malachi.* Edinburgh: T. & T. Clark, 1879.

Driver, S. R. *An Introduction to the Literature of the Old Testament.* Cleveland & NY: Meridian Books World, 1956.

Eichrodt, W. *Theology of the Old Testament.* 2 vols., OTL. Trans. by J. A. Baker. Phila.: Westminster, 1961, 1967.

Eising, H. "zākar." *TDOT* (1980), 4:64-74.

Eissfeldt, E. *The Old Testament: An Introduction.* Oxford and NY: 1965 ET.

Elliger, K. *Die Zwölf Kleinen Propheten II.* ATD 25. Göttingen: Vandenhoeck & Ruprecht, 1982.

Ellison, H. L. *The Message of the Old Testament.* Palm Springs, CA: Ronald N. Haynes, 1981.

Eslinger, L. "Knowing YAHWEH: Exod 6:3 in the Context of Genesis 1 - Exodus 15." *Literary Structure and Rhetorical Strategies in the Hebrew Bible.* Ed. by L. J. de Regt et al. Van Gorcum: Eisenbrauns, 1996, pp. 188-98.

Excell, J. S. *The Biblical Illustrators.* Grand Rapids: Baker, 1973.

Eybers, I. H. "The Rebuilding of the Temple According to Haggai and Zechariah." *OTWSA.* Ed. by W.C. van Wyk. Potchefstroom: Pro Rege, 1975, pp. 15-26.

Feinberg, C. L. *The Minor Prophets.* Chicago: Moody. 1951.

Fensham, F. C. *The Books of Ezra and Nehemiah.* NICOT. 1982.

Fernández, A. "El Profeta Ageo 2, 15~18 y la Fundación del Segundo Templo." *Biblica* 2 (1941): 206-15.

Freedman, H. *The Book of Genesis. The Soncino-Chumash: The*

Five Books of Moses with Haphtoroth. SBB, 1981, pp. 1-296.

Gelston, A. "The Foundation of the Second Temple." *VT* 16 (1966): 232-35.

Gesenius, W., Kautzsch, E., and Cowley. A. E. *Hebrew Grammar.* Oxford: Clarendon, repr. 1949.

Goswell, G. "The Fate and Future of Zerubbabel in the Prophecy of Haggai." *Biblica* 91 (2010): 77-90.

Van Groningen, G. "qāṣap." *TWOT,* 2:808-809.

Hamilton, V. P. *The Book of Genesis Chapters 18~50.* NICOT. 1995.

.... "shûb." *TWOT,* 2:909-10.

Harper, W. R. *A Critical and Exegetical Commentary on Amos and Hosea.* ICC., 1905.

Harrison, R. K. *Introduction to the Old Testament.* Grand Rapids: Eerdmans, 1994.

Hartley, J. E. "צבא ṣābā'." *TWOT,* 2:749-51.

Hasel, G. F. *The Remnant. The History and Theology of the Remnant Idea from Genesis to Isaiah.* Berrien Springs: Andrew Univ. Monograph 5, 1974.

Hattori, Yoshiaki "Divine Dilemma in Ezekiel's View of the Exodus: An Exegetical Study of Ezekiel 20:5~29." *LPOTS,* pp. 413-24.

.... *The Prophet Ezekiel and His Idea of the Remnant.* Unpublished Th. D. Diss., Westminster Theological Seminary, 1968.

Henderson, E. *The Twelve Minor Prophets.* TC. Grand Rapids: Baker, repr. 1980

Hengstenberg, E. W. *Christology of the Old Testament.* Unabridged Edition, 2 vols. Virginia: MacDonald, repr. 1970.

.... "Interpreting the Book of Job." *Commentary on Ecclesiastes.* Edinburgh: T. & T. Clark, 1869.

.... "욥기 이해." 윤영탁 역편, 『구약신학논문 선집』, pp. 307-32.

Henry, M. *Matthew Henry's Commentary in One Volume.* Ed. by

L. F. Church. Grand Rapids: Zondervan, 1974.

Hildebrand, D. R. "Temple Ritual: A Paradigm for Moral Holiness in Haggai II 10~19." *VT* 39 (1989): 154-68.

Hogg, W. E. "The Founding of the Second Temple." *PTR* 25 (1927): 457-61.

.... "제2성전의 기초." 윤영탁 역편, 『구약신학논문집』 5. 수원: 합동신학대학원출판부, 1988, pp. 219-28.

Holladay, W. *The Root šûBH in the Old Testament.* Leiden: Brill, 1958.

Van Hoonacker, A. *Les douze petits prophètes.* Études Bibliques. Paris: Gabalda, 1908.

.... *Zorobabel et le second temple.* Gent-Leipzig, 1892.

Humbert, P. "Note sur YĀSAD et ses dérivés." *Hebräische Wortforschung. Festschrift W. Baumgartner.* SVT 16 (1967), pp. 135-42.

Israelstam, J. Trans. by, *Hebrew-English Edition of the Babylonian Talmud, Aboth.* London: Soncino, 1988.

Japhet, S. "Sheshbazzar and Zerubbabel – Against the Background of the Historical and Religious Tendencies of Ezra-Nehemiah." *ZAW* 94 (1981): 66-98.

.... "Sheshbazzar and Zerubbabel – Against the Background of the Historical and Religious Tendencies of Ezra-Nehemiah. II." *ZAW* 95 (1981): 218-29.

Jones, D. "The Cessation of Sacrifice After the Destruction of the Temple in 586 B. C." *JTS*, n. s. 14 (1963): 12-31.

Josephus, F. *The Works of Josephus: Complete and Unabridged.* Trans. by W. Whiston. Peabody, MA: Hendrickson, 1987.

Joüon, P. *Grammaire de l'hébreu biblique.* Rome: Institute Pontifical, 1965.

.... 주옹(P. Joüon) - 무라오까(T. Muraoka), 『성서히브리어 문법』, 김정우 역. 서울: 도서출판 기혼, 2012.

Juncker, G. H. *Jesus and the Angel of the Lord: An Old Testament Paradigm for New Testament Christology.* Deerfield, Ill: Unpublished Doctoral Diss., Trinity Evangelical Divinity School, 2001.

Kaiser, W. C. Jr. "The Eschatological Hermeneutics of Ephangelism: Promise Theology." *JETS* 13/2 (1971): 92-99.

.... "Haggai 2:15~19" *Mastering the Old Testament*, vol. 21, General Editor L. J. Ogilive/*A Book- By-Book Commentary by Today's Great Bible Teachers. Micah-Malachi.* W. C. Kaiser. Jr., Dallas, London, Vancouver, Melbourne: Word, 1992.

.... "The Promise of the Arrival of Elijah in Malachi and the Gospel." *GTJ* 3 (1982): 221-33.

.... "말라기서와 복음서에 나타난 엘리야 도래의 약속." 윤영탁 역편, 『구약신학논문 선집』, pp. 417-32.

R. Kasher, "Haggai and Ezekiel: The Complicated Relations between the Two Prophets." *VT* 59 (2009): 556-82.

Keil, C. F. and Delitzsch, F. *Biblical Commentary on the Old Testament.* 25 vols., vol. 1: *The Pentateuch.* Trans. by J. Martin, 3 vols. Grand Rapids: Eerdmans, repr. 1968.

.... *Biblical Commentary on the Old Testament.* 25 vols., vol. 25. *The Twelve Minor Prophets,* 2 vols., repr. 1969.

Kessler, John. *The Book of Haggai: Prophecy and Society in Early Persian Yehud,* VTSup 91. Leiden: E. J. Brill, 2002.

.... "Reconstructing Haggai's Jerusalem: Demographic and Sociological Considerations and the Search for an Adequate Methodological Point of Departure." L. L. Grabbe & R. Haad, eds. *Every City Shall be Forsaken: Urbanism & Prophecy in Ancient Israel & the Near East.* JSOTSup, 330. Sheffield: Sheffield Academy, 2001), pp. 137-58.

.... "The Second Year of Darius and the Prophet Haggai." *Transeuphrates* 5 (1992): 66-84.

Kessler, J. A. "The Shaking of the Nations: An Eschatological View." *JETS* 30 (1987): 159-66.

.... "종말론적 관점에서 본 만국의 진동." 윤영탁 역편, 『구약신학논문 집』 7, 2001, pp. 153-66.

Kittel, Rud. "Haggai und die Wiederaufnahme der Arbeit." *Geschichte des Volkes Israel.* 3. Band, *Die Zeit der Wegführung nach Babel und die Aufrichtung der*

Neuen Gemeinde (Stuttgart: Verlag von W. Kohlhammer, Erste und Zwiete Auflage, 1927-29), pp. 441-57.

Kline, M. G. "Genesis." NBC, pp. 79-114.

Koch, K. "Haggais unreines Volk." ZAW 79 (1967): 52-66.

Kraeling, E. G. The Old Testament Since the Reformation. NY: Schocken, 1969.

Krause, G. "'Aller Heiden Trost' Haggai 2, 7." Solange es heute heisst. Festgabe für R. Hermann. Berlin: 1957, pp. 170-78.

Laetsch, T. Bible Commentary: The Minor Prophets. MO: Concordia, 1956.

Leupold, H. C. Exposition of Isaiah, Chapters 1-13. Grand Rapids: Baker, 1968.

.... Exposition of Zechariah. Grand Rapids: Baker, 1971.

Lewis, T. J. "The Mysterious Disappearance of Zerubbabel." Seeking On the Wisdom of the Ancients. Essays Offered to Honor M. V. Fox on the Occasion of His Sixty-fifth Birthday. Eds. by R. L Troxel-K. G. Friebel-D. R. Magary. Winona Lake, IN: 2005, pp. 301-14.

Lust, J. "The Identification of Zerubbabel with Sheshbazzar," ETL 69 (1987): 90-95.

W. G. MacDonald, "Christology and 'The Angel of the Lord'." CIBPI, pp. 324-35.

MaCintosh, A. A. "A Consideration of Hebrew gā'ar." VT 19 (1968): 471-79.

May, H. G. "'This People' and 'This Nation' in Haggai." VT 18 (1968): 190-97.

Mettinger, T. N. D. "YHWH SABAOTH - The Heavenly King on the Cherubim Throne." Studies in the Period of David and Solomon and Other Essays. Ed. by T. Ishida. Winnona Lake: Eisenbrauns, 1982, pp. 109-38.

Meyers, C. L. & Meyers, E. M. Haggai, Zechariah 1-8: A New Translation with Introduction and Commentary. AB, 25B. NY: Doubleday, 1987.

Milton, J. Paradise Lost and Other Poems. Ed. by M. Kelley. NY:

Walter J. Black, 1943.

Mitchell, H. G. *A Critical and Exegetical Commentary on Haggai, Zechariah, Malachi and Jonah.* ICC, 1971.

Moore, T. V. *A Commentary on Haggai and Malachi.* NY: Robert Carter, 1856, & GSC, London: The Banner of Truth Trust, 1960.

Mosis, E. "יסד." *TDOT* (1990), 6:109-21.

Motyer, J. Alec, "Haggai." *The Minor Prophets: An Exegetical and Expository Commentary.* Ed. by T. E. McComiskey. Grand Rapids: Baker, 1998.

.... *The Prophecy of Isaiah: An Introduction and Commentary.* Downers Grove, Ill: IVP, 1993.

.... "The Revelation of the Divine Name." *TSF.* Leicester, 1959.

Neusner, J. Trans. by, *The Talmud of Babylonia.* Vol. XIX. B. Bavli Qiddushin 4:14. Atlanta, Ga.: Scholars, 1992.

Noth, M. *Die Israelitischen Personennamen im Rahmen der Gemeinsemitischen Namengebung.* Hildesheim, NY: Georg Loms, 1980.

Oehler, G. F. *Theology of the Old Testament.* Grand Rapids: Zondervan, 1883.

Packer, J. I. "The Way of Salvation: Part II, What is Faith?" *BS* 129 (Oct.-Nov., 1972): 291-306.

Perry M. and, Pickering, M. Eds., *The Dramatized Bible.* Simson, England: Bible Society, 1989.

Petitjean, A. "La mission de Zorababel et la reconstruction du temple, Zach. III. 8~10." *ETL* 42 (1966): 41-71.

Pfeiffer, R. H. *Introduction to the Old Testament.* NY & Evanston: Harper & Row, 1948.

Polano, H. Trans. by, *The Talmud.* London: & NY: Frederick Wane, repr. 1978.

Petersen, D. L. *Haggai & Zechariah 1-8.* OTL. London: SCM, 1986.

Pratt, Jr. R. L. "Sheshbazzar." *ISBE* (1988), 4:475.

Preuss, H. D. "··· ich will mit dir sein!" *ZAW* 80 (1968): 139-73.

Prinsloo, W. S. "The Cohesion of Haggai 1:4~11." *Wünschet*

Jerusalem Frieden: Collected Communications to the XIIth Congress of the International Organizations for the Study of the Old Testament. Ed. by M. Augustin. NY: Verlag Peter Lang, 1988, pp. 337-43.

Purkiser, W. T. et al. *God, Man and Salvation: A Biblical Theology.* Grand Rapids: Baker, 1977.

Pusey, E. B. *The Minor Prophets.* Vol. 2. Grand Rapids: Baker, 1953.

Quell, G. *Wahre und Falshe Propheten: Versuch eine Inter- pretation.* Gutersloh: 1952.

Robinson, G. L. "The Book of Zechariah." *ISBE,* (1939), 5:24-25.

Robinson, T. H. *Prophecy and the Prophets in Ancient Israel.* London: Gerald Duckworth, 1979.

Roehrs, W. R. "Watchmen in Israel: Pastoral Guidelines from Ezekiel 1~3." *CJ* (1994): 6-17.

Ross, A. P. "Jacob at the Jabbok, Israel at Peniel, Studies in the Life of Jacob, Part 2." *BSac* 142 (1985): 338-54.

.... "얍복 강가의 야곱, 브니엘에서의 이스라엘." 윤영탁 역편, 『구약신학논문 선집』, pp. 105-28.

Ross. J. P. "JAHWEH ṢEBĀʼÔT in Samuel and Psalms." *VT* 17 (1967): 76-92.

Rothstein, J. W. *Juden und Samaritaner: Die grundlegende Scheidung von Judentum und Heidentum.* BWANT 3. Leipzig: J. C. Hinrichs, 1908.

Sailhamer, J. H. "The Mosaic Law and the Theology of the Pentateuch." *WTJ* 53 (1991): 241-61.

.... "모세율법과 오경의 신학." 윤영탁 역편, 『구약신학논문집』 6, 2006, pp. 91-122.

Saydon, P. P. "The Meanings and Uses of the Particle את." *VT* 14 (1964): 192-210.

Seebass, H. "bāḥar." *TDOT,* (1975), 2:73-87.

Segal, M. H. "Abraham the Founder of Israel's Monotheism." *The Pentateuch: Its Composition and Its Authorship and Other Biblical Studies.* Jerusalem: Magnes, The Hebrew University, 1967.

Seilhamer, F. H. "The Role of Covenant in the Mission and

Message of Amos." *A Light Upon My Path, Old Testament Studies in Honor of J. M. Meyer.* Ed. by, H. N. Bream et al. Phila.: Temple University, 1974, pp. 435-51.

Sellin, E. *Studien zur Entstehungsgeschichte der Jüdischen Gemeinde nach dem babylonischen Exil.* Leipzig, 1900-901.

.... *Das Zwölf-prophetenbuch.* KAT. Leipzig-Erlangen: A. Deichertsche Verlagsbuchhandlung, 1922.

Van Selms, A. "How Do Books of the Bible Commence?" *Biblical Essays.* Potchefstroom, 1966: 173-77.

Seybold, K. "Die Königserwartung bei den Propheten Haggai und Sacharja." *Judaica* 28 (1972): 69-78.

Shahrazi, A. S. "The 'One Year' of Darius Re-examined." *BSOAS* 35 (1972): 609-14.

Sim, R. J. "Notes on Haggai 2:10-21." *JOTT* 5 (1992): 25-36.

Slemming, C. W. *The Bible Digest.* Grand Rapids: Kregel, 1960.

Smend, R. *Der Prophet Ezekiel,* Kommentar Exegetisches Handbuch zum Alten Testament (Leipzig: ²1880).

Smith, G. V. *The Prophets as Preachers. An Introduction to the Prophets.* Nashville, TN: Broadman & Holman, 1994.

Smith, J. M. P. *A Critical and Exegetical Commentary on the Book of Malachi.* ICC, repr. 1961.

Smith, R. L. *Micah-Malachi.* WBC 32, 1984.

Snaith, N. H. "The Meaning of Hebrew אך." *VT* 14 (1914): 221-22.

Soggin, J. A. *Introduction to the Old Testament.* ET, OTL. London: SCM, 1976.

Speiser, E. A. "'People' and 'Nation' of Israel." *JBL* 78 (1960): 153-63.

Stuhlmuller, C. *Rebuilding with Hope: A Commentary on the Books of Haggai and Zechariah.* ITC. Grand Rapids: Eerdmans, 1988.

Swinburnson, B. W. "The Rhetoric of the Post-Exilic Prophetic Reversal: Chiasmus in Haggai 1:1~15: A Structural & Biblical-Theological Analysis." *Kerux* 23 no. 3 D (2008): 54-74.

H. Tadmor, "The Appointed Time Has Not Yet Arrived: The Historical Background of Haggai I:2." *Ki Baruch Hu: Ancient Near Eastern, Biblical, and Judaic Studies in Honor of Baruch A. Levine.* Ed. by R. Chazan. Winona Lake: Eisenbrauns, 1999, pp. 401-408.

Taylor, J. B. *Ezekiel: An Introduction and Commentary.* TOTC. 1969.

Thomas, D. Winton. "The Book of Haggai: Introduction and Exegesis." *IB.* Vol. 6, 1956, pp. 1035-49.

Thompson, J. L. "The Immoralities of the Patriarchs in the History of Exegesis: A Reappraisal of Calvin's Position." *CTJ* 26 (1991): 9-46.

.... "해석사에 나타난 족장들의 부도덕성: 칼빈의 입장의 재평가." 윤영탁 역편 『구약신학논문 선집』, pp. 129-74.

Townsend, T. N. "Additional Comments on Haggai II 10~19." *VT* 18 (1968): 559-60.

Unger, M. F. *ZECHARIAH: Prophet of Messiah's Glory.* Grand Rapids: Zondervan, 1963.

VanGemeren, W. A. *Interpreting the Prophetic Word.* Grand Rapids: Zondervan, 1990.

De Vaux, R. "Le décrets de Cyrus et de Darius sur la reconstruction du temple." *RB* 46 (1937): 25-79.

.... "성전 재건에 대한 고레스와 다리오의 조서." 윤영탁 역편, 『구약신학논문집』 7, pp. 167-215.

.... *The Early History of Israel.* Trans. by D. Smith. Phila.: Westminster, 1978.

Verhoef, P. A. *The Books of Haggai and Malachi.* NICOT. 1987.

.... "Notes on the Dates in the Book of Haggai." *Text and Context: Old Testament and Semitic Studies for F. C. Fensham.* Ed. by W. Claasem, JOSTSup. 48. JOST, 1988, pp. 259-67.

Vos, G. *Biblical Theology: Old and New Testaments.* Grand Rapids: Eerdmans, 1948.

Warne, D. M. *The Origin, Development and Significance of the Concept of the Remnant in the Old Testament.* Unpublished Ph. D. Diss., Faculty of Divinity. University of Edinburgh, 1958.

Wellhausen, J. *Die kleinen Propheten übersetzt und erklärt.* 4th edition. Berlin: De Gruyter, 1989³.

Westermann, C. "The Way of Promise Through the Old Testament." *OTCF*, pp. 200-24.

Whedbee, J. W. "A Question-Answer Scheme in Haggai I: The Form and Function of Haggai 1:9~11." *BNES*, pp. 189-94.

Whitcomb, J. C. "Cyrus in the Prophecies of Isaiah." *LPOTS*, pp. 388-401.

.... "이사야의 예언에 나타난 고레스." 윤영탁 역편, 『구약신학논문집』 8, 1998, pp. 135-57.

Whybray, R. N. "Old Testament Theology - A Non-existent Beast." *Scripture: Meaning and Method.* Ed. by B. P. Thompson. Hull: Hull University, 1987, pp. 168-80.

Williamson, H. G. M. *Ezra, Nehemiah*, WBC 16. Waco, Texas: Word Books, 1985.

Wilson, R. D. "The Influence of Daniel." *PTR* (July, 1923): 337-584.

.... *Studies in the Book of Daniel.* Grand Rapids: Baker Paperback Ed., 1979.

Wiseman, D. J. "Haggai." NBC, 1971, pp. 781-85.

Wolf, Herbert, "Desire of All the Nations in Haggai 2:7: Messianic or Not?" *JETS* 19 (1976): 97-102.

.... "학개 2:7의 '만군의 소망': 메시야를 지칭하는가?" 윤영탁 역편, 『구약신학논문집』 7, pp. 141-61.

Wolff, H. W. *A Commentary on the Books of the Prophets Joel and Amos*, Hermeneia. Trans. by W. Janzen, et al. Phila.: Fortress, 1977.

.... "Das Thema 'Umkehr' in der alttestamentlichen Prophetie." *ZTK* 48 (1951): 129-48.

.... *Dodekapropheten* 6, *Haggai*, BKAT XIV/6. n.p.: . Neukirchener, 1986.

Wood, L. J. *The Prophets of Israel.* Grand Rapids: Baker, 1979.

Van der Woude, A. S. *Haggai, Maleachi.* POT. Nijkerd: Callenbach, 1982.

.... "Seid nicht Wie eure Väter! Bemerkungen zu Sacharja 1. 5 und seinem Kontext." *Prophecy: essays presented to Georg Fohrer on his sixty-fifth birthday 6 September 1980.* Ed. by J. A. Emerton. Berlin · NY: 1980, pp. 163-73.

.... "צבא ṣābā' army." *TLOT*, 2:1039-46.

Woudstra, M. H. "The Everlasting Covenant in Ezekiel 16:59~63." *CTJ* 6 (1971): 22-48

Wright, J. S. *The Building of the Second Temple.* London: Tyndale, 1958.

Young, E. J. *The Book of Isaiah. Vol. I, Chapters I~XVIII.* Grand Rapids: Eerdmans,1965.

.... *The Book of Isaiah. Vol. III, Chapters XL-LXVII.* Grand Rapids: Eerdmans, 1972.

.... *Isaiah Fifty-Three: A Devotional and Expository Study.* Grand Rapids: Eerdmans, 1952.

Youngblood, R. "The Fall of Lucifer (in More Ways Than One)." *The Way of Wisdom. Essays in Honor of Bruce K. Waltke.* J. I. Packer & S. K. Soderlund eds. Grand Rapids: Zondervan, 2000, pp. 168-79.

Zimmerli, W. "Israel in Buche Ezekiel." *VT* 8 (1958): 75-90.

Zobel, H.-J. "צבאות ṣᵉbā'ôt." *TDOT* (2003), 12:215-32.

[한국저자]

김희보, "학개서." 『구약 학개·말라기 註解』 (서울: 총신대학출판부, 1982).

박윤선, "학개서."『성경주석: 소선지서』 (서울: 영음사, 1988).

尹英卓, 『旧約聖書ハガイ書12講. 時代を動かした預言者ハガイ』. 発行 合同神学大学院出版部, 発売 東京いのちのことば社流通 センター, 2011 일본어).

.... "학개 2:18과 제2성전재건."『구약신학과 신앙』. 서울: 도서출판 엠마오, 1991, pp. 168-86.

.... "여호와의 사자 학개."『신학정론』제11권 2호. 수원: 합동신학 대학원출판부, 1993, pp. 284-319.

.... "여호와가 기억하신다(스가랴 1:1 이해)." 『아브라함의 하나님』. 수원: 합동신학대학원출판부, 2004, pp. 150-84.

[일본저자]

기다 겐이찌(木田献一), 「選びの信仰の起源」. 聖書學の方法と課題, 日本聖書學研究所編. 聖書學論集 5. 山本書店刊, 1967 일본어, pp. 38-50.

나베다니 교지(鍋谷堯爾), "ハガイ書." 『旧約聖書講解, 小預言書』. 第19卷(2), 1986 일본어, pp. 171-92.

니시 미쭈루(西滿), 『わかりやすいい旧約聖書の思想と概說』 <下>. いのちのことば社, 2001 일본어.

니시무라 도시아끼(西村俊昭), "RAQの用法について." 「聖書學の方法と課題」, 日本聖書學研究所編, 聖書學論集 5. 山本書店刊, 1967 일본어, pp. 79-80.

지요자끼 히데오(千代崎秀雄), "ハガイ書." 『新聖書註解』. いのちのことば社, 1974 일본어, pp. 616-24.

하토리 요시아끼(服部嘉明), "ゼカリヤ書." 『旧約聖書講解』第19卷, 小豫言書 (2), 服部嘉明, 鍋谷堯爾, 江副榮一, 原拓也著, 聖文舍 1986 일본어, pp. 203f.

[중국저자]

츄은추(丘恩處), "哈該書." 『哈該書·撒迦利亞西·瑪拉基書. 中文聖經注釋』第二六卷, 基督教文藝出版社, 1988 중국어, pp. 1-94.

탕유즈(唐佑之), "哈該書." 『哈該書·撒迦利亞西·瑪拉基書. 十二先知書 (四), 天道聖經注釋』 天道書樓, 제3판, 1995 중국어, pp. 19-88.

■ 찾아보기_ 인명

■ 찾아보기_ 주제